Ovids Metamorphosen und die bildende Kunst

Ovids Metamorphosen und die bildende Kunst

Von Christoph Wetzel

Mit 103 Abbildungen

Reclam

RECLAMS UNIVERSAL-BIBLIOTHEK Nr. 19322

Umschlagabbildung: Gian Lorenzo Bernini, *Apoll jagt Daphne* (1622–25), Marmorskulptur. Rom, Galleria Borghese
(© akg-images / Foto: Andrea Jemolo)
Gestaltung: Cornelia Feyll, Friedrich Forssman
Gesamtherstellung: Reclam, Ditzingen. Printed in Germany 2016
RECLAM, UNIVERSAL-BIBLIOTHEK und
RECLAMS UNIVERSAL-BIBLIOTHEK sind eingetragene Marken der Philipp Reclam jun. GmbH & Co. KG, Stuttgart
ISBN 978-3-15-019322-8
www.reclam.de

Inhalt

Anhang

Vorwort

Die fünfzehn Bücher der *Metamorphosen* über vielfältige Formen und Ursachen des Gestaltwandels von Menschen, Tieren, Pflanzen und Landschaften sind das epische Hauptwerk des römischen Dichters Ovid. Sie versammeln griechisch-römische Mythen im Rahmen einer Weltgeschichte von der Entstehung der Welt bis zur Apotheose des 44 v. Chr. ermordeten Diktators Gaius Iulius Caesar und bis zum Ruhm seines Großneffen und legitimen römischen Alleinherrschers Augustus. Dass Augustus den Dichter bald nach Vollendung der *Metamorphosen* im Jahr 8 n. Chr. aus Rom verbannt hat, ist eine bis heute ungeklärte Tragödie der Literaturgeschichte. Beschäftigt man sich mit dem Welt- und Menschenbild in Ovids Epos, wird deutlich, dass es unvereinbar ist mit den restaurativen Sittengesetzen des Oberpriesters Augustus. Auch wenn als Grund für Ovids Verbannung allenfalls die *Ars amatoria* ins Feld geführt wird: vielleicht schien es manchem Zeitgenossen auch bedenklich, mit welchem Wohlgefallen Ovid in den *Metamorphosen* die sexistisch motivierten Verwandlungskünste Jupiters schildert, der beispielsweise die Gestalt Dianas annahm, um in lesbischer Entzückung Callisto zu verführen (an dieser Konstellation fand später auch Peter Paul Rubens als Maler Vergnügen).

Die oberste poetologische Instanz ist die Fama (»das Gerücht«), der selbst die Götter unterworfen sind. Dem Dichter Ovid, den wir als Agnostiker betrachten können, gibt die Fama, von der explizit das 12. Buch der *Metamorphosen* handelt, ein Höchstmaß an Freiheit, um ein aus Dichtung und Wahrheit gespeistes Epos der Weltgeschichte (im epischen Versmaß des Hexameters) zu gestalten. Bereits im Schöpfungsbericht, im ersten der fünfzehn Bücher, nimmt sich Ovid die Freiheit, unterschiedliche Erkenntnisse der griechischen Weltkunde aufzugreifen und die Erde als Kugel und als meerumrandete Scheibe vorzustellen.

Mitunter beruft sich Ovid auf Instanzen der Glaubwürdigkeit oder auf das hohe Alter einer Überlieferung (Deucalion und Pyrrha, Schöpfung der ersten Menschen nach der Sintflut). Oft gibt er ein Aition, eine Ursache, für geologische Besonderheiten an: so deutet er zum Beispiel aus einem Fels entspringende Rinnsale als Tränen der versteinerten Niobe.

Andererseits ist Niobe auch eine Gestalt im 24. Gesang von Homers *Ilias*, die zu Ovids Quellen mit Themen aus der griechischen Sagenwelt gehört. Dass man einige der bei Ovid erzählten Mythen schon vor seiner Zeit kannte, beweist die Tatsache, dass sie bereits auf griechischen Kunstwerken dargestellt sind. Zusammen mit Kunst des Mittelalters und der Neuzeit bis hin zu Werken von Max Ernst, Salvador Dalí und Pablo Picasso illustrieren sie die für diesen Band ausgewählten Mythen.

Einführung

Ovid als Zeitgenosse des Augustus

Beide, der römische Dichter Publius Ovidius Naso (43 v. Chr. – um 17 n. Chr.) und der Politiker Octavian (63 v. Chr. – 14 n. Chr., ab 27 v. Chr. mit dem Ehrentitel *Augustus*, »der Erhabene«), der Begründer des römischen Kaisertums, sind Akteure der Jahrzehnte um die Zeitenwende mit unermesslicher Nachwirkung.

Octavian hat seine Kindheit auf dem Land beim Großvater verbracht, ehe er nach dessen Tod im Alter von beinahe zehn Jahren nach Rom kommt, wo er allmählich in die Senatskreise eingeführt wird und bald erste politische Aufgaben übernimmt. Schon zuvor hat Caesar, der Bruder von Octavians Großmutter Iulia, den Kontakt zu ihm gesucht: nach dem Verlust seiner eigenen Tochter braucht er einen Erben. Als der Dictator am 15. März 44 v. Chr. ermordet wird, gehen sein Vermögen und seine Gefolgschaft auf den Adoptivsohn Octavian über (am Ende der *Metamorphosen* wird Augustus als Sohn des vergöttlichten Caesar gepriesen).

Wie Octavian stammt auch Ovid aus dem meist wohlhabenden plebejischen Landadel der *equites* (»Ritter«). Sein Geburtsort ist Sulmo (heute Sulmona) im Apennin, etwa 150 km östlich von Rom. Im Jahr nach Caesars Ermordung geboren, verbrachte er seine Kindheit in der Provinz in der Zeit der Bürgerkriege (die längere und wohl auch von ihm bewusster wahrgenommene Spanne seines Lebens fällt aber in die Zeit der *Pax Augusta*).

Im Jahr 43 v. Chr., Ovids Geburtsjahr, ist es auch, dass Octavian mit Marcus Antonius und Marcus Aemilius Lepidus das sogenannte Zweite Triumvirat schließt, ein Bündnis mit diktatorischen Befugnissen und zugleich eine der Stufen auf dem

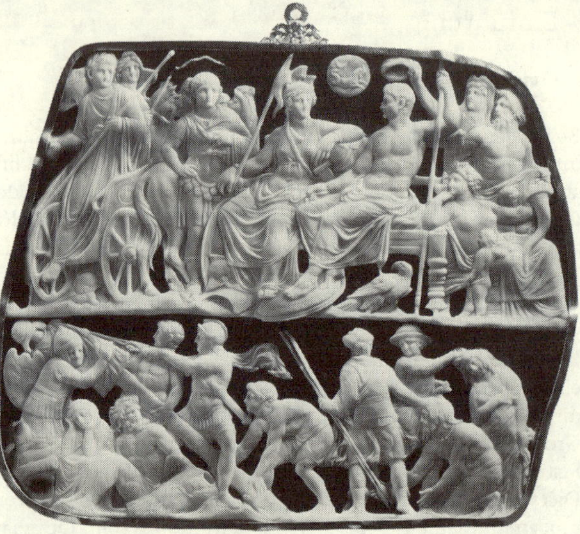

Gemma Augustea, vor 14 n. Chr.; zweischichtiger Sardonyx, 19 × 23 cm; Wien, Kunsthistorisches Museum, Antikensammlung. Der Schmuckstein ist zu Lebzeiten des Augustus entstanden und verherrlicht – wie auch das Finale von Ovids mythographischer Weltgeschichte – dessen Herrschaft. Und wie Ovids Poesie verbindet das Bildprogramm Historisches mit Allegorien. Der untere Streifen zeigt die Errichtung eines Siegesmals in Anwesenheit von Besiegten. Darüber fährt Tiberius in einer von Victoria gelenkten Quadriga. Der Triumphzug des lorbeerbekränzten Tiberius nähert sich dessen Stiefvater Augustus, der als Thronender mit Zepter die rechte obere Bildfläche beherrscht. Zur Rechten des Augustus thront Roma, die Schutzgöttin der einst von Romulus gegründeten Stadt. Sie beherrscht nun die Oikumene, symbolisiert in den Gestalten, die Augustus mit einem Kranz aus Eichenlaub krönen. Ein Zeichen der Vergöttlichung des Augustus ist der Adler unter seinem Thron, ein Attribut des Jupiter.

Weg zu Octavians faktischer Alleinherrschaft durch die personale Vereinigung militärischer und politischer Machtbefugnisse im Prinzipat. Der Dreibund besiegt 42 bei Philippi in Makedonien die republikanischen Verschwörer und Mörder Caesars. In den 30er Jahren entledigt sich Octavian seiner Verbündeten. 31 v. Chr. besiegt er in der Seeschlacht bei Actium die ägyptische Königin Kleopatra (einst die Geliebte Caesars, von dem sie einen Sohn, Caesarion, hat) und den mit ihr liierten Marcus Antonius. Dieser und Kleopatra nehmen sich das Leben, nachdem Octavian Alexandria besetzt hat. Ägypten wird von Octavian erobert und zur römischen Provinz erklärt.

Als Zeichen für die Beendigung des Bürgerkriegs werden im Jahr 29 die Tore des Janustempels auf dem Forum Romanum geschlossen.

Kurz zuvor betritt Ovid unser Blickfeld. Seit 31 erhält er in Rom Unterricht in griechischer und lateinischer Literatur. Die Ausbildung in Rhetorik zielt auf eine juristische Tätigkeit und eine politische Laufbahn. Wie sein älterer, aber früh verstorbener Bruder soll er über politische Ämter in den Senat einziehen und somit der Familie den Zugang zum Amtsadel eröffnen. Doch Ovid besitzt laut seiner autobiographischen Rückschau in der Jugend nicht die Konstitution, welche die mit politischem Handeln verbundenen Auftritte verlangen.

Ovid kehrt dem *cursus honorum* bewusst den Rücken und entscheidet sich für den Beruf des Dichters. Den Lebensunterhalt sichert das familiäre Vermögen. In den späten 20er Jahren unternimmt Ovid Bildungsreisen nach Griechenland und Kleinasien. Möglicherweise sieht er in Pergamon auch den monumentalen Zeusaltar (S. 102).

In Rom besteht in den Jahrzehnten der Zeitenwende ein wirkungsvolles Mäzenatentum. Von Gaius Maecenas (um 70 – 8 v. Chr.), einem Freud und politischen Berater Octavians mit eigenen literarischen Ambitionen, leitet sich der Begriff »Mä-

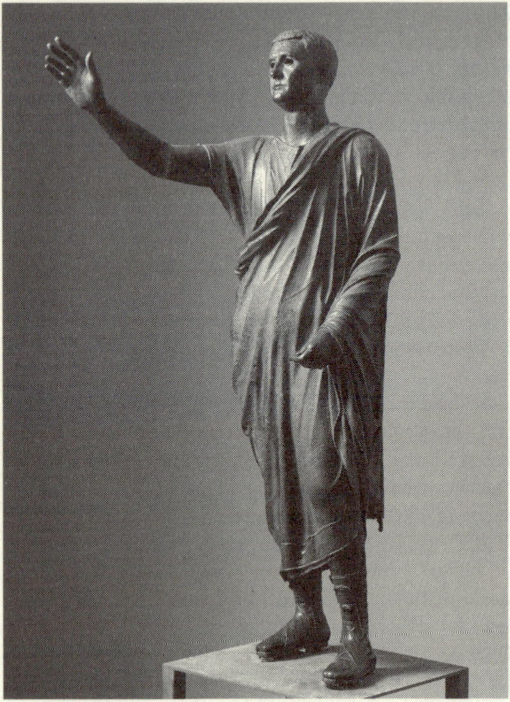

Arringatore (»Der Redner«), um 100–90 v. Chr.; Bronze, Höhe 179 cm; Florenz, Museo Archeologico. Der erhobene Arm ist ein Gestus, mit dem der Redner auf dem Forum um Aufmerksamkeit bittet. Mit Ovids Übersiedlung von der Provinz nach Rom verband der Vater die Erwartung eines Eintritts in die politische Ämterlaufbahn (*cursus honorum*). Dazu gehörte eine Ausbildung als Rhetor. Was Ovid dabei erfahren hat, nutzt er später literarisch, beispielsweise im Rednerduell zwischen Ajax und Ulixes im 13. Buch der *Metamorphosen*.

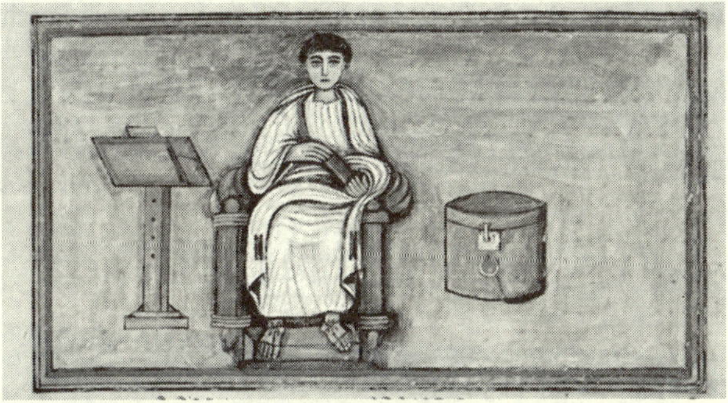

Publius Vergilius Maro, Bildnis in der Werkausgabe *Vergilius Romanus* aus dem 6. Jh.; Rom, Biblioteca Apostolica Vaticana, Vat. lat. 3867. Das Autorenbild zeigt als Attribute des Dichters eine Schriftrolle aus Pergament, ein Lese- und Schreibpult und einen Behälter für Schriftrollen. Vergil (um 70 v. Chr. in Mantua geboren, 19 v. Chr. in Brindisi gestorben) ist, ohne persönliche Bekanntschaft, Ovids einflussreichstes Vorbild bei der Aneignung griechischer klassischer und hellenistischer Stoffe. Ab 29 entstand Vergils römisches Nationalepos *Aeneis*, das Ovid teilweise im 13. Buch (Aeneas verlässt Troja) und im 14. Buch (Apotheose des Aeneas) seines weltgeschichtlichen Epos rezipiert.

zen« gar ab. Um ihn scharten sich die Dichter Horaz (65–8 v. Chr.), Properz (um 50 – um 15 v. Chr.), Tibull (um 50 – um 18 v. Chr.) und Vergil (70–19 v. Chr.). Vergils episches Hauptwerk *Aeneis*, das Octavian gewidmet ist, zum römischen Nationalepos avanciert und das Lateinische spätestens von da an als literaturfähig erweist, entsteht 29 bis 19 v. Chr. und dient Ovid rund 30 Jahre später als stilistische und ideologische Wegweisung bei der Arbeit an seinen *Metamorphosen*.

Zu Ovids Freunden in Rom gehört Gaius Iulius Hyginus (64 v. Chr. – 17 n. Chr.). Er stammt aus Alexandria oder aus Spanien und ist als Kriegsgefangener nach Rom gekommen; nach seiner Freilassung wird er von Octavian mit der Leitung der Bibliothek auf dem Palatin betraut. Hygin verfasst Schriften über Topographie und Götter in lateinischer Sprache. Auch werden ihm Fabeln zugeschrieben, die in gegensätzlicher Ausdeutung teilweise auch in Ovids *Metamorphosen* enthalten sind (vgl. S. 60 ff).

Ovid gehört zum Kreis um Marcus Valerius Messalla (64 v. Chr. – 8 n. Chr.; bevor er in den 30er Jahren Octavian militärisch unterstützte, gehörte Messalla zu den gegen Caesar verschworenen Republikanern). Seine frühe Förderung als Dichter findet Ovid in der Nachfolge des Catull (um 84 – um 55 v. Chr.) im Genre der Liebesdichtung: Zu seinen Frühwerken zählen die in den 20er Jahren verfassten Liebeselegien *Amores*, das in drei Bücher gegliederte Lehrgedicht *Ars amatoria* (*Liebeskunst*), ferner der Ratgeber *Remedia amoris* (»Heilmittel gegen die Liebe«) sowie die Fragment gebliebenen *Medicamina faciei femineae* (*Die weibliche Gesichtspflege*).

Sehen wir uns die *Ars amatoria* noch einmal genauer an: zwei der drei Bücher richten sich an den Mann und enthalten Anweisungen darüber, wie und wo man zu Liebesfreuden gelangt und wie es gelingt, einer Beziehung Dauer zu verleihen. Das dritte, wohl nachträglich angefügte Buch wendet sich an die Frau. Sowohl dieses als auch bereits das zweite Buch umfassen Ratschläge für den Liebesakt:

> Glaube mir, die Wonne der Venus darf nicht überstürzt, sondern muss allmählich durch langes Verzögern hervorgelockt werden. Hast du die Stellen gefunden, deren Berührung der Frau Freude macht, so stehe die Schamhaftigkeit dir nicht im Wege, sie zu berühren; du wirst die Augen anschauen, die in zitterndem Feuer erglänzen, wie die Sonne oft auf klarem Wasser widerscheint. Klagelaute werden hin-

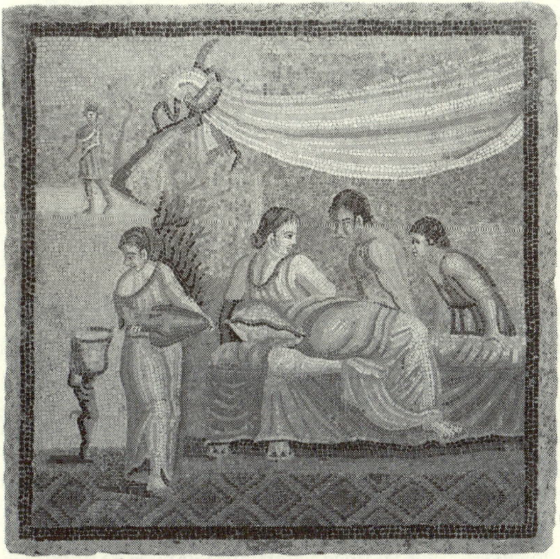

Liebesszene als Thema eines Mosaiks aus Centocelle bei Rom, 1. Jh. n. Chr.; Wien, Kunsthistorisches Museum, Antikensammlung. Auf einer Kline ruht eine junge Frau und blickt zu zwei Jünglingen auf. Links gießt eine Dienerin Wasser aus einer Spitzamphore in ein Gefäß, das ein Satyr hält. Dazu passt eine Passage über Liebesstellungen in Ovids *Ars amatoria*: »Eine jede erkenne sich selbst. Lasst euch von eurem Körper die festen Normen diktieren. Nicht für alle schickt sich ein und dieselbe Liebesstellung. Die Frau, die ein besonders schönes Gesicht hat, soll zurückgelehnt daliegen; den Rücken sollen diejenigen sehen lassen, denen ihr Rücken gefällt. Milanion trug Atalantes Schenkel auf den Schultern: Sind sie gut gewachsen, muss man sie in dieser Stellung anschauen. Die Kleine soll reiten: Andromache saß nie rittlings auf Hektor, weil sie himmellang war. Eine Frau, deren lange Flanke sehenswert ist, möge die Knie auf das Lager drücken und den Nacken etwas zurückbiegen« (3,771–780).

> zukommen, hinzukommen wird liebreiches Murmeln, sanfte Seufzer und tändelnde Worte. Und lass du nicht die Geliebte im Stich, indem du ihr mit volleren Segeln vorauseilst, und auch sie soll nicht deiner Fahrt voraus sein. Eilt gemeinsam zum Höhepunkt; dann ist die Lust vollkommen, wenn Mann und Frau gleichzeitig überwältigt daliegen. (*Ars amatoria* 2,717–729)
>
> Wenn es noch Treu und Glauben gibt, so schenkt der Kunst euer Vertrauen, die ich durch lange Erfahrung entwickelt habe: Meine Verse werden sich bei euch bewähren. Es empfinde die Frau die Liebe, gelöst bis ins innerste Mark, und gleich groß sei die Lust für beide. Schmeichelnde Laute und liebliches Flüstern sollen nicht aufhören, und mitten im Spiel sollen dreiste Reden nicht verstummen. Auch du, der die Natur den Sinn für Liebe versagt hat, täusche mit trügerischen Lauten süße Freude vor. Unglücklich ist das Mädchen, bei dem die Stelle stumpf und unempfindlich ist, die Mann und Frau gleichermaßen Genuss verschaffen soll. (*Ars amatoria* 3,791–800)

Bleiben wir bei der *Ars amatoria* als in mancherlei Hinsicht einem Vorläufer der *Metamorphosen*. Auch in der *Ars* werden mythologische Figuren häufig erwähnt, als Chiffren der Liebe, wie Amor und Venus, oder als Verkörperungen von strafwürdigem Fehlverhalten im Liebesleben, wie Pasiphaë, die Minos statt mit einem Mann mit einem Stier betrügt (*Ars amatoria* 1,318; *Metamorphosen* 8,136 f.). Wo Ovid die Annäherung von Mann und Frau beschreibt, die sich bei einem Gastmahl ein Speisesofa teilen, stellt er die Erzählung von Bacchus und Ariadne auf Naxos voran (er behandelt sie hier in etwa vierzig Verszeilen, in den *Metamorphosen* nur noch in zehn). Das gemeinsame »heilige Lager« kommt nur in der *Ars amatoria* vor, wohingegen das Thema Sternbild in beiden Werken vorkommt: Bacchus verwandelt die Krone Ariadnes.

> Zu ihr sprach der Gott: »Sieh, ich bin für dich da, ein treuerer Beschützer. Fürchte dich nicht, Mädchen von Cnossus, du wirst Bacchus' Gemahlin. Nimm den Himmel zum Geschenk: Am Himmel wirst du als Sternbild zu sehen sein; oft wirst du einem unsicheren Schiff als kretische Krone den Weg weisen.« Sprach's und sprang vom Wagen, damit sie die Tiger nicht fürchte, und der Sand gab unter seinem Fuße nach. Dann nahm Bacchus sie an seine Brust, denn sie hatte keine Kraft, sich zu wehren, und er trug sie fort; es wird hier dem Gott leicht, seine Allmacht durchzusetzen. Ein Teil singt: »Hymenaee«, ein Teil schreit: »Euhion, euhoe.« So verbinden sich auf heiligem Lager die Braut und der Gott. (*Ars amatoria* 1,555–564)

Ovid lässt offen, wem die in der *Ars amatoria* entweder direkt oder in mythologischer Einkleidung beschriebenen Künste und Techniken der körperlichen Liebe nützen sollen. Können sie das Eheleben stabilisieren? Oder fördern sie – im Gegenteil – durch Lehren der Verführung die Freizügigkeit der Geschlechter? Dagegen richtet sich die augusteische Normierung einer altrömischen Moral: 19 v. Chr. überträgt der Senat dem acht Jahre zuvor mit dem Titel »Augustus« ausgezeichneten Octavian die *cura morum*. Er ist somit der oberste Sittenrichter. Augustus lässt im Jahr 18 v. Chr. in der *Lex Iulia et Papia* die Strafvorschriften bei Ehebruch verschärfen. Dabei war Augustus selbst, in den Jahren des Aufstiegs zur Macht, kein Repräsentant altrömischer Tugend gewesen. Beispielsweise hat er die Scheidung seiner Frau Livia von ihrem früheren Mann erzwungen. Nun aber sieht er in der Betonung traditioneller Werte ein Mittel, die moralischen Verheerungen in der Zeit der Bürgerkriege zu heilen.

Dem Frühwerk Ovids aus dieser Zeit ist moralischer Rigorismus fremd. Vielmehr gilt sein literarisches Interesse bereits hier den vielfältigen Ausdrucksformen der Liebe. Sehen wir uns die ab etwa 20 v. Chr. entstandenen *Heroides* bzw. *Epistulae Heroidum* (*Briefe von Heldinnen*) an: In den Briefen von vereinsamten, von ihren Gatten oder Geliebten zeitweise alleingelassenen oder verstoßenen Heroinen (weibliche Entsprechungen der männlichen Heroen) kommt auch Zorn zum Ausdruck, etwa in Medeas Klage über Jasons Undankbarkeit. Die letzten zu diesem Werk gehörenden Texte entstehen 8 n. Chr., und ein gewisser Serbinus verfasst später Antwortbriefe.

Zu Ovids mittlerer Schaffenszeit gehören die *Fasti*. Allerdings bricht dieser metrische Kalender der römischen Festtage nach der ersten Hälfte des Jahres ab. Parallel arbeitet er ab etwa 2 n. Chr. an den *Metamorphosen*, deren Thema des Gestaltwandels auch in den *Fasti* zur Sprache kommt. Ein Beispiel ist die Geschichte der Nymphe Cloris: Nachdem der Westwind Zephyr sie entführt hat, verwandelt Cloris sich in Flora, die göttliche Allegorie der Blumen und der Liebe. Ihr ist in Rom das mehrtägige ausgelassene Frühlingsfest *Florales* gewidmet. Am letzten Tag dieses Fests kommen die römischen Kurtisanen zu Ehren.

Im Jahr 8 n. Chr. erreicht Ovid mit der Vollendung der 15 Bücher der *Metamorphosen* den Höhepunkt seines Schaffens als epischer Dichter. Sein Weltepos gipfelt im Lobpreis des bereits zu Lebzeiten vergöttlichten römischen Alleinherrschers: »Nachdem er der Erde den Frieden geschenkt hat, wird er seinen Geist dem Recht zuwenden, das für die Bürger gilt, Gesetze als deren gerechtester Anwalt vorschlagen und durch sein eigenes Beispiel den Sitten ein Richtmaß geben« (15,833 f.). Zugleich naht aber der Tiefpunkt seines Lebens: Der Verfasser des uneingeschränkten Herrscherlobes wird noch im selben Jahr von Augustus aus Rom verbannt. Ovid ist, soweit wir wissen, weder

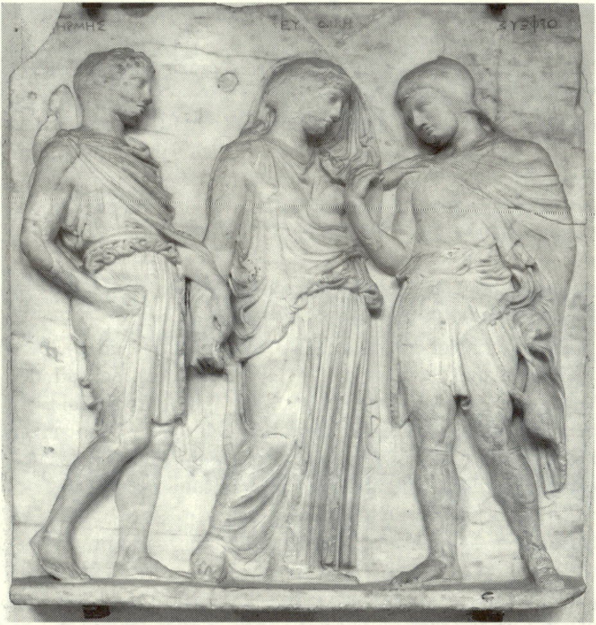

Orpheus und Eurydice mit Hermes, römische Kopie eines attischen Reliefs, um 420; Marmor, 118 × 99 cm; Neapel, Museo Nazionale. Orpheus gehört zu den bedeutendsten Gestalten in Ovids *Metamorphosen* und repräsentiert implizit den im 6. Jh. v. Chr. entstandenen Mysterienkult der Orphik und seiner Lehre einer geistigen Überwindung des Todes. Davon handelt die im 10. Buch aufgegriffene Sage von Orpheus' Reise in die Unterwelt zur Befreiung Eurydices. Das Relief verbindet das Paar mit Hermes alias Mercur als *psychopompos* (»Seelengeleiter«). Ein Verächter des Musikers mit der Lyra, einem Instrument seines Vaters Apollo, ist Plato, denn die Gesänge des Orpheus seien geeignet, die Jugend zu verzärteln.

politischer noch privatrechtlicher Vergehen beschuldigt, und er behält seinen Besitz, über den seine (dritte) Ehefrau verfügt. Bis heute wird über die Gründe von Ovids Verbannung spekuliert. Vermutlich berief sich Augustus auf sein »den Sitten gegebenes Richtmaß«, dessen Ungenügen am Kaiserhof Ovid aus eigener Anschauung kennt? Dies legt der Vergleich nahe, den Ovid im Exil zwischen seinem Schicksal und dem grauenvollen Ende des Actaeon zieht, der die entblößte Diana überrascht hat (S. 129). Dass Augustus an Ovids Literatur Anstoß nimmt, zeigt seine Anordnung, dessen Werke aus den öffentlichen Bibliotheken zu entfernen. Hier mag auch ein Grund dafür liegen, dass kein antikes Bildnis des Dichters überliefert ist.

Ovid verbringt die etwa zehn restlichen Jahre seines Lebens auf Anweisung des Augustus (der im darauffolgenden Jahr den Verlust der von Varus befehligten, im Teutoburger Wald von den Cheruskern besiegten Legionen beklagt) am Schwarzen Meer am Ostrand des Imperium Romanum. Der Ort der Verbannung ist Tomis (heute Konstanza in Rumänien).

Erfolglos bleiben Ovids Bemühungen, in Rom auf seine erbärmlichen Lebensverhältnisse im Exil aufmerksam zu machen und rehabilitiert zu werden. Doch weder ein Entgegenkommen des Augustus noch einer Person aus dessen Umgebung ist überliefert. Dies gilt auch, als im Jahr 14 n. Chr. Tiberius die Nachfolge des Augustus antritt.

Ovid bleibt in Tomis als Dichter tätig und verfasst ein Werk mit stark autobiographischen Zügen: die *Tristia* (*Klagelieder*). Im dritten der fünf Bücher aus dem ersten Jahr des Exils schreibt er: »Der ich hier liege, ein Sänger der zärtlichen Liebesgefühle, / durch mein Talent ging ich, Naso, zugrunde. / Der du vorbeikommst, liebtest du je, so mögest du gerne / sagen: Sanft in der Grube gerne soll ruhen Nasos Gebein.« Diese Verse, von Ovid als Grabinschrift konzipiert, sind heute auf einem Ovid-Denkmal in Konstanza zu lesen.

Ovids autobiographische Verse im 4. Buch der *Tristien* beginnen mit der Aufforderung: »Wer ich gewesen, ich tändelnder Dichter der zärtlichen Liebe, / dass du, Nachwelt, erfährst, wen du gelesen vernimm!« Ovid ist also in all seiner Verlassenheit von seinem literarischen Nachleben überzeugt und baut Missverständnissen vor. Sie betreffen sein unmittelbar vor der Verbannung zum (vorläufigen) Abschluss gebrachtes episches Hauptwerk, die *Metamorphosen*:

> Direkt von den Ambossen ist mir dieses Werk weggenommen worden, und so fehlt dem, was ich begonnen habe, der letzte Schliff. Und ich bitte um Nachsicht anstelle von Lob; es wird mir genug Lobes sein, Leser, wenn du mich nicht verachtest. Nimm auch diese sechs Verse, wenn du der Ansicht bist, dass sie an den Beginn des Buches gehören: »Wer auch immer du bist, der du die Bände zur Hand nimmst, die keinen Vater mehr haben, wenigstens sie sollen einen Aufbewahrungsort in deiner Stadt haben. Damit du ihnen eher gewogen bist: sie sind nicht vom Verfasser selbst herausgegeben, sondern man hat sie gleichsam seinem Grab entrissen. All die Fehler, die es in diesem Dichtwerk noch gibt, hätte ich beseitigt, wenn man mich gelassen hätte.« (*Tristia* 1,7,29–40)

Es ist wohl ausgeschlossen, dass Ovid im Exil das Wiedersehen mit den Freunden aus Rom vergönnt war. Der Kontakt beschränkte sich auf Briefe, deren Transport nach Rom oder deren Beantwortung per Schiffspost jeweils einige Monate in Anspruch nahm. Die existentielle Bedeutung der Briefe bekunden Ovids Verse:

> Dies ist die Stimme eines Verbannten: der Brief gibt mir eine Sprache und ich werde stumm sein, wenn es mir nicht erlaubt ist zu schreiben. (*Epistulae ex Ponto* 2,6,3 f.)

Ovids Exilliteratur, unter anderem mit Nachrichten über die Bevölkerung und die klimatischen Verhältnisse seiner Umgebung, endet mit den um das Jahr 16 abgeschlossenen vier Büchern der *Epistulae ex Ponto* (Briefe vom Pontus): Ovid erweist sich hier als Autobiograph, Ethnograph und kritischer Zeitgenosse: »Kaum in der Welt, da, glaube mir, findest du Gegenden, die sich minder des Friedens erfreuen, den uns Augustus geschenkt hat« (*Epistulae ex Ponto* 2,5,17 f.). Gemeint sind die Einfälle östlicher Reitervölker. Ob die Kunde vom Sieg der Cherusker unter Arminius im Jahr seiner Verbannung bis zu Ovid dringt, ist unbekannt. Als Todesjahr des Exilierten, von dem nunmehr keine Lebenszeichen überliefert sind, gilt das Jahr 17 oder 18 v. Chr.

Ovids Nachleben

Die Anordnung des Sittenrichters und Zensors Augustus, sämtliche Werke Ovids aus den öffentlichen Bibliotheken Roms zu entfernen, bleibt ohne nachhaltige Wirkung. Im Gegenteil: Der populäre Ratgeber *Ars amatoria* des verbotenen Autors ist u. a. dadurch umso reizvoller, dass hier bereits (verstärkt noch in den *Metamorphosen*) die Amouren der Himmlischen als irdische Freuden und Verfehlungen belächelt werden.

In der frühchristlichen Rezeption des antiken Erbes steht Ovid zunächst im Schatten Vergils, dessen in der 4. Ekloge enthaltene Verheißung der Geburt eines göttlichen Kindes als kryptochristliche Vorahnung der Geburt Jesu verstanden werden konnte. Damit auch Ovids Werk rezipiert wurde, bedurfte es einer Dechiffrierung des mythologisch eingekleideten Geschichts- und Menschenbilds der *Metamorphosen*. Ein Schlüssel ist die Deutung der Personen und Handlungen als Allegorien. So kann der von Cupidos Pfeil erregte Liebeswahn Apollos, der sich auf Daphne richtet, auch als Sinnbild des Christen auf der Suche nach der göttlichen Weisheit gesehen werden (mit diesem Streben konnotiert die christliche Mystik erotische Sinnlichkeit). Da die *Metamorphosen* also auch mit dieser Brille gelesen werden konnten, war ihnen der Weg in die Klöster geebnet. Ein weiteres Beispiel: Minervas Bestrafung der anmaßenden Arachne im 6. Buch der *Metamorphosen* steht im Einklang mit der Mahnung des Apostels Paulus, der Obrigkeit Gehorsam zu leisten (Röm. 13,1–7).

Die Allegorisierung der *Metamorphosen* reicht bis ins 17. Jh. Ein Beispiel sind Karel van Manders *Auslegungen des Ovid* (*P. Ovidii Nas. Metamorphosis, oder des verblümten Sinns der Ovidianischen Wandlungs-Gedichte gründliche Auslegung*). Van Mander deutet die von Jupiter nach Kreta entführte phönizische Prinzessin Europa als Seele, die der Körper durch das unruhige Meer der Welt trägt. An anderer Stelle erklärt der Ikonograph, der Stier sei ein Schiff, das Europa vom Osten zum westlichen Kontinent bringe, was wiederum diesem Kontinent zu seinem Namen verhalf.

Ovids *Metamorphosen* folgt um 170 der gleichnamige Roman von Apuleius, bekannter unter dem später vom Kirchenvater Augustinus verwendeten Titel *De asino aureo* (*Der goldene Esel*). Hauptfigur ist der neugierige Zauberlehrling Lucius, der durch einen missglückten Selbstversuch in einen Esel verwandelt wird. In dieser Gestalt wird Lucius Zeuge unzähliger Schandtaten im irdischen Jammertal, darunter der Entführung eines Mädchens zwecks Lösegeld: Tröstlich in dieser Geschichte ist das Märchen von Amor und Psyche, das die Wirtschafterin einer Räuberbande diesem Mädchen erzählt. Das Märchen handelt von der Liebe des selbstsüchtigen Lümmels Amor zur von seiner Mutter Venus missbilligten Psyche; Letztere wird schließlich doch zur Göttin erhoben, damit Amor sie gewissermaßen standesgemäß ehelichen kann – im Einklang mit den nach wie vor gültigen Ehegesetzen des Augustus (*Lex Iulia* aus dem Jahr 18 v. Chr.).

In Frankreich werden die *Metamorphosen* 1316–26 übersetzt. Der Titel der Ausgabe lautet *Ovide moralisé*. Unter dem Begriff der »Moralitäten« werden im Deutschen die religiösen und weltlichen Spiele des Mittelalters zusammengefasst. Religiös einerseits, profan andererseits sind die Erzählungen des mitunter zum Spott neigenden Agnostikers Ovid in der Tat. Den Rang dieser französischen Adaption bekundet eine Prachthandschrift vom Ende des 14. Jh.s mit jeweils einer Miniatur am Beginn jedes der 15 Bücher (sog. Incipit-Miniaturen). Drei davon werden in den folgenden Kapiteln gezeigt (S. 80, 164, 223). Diese Prachthandschrift war zuletzt im Besitz der schwedischen Königin Christine, heute gehört sie zu den Schätzen der Biblioteca Apostolica Vaticana. Die vatikanische Bibliothek besitzt auch eine im 14. Jh. entstandene lateinische Handschrift der *Metamorphosen*. Eine der dort in den Text eingefügten Zeichnungen zeigt die gekrönte Semele, eine Geliebte Jupiters, und die eifersüchtige Juno in der Gestalt von Semeles Amme Beroë (3. Buch).

Vergil, Ovid und Dante

Ähnlich wie Ovid zur Zeit der Wende vom letzten vorchristlichen zum ersten nachchristlichen Jahrhundert die römische Kultur literarisch mit der griechischen Überlieferung verbindet, so ist im Spätmittelalter an der Schwelle zur Neuzeit der aus Florenz stammende und wie Ovid exilierte, 1321 in Ravenna gestorbene Dichter Dante Alighieri ein Interpret antiker und biblischer Überlieferungen. Für uns ist vor allem der mittlere Hauptteil der 1307 begonnenen und im Todesjahr vollendeten *Göttlichen Komödie* (*Divina Comedia*) interessant, der vom »Läuterungsberg«, dem *Purgatorio*, handelt. Symbolfigur kryptochristlicher Ahnungen im Altertum ist Vergil. Er führt Dante durch das *Inferno* und den unteren Teil des *Purgatorio*. Hier ist, wie im Folgenden ersichtlich wird, Ovid als Autor der *Metamorphosen* mittelbar präsent. Als Person erscheint Ovid im *Limbus* (»Vorhölle«) im 3. Gesang des *Inferno*. Hier sind »gerechte Heiden« versammelt. Zu ihnen gehören Personen aus dem Alten Testament wie etwa Abraham, die nicht getauft sind, sowie Griechen und Römer: »Das ist Homer, der größte Dichter; der dahinter ist / Horaz, der Satiriker, der dritte ist Ovid und der letzte Lukan« (*Inferno* 4,89 f.).

Bei den Hörern und Lesern seines Epos setzt Dante die Kenntnis von Ovids Hauptwerk voraus. Nur wer Ovids Erzählung von der Verwandlung der verfolgten Schwestern Philomela und Procne in Vögel kennt, versteht das »Klagelied der Schwalben« (*Purgatorio* 9,13) als Anspielung auf das 6. Buch der *Metamorphosen*; deren 10. Buch ist unverkennbar präsent, wenn Dante träumt (*Purgatorio* 9,7–24):

> An dem Ort, an dem wir waren, hatte die Nacht zwei von den Schritten, in denen sie vorangeht, getan, und setzte mit den Flügeln schon zum dritten an,
>
> da wurde ich, der ich ja noch den alten Adam mit mir trug, vom Schlaf bezwungen und sank aufs Gras nieder, dort, wo wir schon alle fünf gesessen hatten.
>
> Zur Stunde kurz vor dem Morgen, wo das Schwälbchen seinen traurigen Gesang anstimmt, vielleicht in Erinnerung an sein frühes Leid,
>
> und wo unser innerer Sinn, weiter entfernt vom Körper und weniger mit Sorgen beschäftigt, in seinen Gesichten nahezu seherisch ist,
>
> da schien mir, ich erlebte im Traum, wie ein Adler mit

goldenen Federn am Himmel schwebte, die Schwingen ausgebreitet
und im Begriffe herabzustoßen,
und ich kam mir vor, als wäre ich dort, wo Ganymed die
Seinen zurücklassen musste, als er davongetragen wurde
zum allerhöchsten Konsistorium.

Im 20. Gesang des *Inferno* erinnert Dante an Ovids Thema des Gestaltwandels, konkret des Geschlechtswandels: Im 3. Buch der *Metamorphosen* sind sich Jupiter und Juno uneins, ob den Mann oder die Frau beim Liebesakt das höhere Maß an Lust beglücke. Als Experte wird Tiresias herangezogen, denn er hat beide Geschlechter durchlebt. So auch bei Dante (*Inferno* 20,40–45):

Schau den Tiresias an, der sein Aussehen wandelte, als er
vom Mann zur Frau wurde und alle seine Glieder dabei
tauschte;
und später musste er erst die beiden verschlungenen Nattern
wieder mit der Rute schlagen, bevor er den männlichen
Schmuck zurückbekam.

Wie Ovids sechstes *Metamorphosen*-Buch (Arachne, Niobe, lykische Bauern, Marsyas) handelt der 12. Gesang des *Purgatorio* von bestrafter Hybris. Den Anfang macht bei Dante Lucifer, der bei Ovid noch wörtlich als Lichtträger den Morgenstern bildet (im alttestamentlichen Buch des Propheten Jesaja ist Lucifer, der »strahlende Sohn der Morgenröte«, vom Himmel gefallen, Jes. 14,22). Der Vers gehört zum »Spottlied auf den König von Babel«, auf das sich Darstellungen des Engelssturzes gründen). Bei Dante lautet der Sturz des anmaßenden Lucifer (*Purgatorio* 12,25–27):

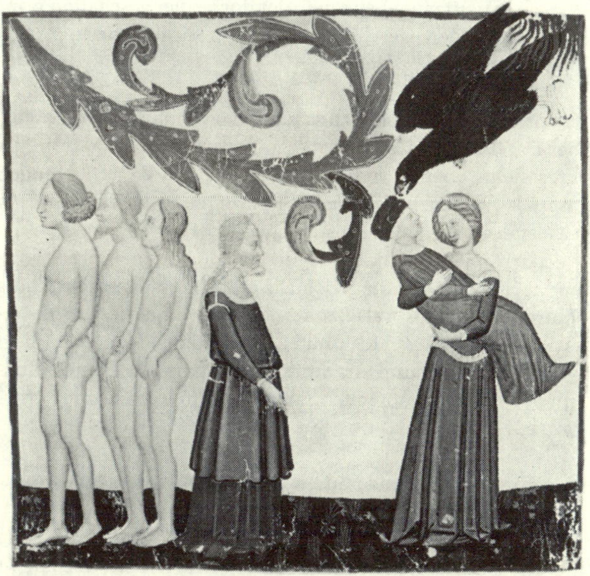

Dantes Ganymed-Traum, Miniatur in einer Prachthandschrift der *Divina Comedia* aus dem 14. Jh.; Biblioteca Marciana, Venedig.
Die Miniatur setzt Dantes Ganymedes-Traum ins Bild: der Adler reißt Ganymedes in das Feuer zwischen Luftraum und Mondsphäre empor (tatsächlich trägt ihn Lucia hinauf zum Portal des Läuterungsberges).

> Ich sah auf einer Seite den, der doch edler geschaffen war
> als jedes andere Geschöpf, wie er vom Himmel heruntergedonnert kam.

Beschrieben wird hier (»Ich sah …«) eine Grabplatte mit bildlicher Darstellung, die Dante beim Umrunden des Läuterungsbergs sieht. Ebenso verhält es sich mit den darauffolgenden Passagen, in denen sich *Metamorphosen* und *Divina Comedia* in Gestalt antiker und alttestamentlicher Figuren verzahnen.

Zu den spiegelbildlichen Figuren analog zum Himmelsstürmer Lucifer gehören die gleichfalls gestürzten Giganten, König Nimrod (Gen. 10,19), als Bauherr des babylonischen Turms eine Symbolfigur des Hochmuts; Sauls Tod (1. Sam. 31,4) liegt zwischen Niobes und Arachnes Verhängnis; zu Dantes biblischem Personal gehört auch Salomos Sohn Rehabeam (*Purgatorio* 12,28–63):

> Ich sah auf der anderen Briareus, vom Göttergeschoss getroffen,
> wie er in Todesstarre schwer am Boden lag.
> Ich sah Apollo, sah Minerva und Mars, wie sie, noch in
> Waffen, um ihren Vater geschart die versprengten Glieder
> der Giganten anstarrten.
> Ich sah Nimrod, wie er am Fuße seines Riesenbaus stand,
> verstört schier, und auf die Menschen blickte, die mit ihm in
> Babel so hoch hinausgewollt hatten.
> O Niobe, mit was für schmerzerfüllten Augen sah ich
> dich doch hier auf den Weg gezeichnet, inmitten deiner sieben
> Söhne und sieben Töchter, alle ausgelöscht!
> O Saul, wie musste ich dich sehen, in dein eigenes
> Schwert gestürzt, tot am Gilboaberg, der danach keinen
> Tropfen Regen oder Tau mehr sah!

O du, törichte Arachne, dich sah ich, wie du, schon halb zur Spinne geworden, unglücklich auf den Fetzen der Arbeit lagst, die dir zum Verhängnis wurde.

O Rehabeam, so wie du hier gezeichnet bist, ist es vorbei mit grimmigen Drohungen; voller Schrecken machst du dich in einem Karren davon, ohne dass auch nur einer dir nachliefe.

Zu sehen war auf dem harten Boden außerdem noch, wie Alkmäon handelte, dass seiner Mutter das unselige Geschmeide allzu teuer bezahlt erschien.

Zu sehen war Sanherib, wie die Söhne sich im Tempel auf den Vater stürzten und ihn erschlagen am Boden liegen ließen.

Zu sehen war die Metzelei und grausige Verunstaltung, die Tomyris an Kyros vornahm, während sie ihm zurief: »Nach Blut hast du gedürstet, mit Blut will ich dich stillen!«

Zu sehen war, wie die Assyrer in hellen Haufen flohen, nachdem Holofernes der Kopf abgeschlagen war, und wie der Rest des Leichnams umherlag.

Und ich sah Troja in Schutt und Asche. O Ilion, wie sahst du doch heruntergekommen aus auf der Zeichnung, die dort zu erkennen ist!

Eine weitere Figur Ovids, die Dante im *Purgatorio* auftreten lässt, ist Herses habsüchtige und neidische Schwester, die bekennt: »Ich bin Aglauros, bin zu Stein geworden!« (*Purgatorio* 14,139)

Im 20. Gesang des *Purgatorio* begegnen Dante und Vergil der Seele des Hugo Capet. Der Stammvater der französischen Kapetinger verflucht seine Nachkommen, die von Habgier getrieben seien. Vergleichbar in Ovids *Metamorphosen* ist Midas, dessen Elend »auf sein gieriges / Flehen hin eintrat und worüber man doch immer und / ewig lachen muss« (*Purgatorio*

20,107 f.). Dantes Synopse erfasst als Beispiel für Eigennutz im Buch Josua Acham, der bei der Eroberung des Westjordanlands eigenmächtig Beute macht. Und in der Apostelgeschichte verstoßen Hananias und Saphira gegen das in der Urgemeinde in Jerusalem verpflichtende Gebot der Gütergemeinschaft.

Im 20. Gesang berühren sich Dantes Erlebnisse mit Ovids Überlieferung: Das vom Aufstieg einer geläuterten Seele ausgelöste Beben des Läuterungsbergs assoziiert Dante mit der Geburt der Zwillinge Apollo und Artemis (alias Diana), der Kinder der Latona, auf Delos (*Purgatorio* 20,130–132):

> Bestimmt hat Delos nicht so stark gebebt, bevor Latona dort ihr Nest baute, um die beiden Augen des Himmels zur Welt zu bringen.

Um 1500 stellt Luca Signorelli die Verbindung zwischen Dante und Ovid in der *Cappella Nuova* des Doms von Orvieto dar, indem er Bildnisse beider Dichter in die Bildnisreihe in der Sockelzone aufnimmt. Weitere davon zeigen Ovids Wegbereiter Homer sowie Horaz und Lucan. Die Zusammenstellung ist ein Zeugnis der Renaissance. Das Interesse von Künstlern der Frühen Neuzeit an Ovids *Metamorphosen* wird auch in Werken von Correggio, Raffael, Albrecht Dürer und vielen anderen augenfällig.

Ovid in der Neuzeit

Dantes Synopse im *Purgatorio* kennzeichnet in gesteigerter Weise den Humanismus der Renaissance, der sich wiederum durch eine steigende Zahl an Druckwerken bemerkbar macht, auch im deutschsprachigen Raum. In der zweiten Hälfte des 16. Jh.s halten sich zwei Publikationen mit Illustratio-

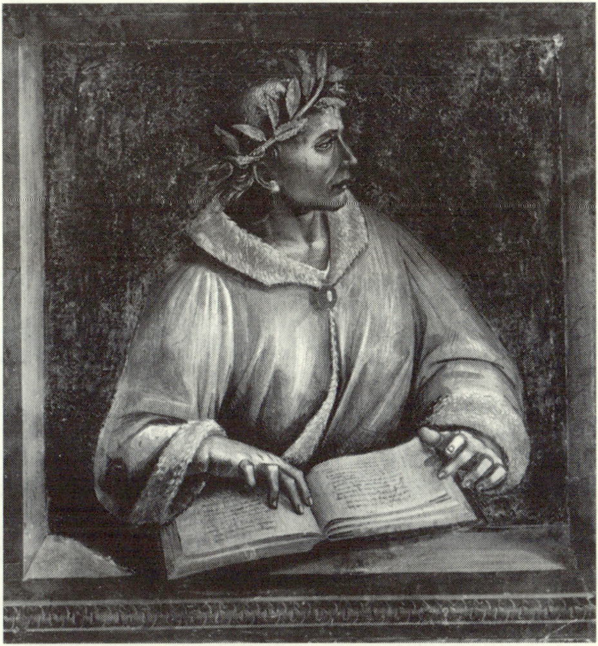

Luca Signorelli, *Bildnis Ovids*, 1500–04. Die Sockelzone des Freskos in der Cappella Nuova des Doms von Orvieto zeigt Dichterbildnisse, darunter auch Dante.

nen aus der Augsburger Werkstatt des aus Nürnberg stammenden Kupferstechers Virgil Solis die Waage: Es sind die *Biblia, Das ist die gantze Heylige Schrifft Teutsch, D. Mart. Luther*, Verlag von Sigmund Feyerabend, Frankfurt am Main 1560, und *P. Ovidii Metamorphosis, Oder: Wunderbarliche und seltsame Beschreibung von der Menschen, Thiern und anderer Creaturen Veränderung, auch von dem Wandeln, Leben und Thaten der Götter Martis, Veneris, Mercuris etc.*, ebd., Frankfurt am Main 1563 (erneut 1581). Für die Bibel entstehen 140 Holzschnitte, für die *Metamorphosen* 183.

Ovid hatte auch ein Nachleben auf der Bühne. Betrachten wir zunächst das Gemälde *Pyramus und Thisbe* von Hans Baldung aus dem Jahr 1545 (S. 141). Ihm liegt eine Geschichte im 4. Buch der *Metamorphosen* zugrunde. Um 1595 entsteht die Komödie *Ein Sommernachtstraum* von William Shakespeare. Sie handelt von einem nächtlichen Wald als Schauplatz von Liebeswirren sowohl bei den Menschen als auch bei den Elfen. Dieses Stück »Tragödie von Pyramus und Thisbe«, bei dem Irrtümer zum Liebestod führen, studiert eine Gruppe von Handwerkern im Wald ein, um es bei der bevorstehenden Hochzeitsfeier des Herzogs Theseus von Athen und der Amazonenkönigin Hippolyta aufzuführen (ein »Stück im Stück« also; diesen Teil des vielgestaltigen Liebesspiels verarbeitet Andreas Gryphius 1657 zur *Absurda Comica oder Herr Peter Squenz*).

Anteil an Ovids Nachleben hat auch Shakespeares Versepos *Venus und Adonis*, das mit dem Tod des Geliebten endet (V. 1165–70):

Um diese Zeit, gleichwie ein Rauch, zerfloss
Der tote Knab', und ward nicht mehr entdeckt;
Und aus dem Blute, das umher stand, schoss
Auf eine Purpurblume, weiß gefleckt.

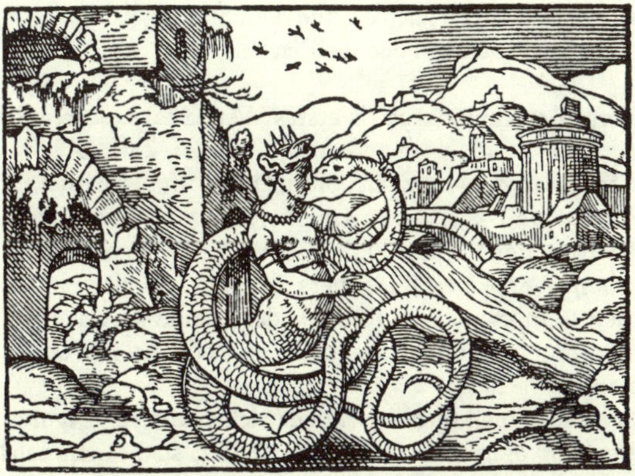

Virgil Solis, *Cadmus und Harmonia als Schlangenpaar*, um 1560. »Nach langer Pilgerschaft mit seiner Gattin, die sein Flüchtlingslos teilt, ist er endlich ins Gebiet Illyriens gelangt. Und während beide, von Kummer und Alter gebeugt, sich die ersten Heimsuchungen ihres Geschlechts vergegenwärtigen und im Gespräch ihre Leiden der Reihe nach erzählen, fragt Cadmus: ›War etwa jene Schlange, die mein Speer durchbohrte, heilig, damals, als ich, aus Sidon kommend, die Drachenzähne als neuartige Saat auf den Boden streute? Rächt die Vorsehung der Götter diese Schlange mit so unerbittlichem Zorn, so bitte ich darum, selbst zur Schlange mit langgestrecktem Bauch zu werden.‹ Sprach's, und wie eine Schlange streckt er sich in die Länge, fühlt, wie auf seiner hart gewordenen Haut Schuppen wachsen [...]. Die Arme, die ihm noch bleiben, streckt er aus, und während ihm Tränen übers Gesicht strömen, das noch menschliche Züge trägt, spricht er: ›Komm zu mir, liebe Frau, komm, Unglückliche, und solange von mir noch etwas übrig ist, berühre mich, nimm meine Hand, solange es noch eine Hand ist, solange die Schlangengestalt noch nicht ganz von mir Besitz ergriffen hat.‹ Er will noch weiter reden; doch plötzlich ist seine Zunge in zwei Hälften gespalten, beim Sprechen gehorchen ihm die Worte nicht mehr, und sooft er eine Klage äußern will, zischt er« (4,567–589).

Ganz seinen Wangen glich sie und dem Blute,
Das rund in Tropfen auf den weißen ruhte.

Das Versepos erscheint 1593 als erstes Werk Shakespeares im Druck.

Auch im Barock, in dem sich Sinnlichkeit und Spiritualität sowie antike und christliche Überlieferung annähern, lebt Ovids Werk weiter. Zu den bildkünstlerischen Zeugnissen dafür gehören Werke des Bildhauers Bernini und der beiden Antipoden Rembrandt und Rubens, des Spaniers Velázquez, des Franzosen Poussin und des Italieners Reni, um nur einige zu nennen.

Das barocke Musiktheater widmet sich mehreren Figuren der *Metamorphosen.* Wie bereits bei Ovid, so beansprucht auch hier der leidgeprüfte, den Zwiespalt zwischen Leben/Liebe und Tod überwindende Sänger Orpheus hervorragendes Interesse. 1607 hat in Mantua *L'Orfeo* von Claudio Monteverdi Premiere: In der Unterwelt hat Orpheus' Gesang Persephone ermutigt, von Pluto die Rückkehr Eurydices in die Oberwelt zu erbitten. Diese scheitert bei Monteverdi an der Sorge des Orpheus um das Wohl der Geliebten: Er will sie vor dem befürchteten Zugriff der Furien schützen. Die Oper endet pompös mit einer goldenen Wolke Apollos: Der Gott verleiht dem Musiker Unsterblichkeit und vereint ihn im Himmel für ewig mit Eurydice.

In der von barocken Allegorien gereinigten Reformoper *Orfeo ed Euridice* von Christoph Willibald Gluck bahnt sich ein Ehedrama an, indem Eurydice dem stumm vor ihr bergan schreitenden Orpheus ein Erkalten seiner Liebe anlastet. Als er nun die Geliebte leidenschaftlich umfängt, sinkt sie entseelt zu Boden. Orpheus will sich das Leben nehmen, doch die Götter erbarmen sich und erwecken Eurydice erneut zum Leben. Vereint mit Orpheus, preist sie in Amors Tempel die Macht des

Liebesgottes. Gluck bringt sein Werk 1762 in Wien zur Aufführung. Für die Inszenierung 1774 in Paris ergänzt Gluck einen »Gesang der seligen Geister« als Ballett.

1718 wird auf dem Landsitz des Duke of Chandos das Oratorium *Acis and Galatea* aufgeführt. Georg Friedrich Händel hat die Geschichte aus dem 13. Buch der *Metamorphosen* bereits 1708 in Neapel für eine Hochzeitsfeier zu einer italienischen *serenata a tre* mit dem Titel *Aci, Galatea e Polifemo* verarbeitet. In England stützt sich Händel auf die Ovid-Übersetzung von John Dryden. Das als Pastorale konzipierte Stück beginnt mit einem chorischen Lobgesang auf das glückliche Leben der Nymphen und Hirten in Arcadien. Ein Beispiel ist die Liebe, die den Hirten Acis mit der Nymphe Galatea verbindet. Doch der Riese Polyphemus begehrt Galatea, nachdem ihn ein Pfeil Amors getroffen hat. Er tötet Acis mit einem Felsbrocken, und Galatea beweint den in eine Quelle verwandelten Geliebten.

Ein erneuter Blick auf das Musiktheater erfasst Medea. Sie steht als die von Jason verstoßene Barbarin im Mittelpunkt der französischen, 1797 im revolutionären Paris aufgeführten Oper *Médée* des Florentiners Luigi Cherubini: In Korinth heiratet Jason die Prinzessin Glauce, ungeachtet seiner Dankesschuld gegenüber Medea, die ihm auf Kolchis das Goldene Vlies verschafft und in Griechenland zwei Söhne geboren hat. Nachdem Medea vergeblich versucht hat, Jason wieder für sich zu gewinnen, tötet sie Glauce und wird zur Kindsmörderin. Sie berichtet Jason ihre Verbrechen und prophezeit ein Wiedersehen im Hades. Das Volk flieht in wilder Panik, während Medea entschwebt.

Die Entwicklung der Rächerin Medea im Sprechtheater erfährt im 17. Jh. eine psychologische Differenzierung. Dies gilt etwa 1635 für Pierre Corneilles Titelheldin als Kristallisationspunkt des allgegenwärtigen Bösen.

Ein außergewöhnliches Zeugnis der Ovid-Rezeption im

18. Jh. enthält die Bibliothek in der ehemaligen Benediktinerabtei Kloster Wiblingen bei Ulm. Ovid erscheint auf dem Deckenfresko des Bibliothekssaals von Franz Martin Kuen aus dem Jahr 1744. Die Inschrift über dem Eingang verheißt den Besuchern die Begegnung mit den Schätzen der Weisheit und des Wissens, von denen bereits der Kolosserbrief des Paulus (Kol. 2,3) handelt. Als Thema des Freskos, an dessen Bildprogramm vermutlich der vor seiner Wahl als Professor für Philosophie und Theologie tätige Abt Meinrad beteiligt gewesen ist, erkennen wir die Vormacht der göttlichen heiligen Weisheit (*hagia sophia*), deren Allegorie in der Mitte der muldenförmigen Kuppel thront. Ihr sind sowohl die christlichen Errungenschaften einschließlich der Weltmission als auch das Erbe der Antike untergeordnet. Dieses Erbe repräsentiert der Parnass mit Apollo, den neun Musen und Pegasus wie auch eine Überlieferung zum Lob der Demut herrschaftlicher Macht am Beispiel der Begegnung Alexanders des Großen mit dem Philosophen und Kyniker Diogenes im Fass. Hier stellt sich die Frage, inwiefern auch die benachbarte Szene eine Spur göttlicher Weisheit enthält, nämlich die Verbannung des Großstädters Ovid aus Rom durch Augustus, dessen Gattin Livia um Gnade für Ovid fleht. Es liegt nahe, dass diese Szene als Warnung vor dem Missbrauch weltlicher Macht und Alleinherrschaft gedacht ist und Ovid den Status eines antiken Märtyrers verleiht.

Zwar setzt sich im 18. Jh. bei zunehmend verbreiteter Kenntnis der griechischen Überlieferung die Einsicht durch, dass Ovids *Metamorphosen* keineswegs ein umfassendes Kompendium antiker Götter und Helden bilden, sondern unter dem Blickwinkel des fortwährenden Gestaltwandels der Wirklichkeit nur eine Auswahl bieten. Umso mehr begeistert Ovids Kunst des Fabulierens. Johann Wolfgang Goethe erinnert sich im zweiten Teil seiner Autobiographie *Dichtung und Wahrheit* (1811): »Und da ich gar bald die Ovidischen Verwandlungen gewahr wurde, und besonders die ersten Bücher fleißig studierte, so war mein junges Gehirn schnell genug mit einer Masse von Bildern und Begebenheiten angefüllt, und ich konnte niemals Langeweile haben, indem ich mich immerfort beschäftigte, diesen Erwerb zu verarbeiten, zu wiederholen, wieder hervorzubringen.« Letzteres reicht bis zu *Faust II* mit einer neuen Sicht auf Philemon und Baucis. Im 5. Akt behindern die beiden Verkörperungen der im Alter unverminderten Liebe, Bescheidenheit und Gastfreundschaft die Pläne des rücksichtslosen Kolonisators Faust, der Neues schaffen will. Ihn beruhigt sein Manager Mephisto: »Wir aber haben nicht gesäumt, / Behende dir sie weggeräumt.«

Im 19. Jh. verkörpert Ovid mitunter den gesellschaftlich ausgegrenzten und vereinsamten Künstler. Eugène Delacroix hat sich diesem Thema mit Darstellungen des verbannten Dichters gewidmet. Den Anfang macht ein Detail eines Deckengemäldes in der Bibliothek des Pariser Palais Bourbon. Hier gehört der verbannte Ovid zum Bildprogramm der vier Zwickel der Kuppel, die der Poesie gewidmet ist. Neben dem verbannten Ovid zeigen die Zwickel die Erziehung des Musengottes Apollo, Hesiods Inspiration durch eine Muse und schließlich Alexander den Großen, wie er die Werke Homers in einer goldenen Truhe verwahrt. Die Bildfolge legt den Schluss nahe, dass Ovid diesen Schatz gehoben hat. Den Auftrag für die Arbeiten im Palais Bourbon erhält Delacroix vom Innenminister 1838. 1859 beteiligt sich der Maler, den jahrelang Ovids Kindsmörderin Medea beschäftigt hat, an der Ausstellung des Pariser Salon mit dem Gemälde *Ovid bei den Skythen.* Zu den Bewunderern des Bildes gehört Charles Baudelaire, der die Aufmerksamkeit auf die links unten gelagerte Gestalt lenkt: »Da liegt er im wilden Gras, kläglich hingebettet wie eine Frau, der bewunderte Dichter, der uns die Kunst der Liebe lehrte. Wird es seinen hohen Freunden gelingen, den kaiserlichen Groll zu

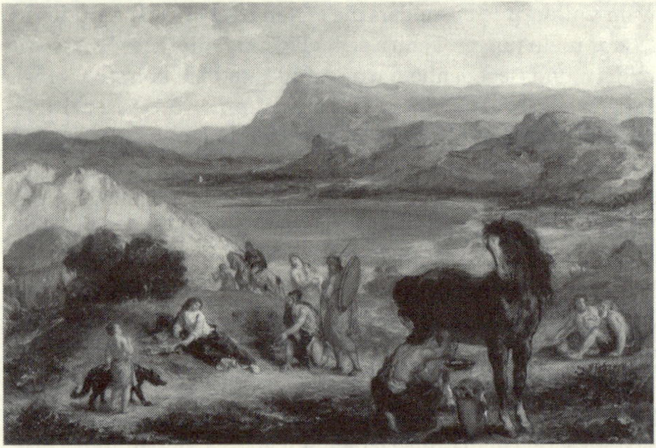

Eugène Delacroix, *Ovid bei den Skythen*, 1859; Öl auf Leinwand, 87,6 × 110,2 cm; London, National Gallery.

besänftigen?« Delacroix selbst spricht von einer Wiedergeburt des verwöhnten Großstädters in der Natur. Ihr huldigt das Gemälde ebenso wie Ovids *Epistulae ex Ponto*, seinen »Briefen vom Schwarzen Meer«, verbunden mit der Würdigung der »Wilden« als Menschen, die den verbannten Dichter umsorgen.

Die im Bildvordergrund aufragende Stute symbolisiert diese Fürsorge. Das Tier wird gemolken, um den hier gestrandeten Fremden mit Milch zu versorgen. Ihm wenden sich ein Hirte, ein Jäger und eine Frau mit Kind und einem Früchtekorb zu. Links nähert sich ein Junge mit seinem Hund, rechts beobachten Hirten den Fremden. Mit diesem in gewisser Weise zivilisationskritischen Gemälde, das 1856 der Bankier Benoît Fauld in Auftrag gab, beteiligt sich Delacroix 1859 zum letzten Mal am Pariser Salon.

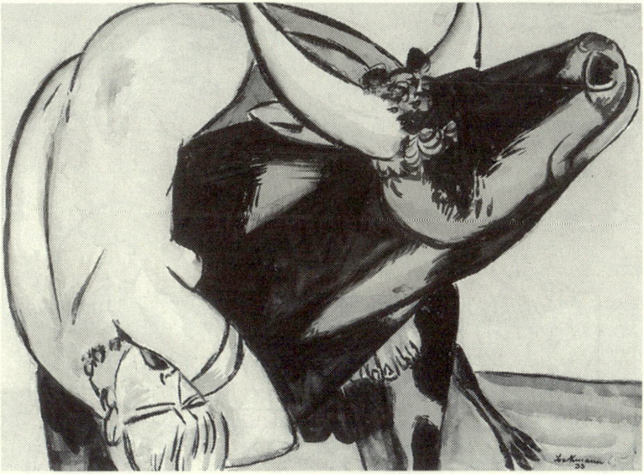

Max Beckmann, *Europa und Stier*, 1933; Aquarell; Privatbesitz.

nächste Seite: H. E. Köhler, *Die Sphinx an der Seine*, 1963; Zeichnung.

Die Abbildungen auf dieser und der folgenden Seite sind zwei Beispiele für die politische Aktualisierung der Europa-Sage, die bei Ovid am Ende des 2. Buchs der *Metamorphosen* steht (das 5. Buch enthält den Namen der nach Kreta entführten phönizischen Prinzessin als Bezeichnung des westlichen Kontinents). Beckmanns Graphik aus dem Jahr von Hitlers Machtübernahme zeigt Europa als Opfer des gewaltigen triumphierenden Stiers als Symbol des Nationalsozialismus. Drei Jahrzehnte später karikiert H. E. Köhler mit der Zeichnung der verängstigten Prinzessin vor der Sphinx alias Charles de Gaulle die Sorge Frankreichs, Europas Integration könne die Souveranität mindern. Die De-Gaulle-Sphinx ist gar als Napoleon, einstiger Herr über Europa, kostümiert.

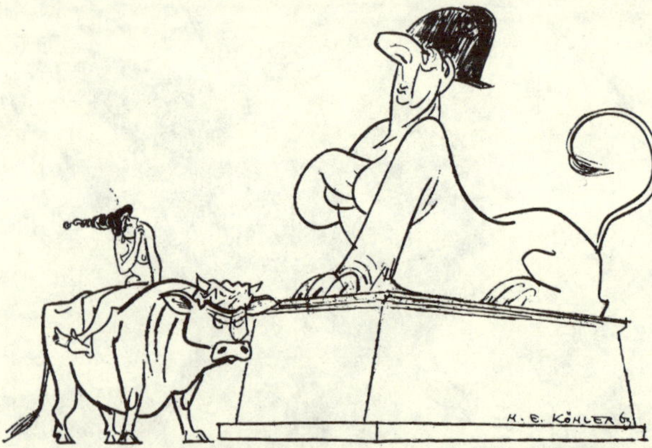

Das stilgeschichtliche Spektrum der autonomen bildenden Kunst im 19. Jh. prägt auch die Vielgestalt von Ovids kunstgeschichtlichem Nachleben, wie bei Delacroix und dessen klassizistischem Antipoden Ingres. Die Affinität der Präraffaeliten und Symbolisten in ihrer Beschäftigung mit antiken, durch Ovid bearbeiteten Themen zeigen Werke von Burne-Jones sowie von Moreau und Redon, im Gegensatz zu Daumiers sozialkritischer Entlarvung mythologischer Rollenmuster.

Schließlich dokumentieren Werke von Max Beckmann, Max Ernst, Salvador Dalí und Pablo Picasso Ovids Nachleben in der bildenden Kunst des 20. Jh.s und ihren Stilrichtungen des Expressionismus und des Surrealismus.

Auf der Bühne lebt Ovid weiter in neuzeitlichen Bearbeitungen des Medea-Stoffes, im 19. Jh. bei Franz Grillparzer (*Das goldene Vlies*, 1821) und im 20. Jh. bei Jean Anouilh (1947).

Als ein Spiel mit barocken Anklängen konzipiert Hugo von Hofmannsthal für Richard Strauss die Oper *Ariadne auf*

Naxos. Die erste Fassung wird 1912 in Stuttgart, die zweite 1916 in Wien aufgeführt. Beibehalten ist die Verknüpfung des Heroischen mit dem Burlesken. Das Possenhafte ist hier eine groteske Maskerade, die Ariadne – von Theseus auf Naxos ausgesetzt – erheitern soll. Doch der Erheiterungsversuch scheitert ebenso wie das Zureden der lebensklugen Zerbinetta. Statt des ersehnten Todesboten erscheint der Gott Bacchus (siehe Tizians Gemälde, S. 187), der mit Ariadne hinauf zu den Sternen schwebt. Wehmütig schaut ihnen die erdverwurzelte Zerbinetta nach.

1913 kommt es in Wien zur deutschsprachigen Uraufführung, 1914 in London zur englischen Erstaufführung der sozialkritischen Komödie *Pygmalion* von Georg Bernard Shaw. Das Stück folgt Ovids Erzählung vom Bildhauer Pygmalion, dessen Werk, ein weiblicher Akt, zum Leben erwacht und schließlich Pygmalions Frau wird. Shaws Pygmalion ist der Phonetikprofessor Henry Higgins. Er geht die Wette ein, der Blumenverkäuferin Eliza Doolittle durch Sprachunterricht den Weg aus der Unterschicht in die höhere Gesellschaft zu bahnen. Denn Higgins glaubt, der soziale Rang sei ausschließlich von der Sprache abhängig. Die weiterhin trotz ihrer sprachlichen Metamorphose mittellose Eliza büßt den Irrtum des Gelehrten. Erst das Musical *My Fair Lady* (verfilmt 1963) gönnt Eliza ein Happy End.

Ovids Nachleben im 20. Jh. ist eng mit Deutungen des Orpheus verbunden, der die Sphären des Lebens und des Todes transzendiert. Er beschäftigt Jean Cocteau als Dramatiker (der Einakter *Orphée*, 1926), Graphiker und Filmregisseur. Im Film *Orphée* (1950) ist eine »schwarze Prinzessin« aus dem Totenreich fasziniert vom Dichter Orpheus. Ihr fällt Eurydice zum Opfer. Zwei Motorradfahrer sind ihre Todesengel. Doch weil sie den Dichter für sich allein haben möchte, überschreitet die Prinzessin die Grenzen ihrer Rechte.

1959 verlegt Marcel Camus mit dem Film *Orfeu Negro* (nach einem Theaterstück von Vinicius de Mello Moraes) den Orpheus-Mythos in den Karneval von Rio. Zu den handelnden Personen gehört die vom Land stammende Eurydice, die im Maskentreiben vom maskierten Tod (einem verlassenen Liebhaber?) verfolgt und vom musizierenden Busfahrer Orpheus beschützt wird. Doch in der Unterwelt des Busdepots wird Eurydice von einem Stromschlag getötet. Von Orpheus, der ebenfalls umkommt, haben zwei Jungen gelernt, dass beim Spiel seiner – und nun ihrer – Gitarre die Sonne aufgeht.

Nach der Parodie *Orpheus in der Unterwelt* von Jacques Offenbach, 1858, folgen im 20. Jh. Orpheus-Stücke, die scheiternde Beziehungen darstellen (*Orpheus und Eurydike* von Oskar Kokoschka, 1919; *Eurydike* von Jean Anouilh, 1941) oder die selbstverschuldete Vereinsamung des liebesunfähigen egomanischen Künstlers (*Orpheus steigt herab* von Tennessee Williams, 1959). Während die 1923 vollendeten *Sonette an Orpheus* von Rainer Maria Rilke die Unsterblichkeit des Mythischen beschwören, fingiert der Ovid-Roman *Die letzte Welt* von Christoph Ransmayr 1988 eine endzeitliche Metamorphose. Von zahlreichen Anachronismen durchsetzt, handelt *Die letzte Welt* von einer Reise des römischen Ich-Erzählers Cotta nach Tomis. Cottas Namensvetter ist Cotta Maximus Messalius, an den Ovid sechs der erhaltenen *Epistulae ex Ponto* gerichtet hat. Cotta entdeckt Anzeichen dafür, dass Ovid in der Verbannung sein den Staat gefährdendes, unter Verschluss gehaltenes Werk mit der Botschaft ständiger Unbeständigkeit vollendet und ein »Buch der Steine« angefügt hat. Er begegnet Ovids Gestalten in erneuter Verwandlung. Sie werden ebenso wie Ovids Zufluchtsort Opfer einer Naturkatastrophe. Zuletzt kapituliert Cotta: »Und schließlich hatte Naso seine Welt von den Menschen befreit, indem er jede Geschichte bis an ihr Ende erzählte.« Dieses Zu-Ende-Erzählen der in 15 Bücher geglie-

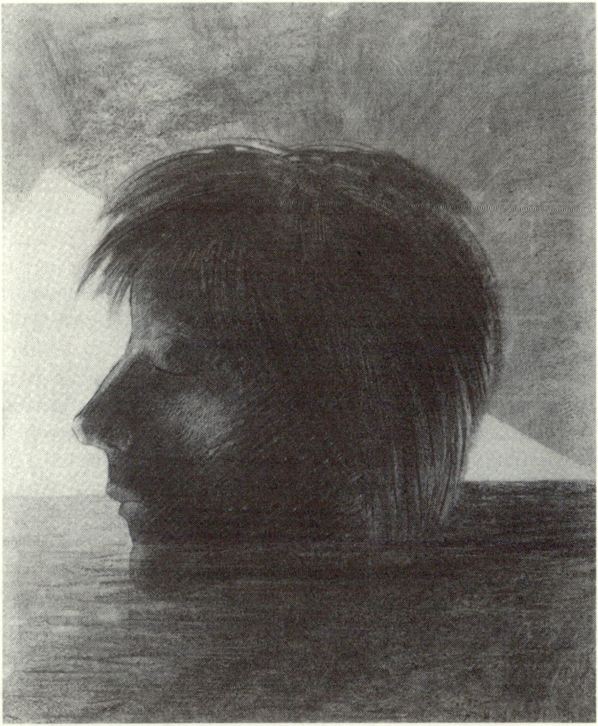

Odilon Redon, *Kopf des Orpheus auf den Wassern*, 1881; schwarze Kreide; Otterlo, Museum Kröller-Müller. »… und – o Wunder! – während sie mitten im Fluss dahingleitet, lässt die Leier Klagetöne erklingen; Klagelaute murmelt die entseelte Zunge, mit Klagen antworten die Ufer. Schon verlassen Haupt und Saitenspiel den vertrauten Strom, treiben aufs Meer hinaus und erreichen den Strand der Insel Lesbos, auf der Methymna liegt« (11,51–55).

derten Menschheitsgeschichte Ovids ist das Ziel des in 15 Kapitel gegliederten apokalyptischen Romans. Ovid, so mutmaßt Cotta, »war wohl auch eingetreten in das menschenleere Bild, [...] hockt als triumphierendes Purpurmoos auf dem letzten, verschwindenden Mauerrest einer Stadt«. Anachronismen stellen Bezüge zur Neuzeit her: Ovids Cyparissus, ein Liebling des Musengottes Apollo, wird zum Kleinwüchsigen, der in den Dörfern am Schwarzen Meer Filme vorführt; Lichas, bei Ovid ein Diener des Hercules, stört als Missionar das Freilichtkino in Tomis, als am Karfreitag die Tragödien von Hector, Hercules und Orpheus an die Außenwand des Schlachthauses projiziert werden. Das diktatorische Regime des Augustus im Polizeistaat Rom, dem »Reich der Notwendigkeit und der Vernunft«, bedient sich der Massenmedien, ein deutscher Soldat berichtet von den Gaskammern in Auschwitz. Der Anhang von Ransmayrs Roman unterteilt als »Ovidisches Repertoire« 34 Figuren von Actaeon bis Thies in »Gestalten der Letzten Welt«, die im Roman auftreten, und in »Gestalten der Alten Welt« aus Ovids *Metamorphosen*. Zu diesen gehört Cyparissus, den Orpheus im 10. Buch besingt. Er ist in der Alten Welt ein »schöner Jüngling auf Ceos; Liebling Apollos, des Gottes der Dichtkunst, Musik, Wahrsagung und Heilkunde. Tötet aus Versehen seinen zahmen Hirsch: ... Heiß war es und Mittag. Von der Sonnenhitze glühten dem Strandkrebs am Himmel die Scheren. Müde legte sich der Hirsch auf dem Rasenteppich nieder und kühlte sich im Schatten der Bäume. Da traf ihn Cyparissus nichts ahnend mit dem spitzen Jagdspeer. Als er ihn an der bösen Wunde sterben sah, beschloss auch er zu sterben ... und erbittet von den Himmlischen als letzte Gabe, allezeit trauern zu dürfen ... da wurden seine Glieder allmählich grün, und das Haar, das ihm eben noch in die schneeweiße Stirn hing, begann ein struppiger Schopf zu werden, sich starr aufzurichten und mit schlankem Wipfel zum gestirnten Himmel aufzublicken. Da seufzte der Gott auf und sprach betrübt: ›Du wirst von mir betrauert werden, andere betrauern und allen Trauernden beistehen.‹«

In Ransmayrs *Die letzte Welt* heißt Cyparissus Cyparis und ist ein »Zwergwüchsiger Filmvorführer aus dem Kaukasus, der in den Dörfern der Schwarzmeerküste nicht nur Filme zeigt, sondern auch türkischen Honig und Alaunstein verkauft und einen Hirsch zu Marschmusik auf der Hinterhand tänzeln läßt. Cyparis liebt sein Publikum. Wenn der Projektor nach langwierigen Vorbereitungen das Antlitz eines Helden ins Riesenhafte vergrößert und eine weiße, leere Wand zum Fenster in Urwälder und Wüsten werden läßt, sitzt der Liliputaner geborgen in der Dunkelheit und betrachtet die Gesichter der Zuschauer im blauen Widerschein. In ihrem Mienenspiel meint er die Macht und die Unerfüllbarkeit seiner eigenen Sehnsüchte wiederzuerkennen. Manchmal schläft er während der Vorstellung ein und träumt von Bäumen, von Zedern, Pappeln, Zypressen, träumt, daß er Moos auf seiner Haut trägt. Dann springen ihm an den Füßen die Nägel auf, und aus seinen krummen Beinen kriechen Wurzeln, die ihn tiefer und tiefer mit seinem Ort zu verbinden beginnen. Schützend legen sich die Ringe seiner Jahre um sein Herz. Er wächst.« (S. 297 f.)

Themen

Typologie des Gestaltwandels

Viele der im Altertum sprachlich oder als Bilder dargestellten Formen des Gestaltwandels sind metaphorische Bestandteile unserer Umgangssprache. Wer sich kopfüber in die Wellen stürzt, wird seit jeher zum Delphin, und wer vor Schreck erstarrt, wird zur Salzsäule wie Lots Frau angesichts der Vernichtung von Sodom durch Schwefel und Feuer vom Himmel (Gen. 19,26). In Ovids *Metamorphosen* erstarrt Königin Niobe nach dem gewaltsamen Tod aller ihrer Kinder zu Fels, und zu den Waffen des Perseus gehört das Haupt der Medusa, das jeden, der es anblickt, versteinert.

Die etruskische Vasenmalerei aus dem 6. Jh. v. Chr. bezeugt den mediterranen Ursprung einer Version des Mensch-Fisch-Gestaltwandels, von dem bei Ovid die Erzählung des Lydiers Acoetes über die Metamorphose der tyrrhenischen (etruskischen) Schiffer handelt:

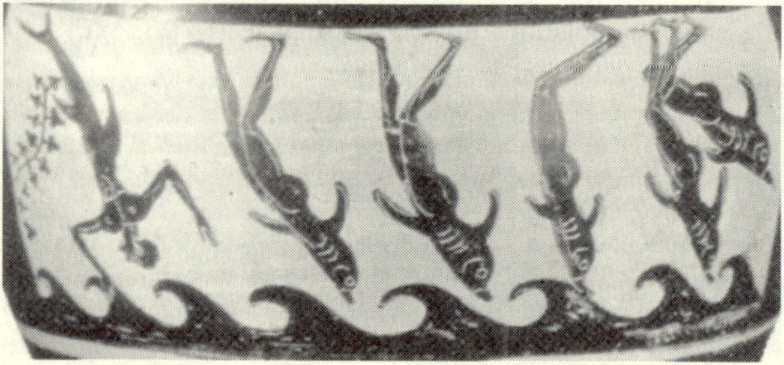

Verwandlung von Menschen in Delphine, schwarzfiguriges Vasenbild, um 530 v. Chr.; Toledo (Ohio), Museum of Art.

> Sei's, dass sie die Tollheit ergriff, sei's Angst: es sprangen die Männer / Jählings empor. Da wurde zuerst der Körper des Medon / Sachte geschwärzt, und die Wirbelsäule verkrümmte sich auswärts. / Lycabas sagte zu ihm: »In welches Mirakel verwandelst / Du dich?« und hatte im Sprechen ein breites Maul, eine krumme / Nase erhalten; die Haut war ihm hart und schuppig geworden. / Libys jedoch, der versucht, die widerspenstigen Ruder / Umzudrehen, bemerkt, wie die Hände ihm schrumpfen: es sind schon / Nicht mehr Hände, man könnte sie eher als Flossen bezeichnen. / Jener begehrt, nach den ganz umflochtenen Tauen die Arme / Auszustrecken: er hat sie nicht mehr; verkürzt, mit gewölbtem / Rücken enthüpft er ins Meer; ein Schwanz ist sein eigen, am Ende / Aufgebogen, der Sichel des halben Mondes vergleichbar. / Allenthalben springt es umher: sie plätschern und spritzen / Reichlich, sie tauchen empor und verschwinden aufs Neue im Wasser, / Spielen wie Tänzer, mutwillig sich tummelnd, und blasen aus weiten / Nasen das eingesogene Wasser der See in die Höhe. (3,670–686)

Der Initiator dieser Verwandlungen ist der jugendliche Bacchus, den die »gottlosen Schiffer« als ihre Beute betrachten. Sie missachten seinen Wunsch, nach Naxos gebracht zu werden, und zur Strafe treibt Bacchus sein »Spiel« mit ihnen.

Der Gestaltwandel als göttliche Strafe ist das Thema des 6. Buchs der *Metamorphosen*, beginnend mit dem Wettstreit zwischen Arachne aus dem lydischen Maeonien in Kleinasien und Athene, alias Minerva, in der Fähigkeit, Bildteppiche zu weben bzw. zu »malen«:

> Doch die Maeonierin schildert Europa, die einstmals vom falschen / Stiere getäuschte: lebendig erscheinen der Stier und die Wellen; / Nach dem Land, dem verlassenen, schaut

> sie zurück auf dem Bilde, / Ruft den Gefährtinnen zu und fürchtet des Wassers Berührung, / Das sie bespült: man sieht, wie sie ängstlich die Sohlen zurückzieht. / Auch Asterië malt sie, vom ringenden Adler gehalten, / Malt auch Leda, wie unter den Flügeln des Schwanes sie ruhte, / Fügte hinzu, wie Jupiter Nycteus' liebliche Tochter / In der Gestalt eines Satyrs mit Zwillingskindern geschwängert, / Wie er Amphitryon war, als er dich, Tiryntherin, liebte, / Dann, wie er Danaë täuschte als Gold, als Feuer Asopos' / Kind, als ein Hirt Mnemosyne, ferner als fleckige Schlange / Deos Tochter. Auch du, Neptunus, verwandelt zum wilden / Jungstier wurdest gemalt bei des Aeolus Kind; als Enipeus / Zeugst du die Aloïden, als Widder berückst du Bisaltes' / Tochter. Die blonde, die freundliche Mutter der Früchte erlebte / Dich als Pferd, als Vogel die schlangenhaarige Mutter / Jenes geflügelten Rosses, Melantho erlitt dich als Delphin. / Diesen allen verlieh sie ihr Wesen, verlieh auch den Orten / Ihren Charakter. Man sah dort Phoebus als Landmann gestaltet, / Dann wie er Federn des Habichts, bald wieder das Fell eines Löwen / Trug, wie als Hirte er Isse, des Macareus Tochter, betrogen, / Ferner wie Liber Erigone täuschte mit trügender Traube, / Und wie Saturnus als Hengst den zwiefachen Chiron erzeugte. / Schließlich zeigte der Rand des Gewebes als feine Bordüre / Blumen, hinein verflochten in rankendes Efeugeschlinge. / Nicht vermöchte da Pallas, der Neid selbst könnte das Werk nicht / Tadeln; doch ob dem Erfolg ergrimmte die Jungfrau, die blonde, / Und zerriss das durchwirkte Gemälde, der Himmlischen Schmähung. (6,103–131)

Die erste Erzählung des 6. Buchs verdeutlicht zwei unterschiedliche Wirkungsweisen von Metamorphosen: Arachne, die kunstfertige Weberin aus Lydien, wird unwiederbringlich in eine Spinne verwandelt, nachdem Minerva, ihre Konkurrentin, sie in Gestalt einer alten Frau in Sicherheit gewogen hat. Minervas Gestaltwandel ist temporär und ist eines der Trugbilder, deren sich die Götter bedienen und die Arachne in ihren Webbildern als Sünde anprangert: Jupiter, der als Stier die Prinzessin Europa entführt und schwängert; Jupiter als Adler, Schwan, Satyr. Arachnes Darstellungen der Trugbilder sind »Schmähungen der Himmlischen« und zugleich Ausdruck der strafwürdigen Hybris von Arachne, die sich damit zur Richterin aufschwingt. Hybris kennzeichnet auch den Mutterstolz der thebanischen Königin Niobe:

> Und sie erstarrt vom Leid: kein Lüftchen bewegt ihre Haare, / Blutleer ist das Gesicht; es starren die Augen in düstern / Höhlen bewegungslos: der Gestalt ist das Leben entwichen. / Selbst in das Innere wirkt es: die Zunge erfriert ihr im harten / Gaumen, es stockt in den Adern das Blut; es biegt sich der Nacken / Nicht mehr, es rühren die Arme sich nimmer; der Fuß hat zu schreiten / Völlig verlernt; auch die innern Organe sind alle versteinert. / Aber sie weint, und von mächtigem Windeswirbel umschlossen, / Reißt es sie fort in die Heimat. Geheftet daselbst an des Berges / Gipfel schmilzt sie: es trieft noch heute der Marmor von Tränen. (6,303–312)

Der Metamorphose der Königin folgt am unteren Ende der Rangordnung, gleichsam als Satyrspiel, die Verwandlung der namenlosen lykischen Bauern in Frösche:

> Und es geschieht, was die Göttin gewünscht: mit großem Vergnügen / Leben sie jetzt im Wasser. Bald tauchen sie ganz in den Sumpf ein, / Strecken den Kopf nun hervor, bald schwimmen sie hoch an der Fläche; / Häufig sitzen sie oben

> am Ufer des Teiches, und häufig / Springen sie wieder zurück in das kalte Gewässer. Noch immer / Üben sie gern im Streit die schändlichen Zungen, und schamlos / Suchen sie, wenn auch im Wasser, im Wasser quakend zu schmähen. (6,370–376)

Den drei Erzählungen über Gestaltwandel als Mittel der Bestrafung von Arachne, Niobe und einer Gruppe lykischer Bauern folgen im 6. Buch die Häutung des Marsyas durch Apollo (der anmaßende Satyr hat den Gott zum Wettkampf im Flötenspiel herausgefordert und unterlag). Von Pelops, nach dem die Halbinsel Peloponnes benannt ist, überliefert Ovid lediglich die Vervollständigung seiner Gliedmaßen: Als Kind war er nämlich zerstückelt und den Göttern als Mahlzeit vorgesetzt worden.

Eine solche Mahlzeit enthält auch die vorletzte Erzählung des 6. Buchs. Hier ist es Itys, der gemeinsame Sohn des Tereus und der Procne, der seinem Vater als Mahl vorgesetzt wird. Dies ist die Rache Procnes und ihrer Schwester Philomela dafür, dass Tereus Philomela vergewaltigt und verstümmelt hat. Er und beide Mörderinnen werden zu Vögeln:

> Jetzt entblößt er das Schwert und verfolgt die Töchter Pandions. / Siehe die Cecropiden: sie scheinen mit Schwingen zu schweben! / Wirklich, sie schwebten mit Schwingen. Es strebte die eine dem Wald zu, / Aber die andere schlüpfte zu Dächern; die Spuren des Mordes / Zeigt ihre Brust noch jetzt: mit Blut sind die Federn gezeichnet. / Er, vom Schmerze beflügelt und von der Begierde zu strafen, / Wandelt sich um zum Vogel: dem steht ein Kamm auf dem Scheitel, / Riesig ragt ihm der Schnabel an Stelle der Klinge, der langen. / Wiedehopf nennt man den Vogel; er gleicht einem Krieger in Waffen. (6,666–674)

Eine bis heute allgemein bekannte Symbolgestalt der Verwandlungsfähigkeit ist Proteus. Der Flussgott Achelous beschreibt Proteus seinem Gast Theseus, wobei er zwischen dem temporären Gestaltwandel der Götter und der einmaligen, endgültigen Verwandlung unterscheidet:

> […] »Bei manchen, du Tapfrer, / Ändert sich einmal der Leib, und er bleibt in der neuen Gestaltung. / Andere gibt's, die dürfen in mehrere Körper sich wandeln, / Wie du, Proteus, Bewohner des landumgürteten Meeres. / Denn man sah dich zuweilen als Jüngling, zuweilen als Löwen. / Eber warst du bisweilen, ein wilder, dann Schlange – man fürchtet, / Sie zu berühren –, dann wirst du ein Stier – es schmücken dich Hörner –; / Oftmals warst du als Stein und oft als Baum zu erblicken, / Manchmal erschienst du als flüssiges Wassergebilde: ein Flusslauf / Warst du geworden und manchmal ein Feuer, der Gegner des Wassers.« (8,728–737)

Zu Ovids Quellen gehörte wohl eine aus Delphi stammende *Ornithogonie* über die Verwandlung von Menschen in Vögel. Ovids älterer Freund Aemelius Macer hat diese speziellen Metamorphosen ins Lateinische übersetzt.

Bei Ovid beginnt der Mensch-Vogel-Gestaltwandel im 2. Buch mit der Verwandlung des um Phaëthon trauernden Cygnus in den ersten Schwan und der von Neptun begehrten Nyctimene in eine Eule (S. 117f.). Im 5. Buch büßen die im Wettstreit als Sängerinnen den Musen unterlegenen Pieriden ihren Hochmut als Elstern. Im 6. Buch wird der grausame Tereus zum Wiedehopf, die Rächerinnen und Schwestern Procne und Philomela flüchten als Schwalbe unters Dach und als Nachtigall in den Wald. Im 8. Buch stürzt sich der von seiner Tochter Scylla ermordete König Nisus als Seeadler auf die Mörderin, die ein Reiher wird. Ebenfalls im 8. Buch wird an den Neid des Daedalus auf die Erfindungen seines Neffen Perdix erinnert. Er stieß den Knaben von der Athener Akropolis, doch Minerva rettete Perdix, indem sie ihn in ein Rebhuhn verwandelte. Eine den Göttern vorbehaltene Sonderform ist der mit bestimmten Zwecken verbundene vorübergehende Gestaltwandel, u.a. die Verwandlung in einen Vogel. Als die olympischen Götter, so behaupten die Pieriden, aus Furcht vor dem Riesen Typhoeus nach Ägypten flohen, wurde Apollo zum Raben und Mercur zum Ibis. Um sich des schönen Ganymeds zu bemächtigen, wählt Jupiter, der König der Götter, die Gestalt des Königs der Lüfte, des Adlers. Das 11. Buch endet mit dem gemeinsamen Flug Alcyones und ihres Gemahls Ceyx als Eisvögel übers Meer (sie symbolisieren eheliche Treue) und mit dem Selbstmord des Troers Aesacus, des Sohnes des Priamus. Er wird zum Taucher. Im 14. Buch erzählt eine Dienerin der Zauberin Circe von der Verwandlung des italischen Königs Picus in einen Specht. Damit enden bei Ovid die Mensch-Vogel-Verwandlungen.

Ebenso vielfältig sind die Verwandlungen von Frauen und Knaben bzw. Männern in Pflanzen. Daphne wird als Lorbeerbaum vor Apollo bewahrt, die arcadische Nymphe Syrinx als Schilfrohr vor Pan. Orpheus besingt die Verwandlung des Cyprianus und des Narcissus in die nach ihnen benannten Gewächse, und aus dem Blut des Adonis sprießen Adonisröschen.

Zu Vierbeinern werden der grausame Lycaon und das undankbare Liebespaar Atalante und Meleager, die von Venus in Löwen verwandelt werden, die laut antiker Tierkunde unfähig sind, sich zu paaren.

Das 15. Buch handelt vom Gestaltwandel der Menschen vom Kleinkind bis ins hohe Alter. Und was geschieht, wenn Mann und Frau nicht nur im Liebesakt, sondern dauerhaft physisch verschmelzen? Davon handelt die nun folgende, abschließende Erzählung im 4. Buch. Der dauerhafte Gestaltwandel als körperliche Verschmelzung von Mann und Frau, die nun das »dritte Geschlecht« des Zwitters repräsentieren, ist zumindest literarisch seit zweitausend Jahren bekannt, nämlich durch Ovids Erzählung von Salmacis und Hermaphrodit:

> »Sieg! Er ist mein!«, ruft die Naiade, wirft alle Kleider weit fort und stürzt sich mitten in die Wellen. Er wehrt sich; sie aber hält ihn fest, raubt ihm trotz seines Widerstandes Küsse, legt die Hände von unten an ihn, berührt seine widerstrebende Brust und umfängt den jungen Mann bald von dieser, bald von jener Seite. Während er sich sträubt und ihr entschlüpfen will, umschlingt sie ihn endlich wie eine Schlange, die der König der Vögel festhält und emporträgt – während sie hängt, fesselt sie ihm Kopf und Füße und umschnürt ihm mit dem Schwanz die Flügel, die sich ausbreiten wollen –, oder wie Efeuranken lange Baumstämme zu umspinnen pflegen und wie der Polyp seinen Feind, den er in der Wassertiefe gepackt hat, umklammert, indem er von allen Seiten Fangarme nach ihm ausstreckt. Der Urenkel des Atlas bleibt fest und verweigert der Nymphe die erhofften Freuden; sie aber bedrängt ihn. Mit dem ganzen Körper eng an ihn geschmiegt, sprach sie: »Magst du dich auch wehren, Böser, trotzdem wirst du mir nicht entrinnen. Ihr Götter, lasst es so geschehen: Kein Tag soll ihn von mir und mich von ihm trennen.« (4,356–372)

Die Typologie des Gestaltwandels verbindet das Altertum mit der Neuzeit und mit deren proteischen Eigenschaften fortwährender Erneuerung. Drei Beispiele aus der Literatur mögen genügen: Die 1812 erschienenen *Kinder- und Hausmärchen* der Gebrüder Grimm enthalten die Geschichte des in einen Frosch verwandelten Prinzen (*Der Froschkönig*): Er wird erlöst, weil die Prinzessin ihre Abscheu vor ihm überwindet.

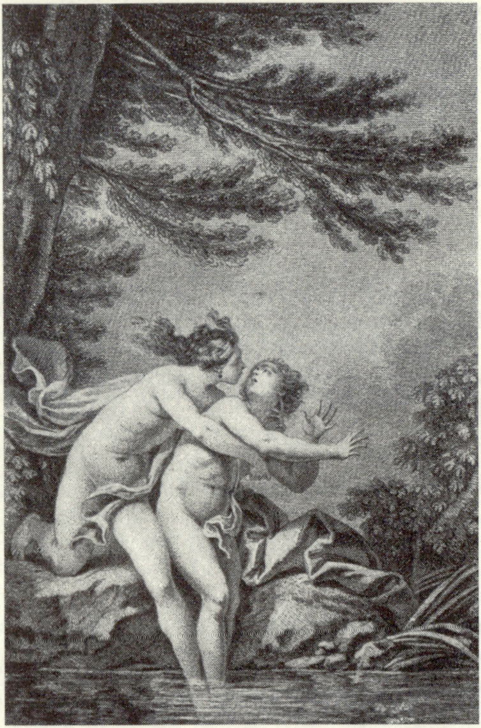

Verwandlung von Frau und Mann zu einem Geschöpf. Davon handelt die Erzählung über die körperliche Vereinigung mit der Nymphe Salmacis mit dem Jüngling Hermaphrodit im 4. Buch der *Metamorphosen.* Kupferstich von Jean Massard nach einem Gemälde von Charles Monnet aus der französischen Übersetzung der *Metamorphosen* von Antoine Banier; eine Prachtausgabe mit 140 Kupfern verschiedener Künstler erschien 1767–71.

1886 veröffentlicht Robert Louis Stevenson den Schauerroman *The Strange Case of Dr. Jekyll and Mr. Hyde* (Der seltsame Fall des Dr. Jekyll und Mr. Hyde): Ein Elixier verändert jeweils für kurze Zeit das Erscheinungsbild des angesehenen Arztes Jekyll, der in Gestalt von Mr. Hyde seine destruktiven Triebe befriedigt. Die Metamorphose bedeutet zunächst die Befreiung aus dem Korsett der gesellschaftlichen (viktorianischen) Normen. Doch als die Verwandlung ihn allmählich zum Verbrecher werden lässt, nimmt Jekyll sich das Leben.

Dass Metamorphosen das Gewöhnliche radikal in Frage stellen und Verborgenes sichtbar machen können, bringt Franz Kafkas Erzählung *Die Verwandlung* (1915) zum Bewusstsein: Der tüchtige Handelsvertreter Gregor Samsa erwacht eines Morgens in der Gestalt eines hilflosen Käfers, der als bedrohliches Ungeziefer von den Mitgliedern seiner Familie, die er, Gregor, doch bisher ernährt hat, verabscheut wird. Zu den autobiographischen und in der Zeit des Expressionismus spezifischen Bedeutungsebenen gehört der Vater-Sohn-Konflikt: Der Käfer Gregor wird vom Vater mit einem Fußtritt in sein Zimmer gestoßen, eine Szene, die einem Eintrag in Kafkas Tagebuch entspricht (»mit einem Fußtritt aus der Welt geworfen«).

Im 20. Jh. entwickelte sich die »Siebte Kunst« des Films mit ihren technisch exponierten Möglichkeiten, vor allem im Bereich des Animationsfilms. Zu seinen Charakteristika gehört von Beginn an der visualisierte Gestaltwandel. Ein klassisches Beispiel ist Jean Cocteaus *La Belle et la Bête* (1946; dt. *Es war einmal*, 1947) mit der Verwandlung eines Prinzen in eine Bestie. Bereits der Pionier des Animationsfilms Georges Méliès nutzte Überblendungsverfahren und vor allem den Stopptrick, um verschiedene Gestaltwandel in Szene zu setzen, beispielsweise die plötzliche Verwandlung des Teufels in einen Priester (*Le Diable au Couvent*, 1899) oder die Emanzipation eines Skeletts vom Körper eines Mannes während einer Röntgenuntersuchung (*Les rayons Röntgen*, 1898). In die Reihe der Filmklassiker gehört seine *Reise zum Mond* (*Le Voyage dans la Lune*, 1902), bei der sich die Rakete mit den Astronauten ins rechte Auge des mit einem Gesicht belebten Mondes bohrt, das sich darauf vor Schmerz verzerrt.

Ein Meilenstein in der filmischen Darstellung des Gestaltwandels ist James Camerons *Terminator 2 – Der Tag der Abrechnung* (1991). Einer seiner Protagonisten ist ein Androide, der durch Berührung jede erdenkliche Gestalt annehmen kann – bis hin zur vollständigen Verflüssigung. Spektakulär war seinerzeit die computergestützte, detaillierte Visualisierung dieser Verwandlung durch das sogenannte Morphing, bei dem eine Software die Stadien der Verwandlung von einem Zustand in einen anderen berechnen und darstellen kann. Die Weiterentwicklung dieser Technik führte schnell dazu, dass filmische Figuren buchstäblich modelliert werden können. Zahlreiche Beispiele dieser Kunst liefern die Verfilmungen der Marvel-Comics, vor allem die Serie der *X-Men* (ab 2000). Die übernatürlichen Fähigkeiten der Superhelden bis hin zum Gestaltwandel werden hier mit Genmutationen erklärt.

Ovid als Mythograph?

Zu Ovids Wirkungsgeschichte gehört seine Wertschätzung als Überlieferer der gesamten antiken Mythologie von den Schöpfungsmythen bis hin zu Rom und Augustus: Das Geschlecht der Julier ging aus der Verbindung von Venus mit dem Trojaner Anchises hervor. Hinzu kommen aus heutiger Sicht (so spricht Michael von Albrecht etwa im Nachwort zu seiner Übersetzung der *Metamorphosen* von Ovids »Loslösung der Mythen von ihrer kultischen Verankerung«, S. 1105) ihre psychologische Durchdringung und die Akzentuierung ihrer menschlichen Aspekte.

Insofern steht Ovid in der Tradition griechischer Mythographen, also der »Mythenbeschreiber« und Dichter wie Hesiod und Homer; und nach Ovid gehörte der Begriff »Mythos« zum Wortschatz frühchristlicher Autoren der Briefliteratur, allerdings im Plural und stets im abschätzigen Sinne. So empfiehlt Paulus seinem Mitarbeiter Timotheus in Ephesos: *medè proséchein mýthois kaí genealogíais aperántois, haítines ekzetéseis paréchousin mâllon é oikonomían theoû tèn en pístei* (1. Tim. 1,4; lat. Umschrift). Derselbe Vers lautet in der um 400 von Hieronymus begonnenen Übersetzung des griechischen Originals ins Lateinische: *Neque intenderent fabulis et genealogiis interminatis quae quaestiones praestant magis quam aedificationem Dei quae est in fide.* Dem entspricht Luthers Übersetzung (Ausgabe von 1545), Thimoteus möge dagegen eintreten, dass »bestimmte Leute acht hetten auf die Fabeln und der Geschlecht Register, die kein Ende haben und bringen Fragen auf mehr denn Besserung zu Gott im Glauben«. In der sogenannten Einheitsübersetzung mit ökumenischem Psalter und Neuem Testament (1999) werden aus den »Fabeln« die »Fabeleien«.

Bezeugt die paulinische Warnung vor Mythen und Genealogien eine Abgrenzung von der Verwendung in der literarischen und kultischen Tradition? Genealogisches Interesse teilt auch Ovid mit seinen Lesern, die am Beginn des 11. Buchs der *Metamorphosen* über die Abstammung und Heimat des Orpheus erfahren:

> Während der thracische Sänger mit solcherlei Liedern die wilden / Tiere bezaubert, die Wälder und Felsen, so dass sie ihm folgen, / Sieh, von dem Hügel dort oben erblicken ciconische junge / Rasende Weiber, die Brust mit Fellen bekleidet, den Orpheus, / Wie in die Saiten der Laute er greift zum

> Gesange der Lieder. / Eine davon schreit auf – sie schüttelt das Haar in den leichten / Lüften: »Dort ist er, der uns missachtet!«, und sendet die Lanze / In das Gesicht des Tönebegabten, des Sohnes Apollos. (11,1–8)

Doch ungeachtet der paulinischen Warnung vor der Verwendung von Genealogien widmen sich später die Evangelien des Matthäus und des Lukas der Genealogie Christi (Bibel-Zitate hier und im Folgenden nach der Übersetzung Luthers, Ausgabe 1912):

> Dies ist das Buch von der Geburt Jesu Christi, der da ist ein Sohn Davids, des Sohnes Abrahams. Abraham zeugte Isaak. Isaak zeugte Jakob. Jakob zeugte Juda und seine Brüder. [...] Alle Glieder von Abraham bis auf David sind vierzehn Glieder. Von David bis auf die Gefangenschaft sind vierzehn Glieder. Von der babylonischen Gefangenschaft bis auf Christus sind vierzehn Glieder. (Mt. 1,1–17)

In umgekehrter Reihenfolge und mit anderen Vorfahren verzeichnet Lukas die Genealogie Christi:

> Und Jesus war, da er anfing, ungefähr dreißig Jahre alt, und ward gehalten für einen Sohn Josephs, welcher war ein Sohn Eli's, der war ein Sohn Matthats, der war ein Sohn Levis, der war ein Sohn Melchis, der war ein Sohn Jannas, der war ein Sohn Josephs, der war ein Sohn des Mattathias, der war ein Sohn des Amos, der war ein Sohn Nahums, der war ein Sohn Eslis, der war ein Sohn Nangais, der war ein Sohn Maaths, der war ein Sohn des Mattathias, der war ein Sohn Simeis, der war ein Sohn Josechs, der war ein Sohn Juda's, der war ein Sohn Johanans, der war ein Sohn Resas, der war ein Sohn Serubabels, der war ein Sohn Sealthiels, der war

ein Sohn Neris, der war ein Sohn Melchis, der war ein Sohn Addis, der war ein Sohn Kosams, der war ein Sohn Elmadams, der war ein Sohn Hers, der war ein Sohn des Jesus, der war ein Sohn Eliesers, der war ein Sohn Jorems, der war ein Sohn Matthats, der war ein Sohn Levis, der war ein Sohn Simeons, der war ein Sohn Judas, der war ein Sohn Josephs, der war ein Sohn Jonams, der war ein Sohn Eliakims, der war ein Sohn Meleas, der war ein Sohn Menams, der war ein Sohn Mattathans, der war ein Sohn Nathans, der war ein Sohn Davids, der war ein Sohn Jesses, der war ein Sohn Obeds, der war ein Sohn des Boas, der war ein Sohn Salmas, der war ein Sohn Nahessons, der war ein Sohn Amminadabs, der war ein Sohn Rams, der war ein Sohn Hezrons, der war ein Sohn des Perez, der war ein Sohn Juda's, der war ein Sohn Jakobs, der war ein Sohn Isaaks, der war ein Sohn Abrahams, der war ein Sohn Tharahs, der war ein Sohn Nahors, der war ein Sohn Serugs, der war ein Sohn Regus, der war ein Sohn Pelegs, der war ein Sohn Ebers, der war ein Sohn Salahs, der war ein Sohn Kenans, der war ein Sohn Arphachsads, der war ein Sohn Sems, der war ein Sohn Noahs, der war ein Sohn Lamechs, der war ein Sohn Methusalahs, der war ein Sohn Henochs, der war ein Sohn Jareds, der war ein Sohn Mahalaleels, der war ein Sohn Kenans, der war ein Sohn des Enos, der war ein Sohn Seths, der war ein Sohn Adams, der war Gottes. (Lk. 3,23–38)

Mit diesen Genealogien fand sich auch die »Entmythologisierung« des Neuen Testamentes ab.

Paulus wurde selbst ein Opfer der volkstümlichen Mythen, Fabeln, Fabeleien. Denn auf seiner ersten Missionsreise werden er und sein Begleiter Barnabas als auf die Erde niedergestiegene Gottheiten verehrt, nämlich als Zeus und Hermes. Soeben haben sie in Lystra einen Gelähmten geheilt, und nun entgehen sie nur knapp den Opfern, die ihnen gebracht werden (Apg. 14,1–20).

Dass Götter in Menschengestalt auftreten, gehört zum antiken Volksglauben und ist ein dem fabulierfreudigen Erzähler Ovid willkommenes Motiv, insbesondere im 8. Buch der *Metamorphosen*, in dem es explizit um die Glaubwürdigkeit der Fabeln geht und zu dessen Geschichten die Gastfreundschaft gehört, die Jupiter und Mercur als ermattete Wanderer bei Philemon und Baucis erleben.

Zum literarischen Profil der *Metamorphosen* gehört der häufige Wechsel der Art und Weise des Erzählens. Zwar hat der »allwissende«, auktoriale Erzähler Vorrang, doch kommt zum Beispiel mit Lelex im 8. Buch ein mittelbarer Zeuge der Verwandlung von Philemon und Baucis in Bäume zu Wort. Er widerlegt den spöttischen Sohn des Ixion, der an der Fähigkeit der Götter, Gestalten zu verändern, zweifelt.

Es ist dies eines der zahlreichen Beispiele, bei denen ein Wechsel des Erzählers oder der Erzählerin mit einem Wechsel der Perspektive verbunden ist. Dies gilt vor allem für die umfangreichen Selbstgespräche der Medea, Scylla und Byblis, für die Ovid auf Motive seiner Briefsammlung *Heroides* zurückgreift. Die hier dargestellten seelischen Konflikte belegen Ovids herausragende Leistung im mythologischen Genre. Die literarische Wirkungsgeschichte des Erzählers Ovid sei durch die folgende Übersicht der Personen, welche in den *Metamorphosen* zu Wort kommen, verdeutlicht.

Ovids Erzählerinnen und Erzähler: eine Übersicht

Im 1. Buch ergreift Jupiter in der Versammlung der Götter das Wort und berichtet über die Bosheit der Menschen am Beispiel des in einen Wolf verwandelten Königs Lycaon in Arcadien.

Im selben Buch schläfert Mercur den Wächter Arcus ein, indem er ihm von der Entstehung seiner Hirtenflöte erzählt.

Im 2. Buch warnt Sol seinen Sohn Phaëthon vor den Gefahren der eigenwilligen Fahrt mit dem vierspännigen Sonnenwagen. Ebenfalls im 2. Buch erweist sich Jupiter dank seines Gestaltwandels als heimtückischer Verführer der Nymphe Callisto, der allerdings riskiert, ertappt zu werden:

> Kaum sah Iuppiter die Erschöpfte unbewacht, sprach er: »Diesen Seitensprung wird meine Gattin bestimmt nicht erfahren, oder, wenn sie davon Wind bekommt – um diesen herrlichen Preis lohnt sich die Schelte.« Alsbald nimmt er Gestalt und Tracht der Diana an und spricht: »O Jungfrau aus meiner Schar, auf welchen Bergen hast du gejagt?« Das Mädchen erhebt sich vom Rasenteppich. »Sei gegrüßt«, sprach sie, »Gottheit, die nach meinem Urteil größer ist als Iuppiter – mag er es nur selbst hören!« Er hört es lächelnd, freut sich, dass er sich selbst vorgezogen wird, und gibt ihr Küsse, die weder maßvoll genug waren noch so recht zu seiner Jungfrauenrolle passten. Sie will erzählen, in welchem Walde sie gejagt hat, doch er hindert sie daran durch seine Umarmung und verrät sich nicht ohne Vergehen. (2,422–433)

Bereits die *Liebeskunst* enthält im 1. Buch eine Würdigung Jupiters als Schutzherr der »Meineide der (männlichen) Liebenden«: »Und sei im Versprechen nicht ängstlich; Versprechungen ziehen Mädchen an. Und rufe als Zeugen dafür nach Belieben Götter an. Jupiter lacht aus der Höhe über die Meineide der Liebenden und lässt sie bedeutungslos im aeolischen Südwind verwehen. Beim Styx pflegte Jupiter der Juno Meineide zu leisten: Da er selbst das Beispiel gegeben hat, ist er jetzt in diesem Punkt nachsichtig. Es ist nützlich, dass es Götter gibt, und da es nützlich ist, wollen wir auch daran glauben« (*Ars amatoria* 1,631–637).

Im 4. Buch der *Metamorphosen* vertreiben sich die Töchter des Minyas, statt an einem in Theben gefeierten Fest zu Ehren des Bacchus mitzuwirken, zu Hause die Zeit mit Liebesgeschichten. Sie handeln von Pyramus und Thisbe, von Venus und Mars und ihrer Bloßstellung durch den betrogenen Ehemann Vulcanus sowie von der physischen Vereinigung von Hermaphroditus und der Nymphe Salmacis zu einem Zwitter bzw. zu einem dritten Geschlecht.

Das 4. Buch endet mit einer Erzählung des Perseus über die Medusa. Er beantwortet damit Fragen, die ihm bei seiner Hochzeit mit Andromeda gestellt werden. Auch hier ist die Erzählung also motiviert durch Kommunikation.

Das 5. Buch beherrschen die Gesänge der Pieriden und der zum musikalischen Wettstreit herausgeforderten Musen. Zu ihren Themen gehört der Raub Proserpinas, der Tochter Jupiters und der Ceres, durch Pluto, den Herrn der Unterwelt. Über Proserpinas Thronen an Plutos Seite berichtet Arethusa.

Im 6. Buch ist die einstige Verwandlung der lykischen Bauern in Frösche ein Thema der Gespräche in Theben.

Im 7. Buch ringt Medea mit sich, ob die Liebe zu Jason den Verrat am Vater und die Flucht aus Kolchis nach Griechenland rechtfertige. Im selben Buch wechselt Ovid vom Selbstgespräch zur Gesprächsrunde am Hof von Aegina, wo Cephalus davon redet, wie es gekommen ist, dass er seine geliebte Procris getötet hat.

Ein Selbstgespräch eröffnet das 8. Buch. Dabei reift Scyllas Entschluss, den Vater Nisus ihrer Hingabe an den feindlichen Feldherrn Minos (den von Jupiter auf Kreta gezeugten Sohn der Europa) zu opfern und die Tore der Stadt zu öffnen. Erneut bietet im 8. Buch eine Zusammenkunft die Gelegenheit zu Erzählungen. Einer der Gäste des Flussgotts Achelous erweist

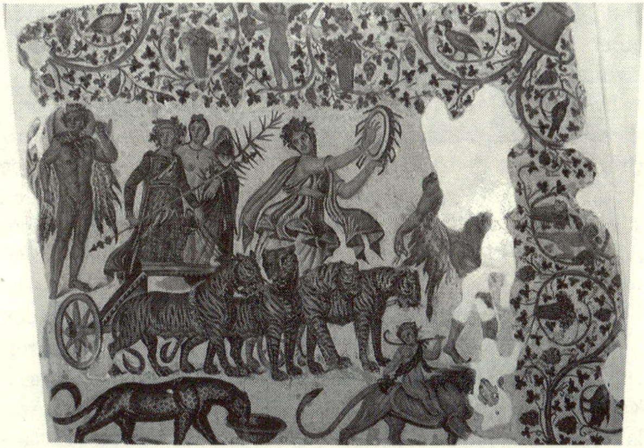

Triumph des Bacchus, römisches Mosaik, 3. Jh.; Sousse (Tunesien), Musée Archéologique. An diesem Sohn der Semele, der von Jupiter ausgetragen wurde, scheiden sich in Ovids *Metamorphosen* die Geister. Dass der Embryo in einen Schenkel des Vaters eingenäht wurde, erwähnt Ovid unter Vorbehalt (*si credere dignum est*: »wenn man es glauben darf«, 3,310), und im 4. Buch gehören die Töchter des Minyas zu den Leugnern der Göttlichkeit des Bacchus als Sohn des Jupiter.

sich als profunder Kenner der Geschichte von Philemon und Baucis, und im 9. Buch gesteht Achelous seinem Gast Theseus seine Niederlage im Kampf mit Hercules. Im selben Buch erzählt die gealterte Alcmene im Gespräch mit Iole, der einstigen Geliebten ihres Sohnes Hercules, von ihrer schweren Entbindung. Und der um ihre (mit der Verwandlung in eine Ratte bestrafte) Dienerin Galanthis trauernden Alcmene erzählt Iole von der Verwandlung ihrer Stiefschwester Dryope in einen Lotusbaum.

Ein Thema des 9. Buches ist die Geschwisterliebe als sinnliche Begierde. Zu diesem Frevel bekennt sich Byblis sowohl in einem Selbstgespräch als auch in einem Brief an den begehrten Zwillingsbruder Caunus.

Im 10. Buch kommt Orpheus (nach dem erneuten Tod Eurydices) in drei Gesängen zu Wort. Sie handeln von Jupiters Entführung des Ganymed und der jeweils tödlich endenden Liebe Apollos zu den Knaben Cyparissus und Hyacinthus. Zu den Themen des 10. Buchs gehört das Selbstgespräch der Myrrha, die sich daran stößt, dass den Menschen als Frevel verwehrt ist, was bei Tieren möglich ist, nämlich die Begattung der Nachkommen durch ihre Erzeuger – also der Tochter durch den Vater. Myrrha verführt den Vater zu dieser Grenzüberschreitung, und ihr vom Vater gezeugter Sohn ist Adonis, in den sich Venus verliebt. Ihm erzählt die Göttin vom Wettlauf der Atalante und des Hippomenes, die von Venus in Löwen verwandelt wurden, da sie sich als undankbar erwiesen.

Auf der Spur von Reden der handelnden Personen nehmen wir im 13. Buch Anteil am Duell des Ajax und des Ulixes, die beide Anspruch auf die Waffen des gefallenen Achill erheben. Dem Wortwechsel der beiden Heroen folgt im Sinne von Ovids Vorliebe für Kontraste die Parodie einer Liebeshymne, nämlich das Werben des Polyphem um Galatea.

Das 14. Buch enthält ein Gespräch des Aeneas mit Sibylle während Aeneas' Rückkehr aus der Unterwelt, in der er dem Schatten seines Vaters Anchises begegnet ist, ferner ein Gespräch der Venus mit Jupiter zur Vorbereitung der Apotheose ihres Enkels Aeneas sowie die Erzählungen des Vertumnus, welche die spröde Pomona zur Liebe bekehren.

Die umfangreichste Rede hält Pythagoras. Seine Lehren von der Gesetzmäßigkeit der Metamorphosen im Lebenslauf der Menschen, in der Pflanzen- und in der Tierwelt, in der Struktur der Erde und der Machtverhältnisse umfassen die Verse 75 bis 480 und somit etwa die Hälfte des letzten Buchs. Es enthält auch Jupiters Trost für die besorgte Venus. Denn das »eherne Archiv der Weltgeschichte« verzeichnet ihren Nachkommen als Rächer seines ermordeten Vaters, alle bewohnbaren Gebiete der Erde werden ihm gehören, und als Herr des Friedens wird er sich dem Recht widmen.

Ovids häufige Perspektivwechsel nähren Zweifel an seiner vorrangigen Eigenschaft als Mythograph bzw. lateinischer *fabulorum poeta* (»Mythendichter«). Diese Zweifel hat bereits der Ratgeber *Ars amatoria* hervorgerufen. In den *Metamorphosen* werden diese Zweifel von den zahlreichen Äußerungen des auktorialen Erzählers bekräftigt, der die überlieferten Gegenstände seines Erzählens befragt. Zwar besitzen die überlieferten Themen hohen Rang, dieser lässt aber Fragen nach der Glaubwürdigkeit zu.

Dass sich Ovids mythologische Kenntnisse keineswegs auf den antiken Sagenschatz beschränken, sondern er wohl noch aus anderen Quellen schöpft, deutet seine Verwendung des Mythos vom Haupthaar als Sitz der Lebenskraft an: Im 8. Buch der *Metamorphosen* tötet Scylla ihren Vater Nisus, indem sie den purpurnen Teil seines Haupthaars abschneidet:

> Von dem Getriebe des Tages erschöpft, so lagen die Menschen / Tief in der ersten Ruhe des Schlafs: da betritt sie verstohlen / Ihres Vaters Gemach und beraubt – die Tochter! – den Vater / – Wehe der Tat! – des Lebenshaares. Und als sie die frevle / Beute gewonnen, da trägt sie den Raub geschwinde davon und / Eilt durchs Tor. Sie gelangt durch die Mitte der Feinde zum König / – Solch ein Verdienst macht mutig! – und spricht zu dem Schaudernden also: / »Liebe trieb mich zur Tat; die Prinzessin Scylla, des Nisus / Tochter, bin ich und schenke dir hier mein Haus, meine Heimat! / Dich nur will ich als Lohn! So nimm denn das Pfand meiner Liebe, / Hier das purpurne Haar, und wisse, ich gebe

> dir nicht ein / Haar des Vaters, ich gebe sein Haupt.« Und sie streckt mit der Rechten / Dar das Geschenk, das verruchte. Zurück fährt Minos vor dieser / Gabe [...]. (8,83–96)

Auf ähnliche Weise geht im alttestamentlichen Buch der Richter Delila vor: Sie liefert Simson den Philistern aus, indem sie die sieben Locken auf dem Kopf des Schläfers abschneidet. »Und sie fing an, ihn zu bezwingen – da war seine Kraft von ihm gewichen« (Ri. 16,19).

Das ähnliche Verhalten von Scylla und Delila ist beispielhaft für die Verwandtschaft mythologischer Überlieferungen. Die Frage nach gemeinsamen Quellen lässt sich allenfalls hypothetisch beantworten, etwa die Frage, ob Ovid Zugriff hatte auf die griechische Übersetzung der Bücher der hebräischen Bibel, also die Septuaginta aus dem 3. bis 1. Jh. v. Chr.

Hier richtet sich das Interesse aber auf den Umgang des Agnostikers Ovid als Erzähler mit der mythologischen Überlieferung als Material des Erzählens. Bereits im 1. Buch der *Metamorphosen* verbindet Ovid den Bericht über die Entstehung der ersten Menschen nach der Sintflut aus den Steinen, die Deucalion und Pyrrha hinter sich werfen, mit der Bemerkung: »Siehe, wer sollte es glauben, wenn nicht das hohe Alter der Sage es verbürgte?« (Übers. H. Breitenbach) Oder: »Wer möchte es glauben, wenn nicht das Alter der Sage einen Zeugen ersetzen würde?« (Übers. M. von Albrecht) Beide Übersetzer ergänzen Ovids Begriff »Alter« (*vetustas*) durch »Alter der Sage«.

Ovids Vorbehalte beschränken sich nicht nur auf die überlieferten Zeugnisse der Frühgeschichte. Im letzten Buch, das bis zur Gegenwart führt, stellt er auch manche Behauptung als Mutmaßung dar, etwa die Vorzeichen der Ermordung Caesars:

> Man sagt, klirrende Waffen zwischen schwarzen Wolken, drohend schmetternde Trompeten und Hörner, die am

> Himmel erklangen, hätten das Unheil angekündigt. Selbst das Antlitz der Sonne war verfinstert und spendete der besorgten Erde fahles Licht. Oft sah man dicht an den Gestirnen Fackelbrennen, oft fielen mit dem Regen blutige Tropfen herab; dunkel war der Morgenstern und sein Antlitz mit schwarzem Rost gesprenkelt; besprengt mit Blut war der Wagen des Mondes. An tausend Orten gab der stygische Uhu düstere Vorzeichen, an tausend Orten tränte das Elfenbein, und in heiligen Hainen soll man Gesang und drohende Worte gehört haben. Kein Opfertier gibt günstige Zeichen, die Muskelfasern warnen vor bevorstehenden großen Unruhen, und in den Eingeweiden findet sich der Hauptlappen der Leber durchschnitten. Wie es heißt, heulten Hunde nachts auf dem Forum und rings um Häuser und heilige Tempel; Schatten der Toten irrten umher, Erdbeben erschütterten die Stadt. (15,783–798)

Wie hier verwendet Ovid häufig Formeln des Zweifels »man sagt«, »man glaubt«, »sie soll«. Im 3. Buch wird Bacchus als Embryo aus dem Leib der Mutter Semele entnommen und in einen Schenkel des Vaters Jupiter eingenäht, »wenn man es glauben darf« (*si credere dignum est*). Über das Ungeheuer Scylla an der Meerenge zwischen Italien und Sizilien (nicht zu verwechseln mit der gleichnamigen Tochter des Nisus) heißt es:

> Scylla macht die rechte Seite unsicher, die linke die ruhelose Charybdis. Diese erfasst und verschlingt Schiffe und speit sie wieder aus; jene ist am dunklen Unterleib mit wilden Hunden umgeben, hat das Gesicht einer Jungfrau – und wenn nicht alles erlogen ist, was die Dichter uns überliefern (*si non omnia vates / ficta reliquerunt*), ist sie wirklich einmal Jungfrau gewesen. (13,730–734)

Die für Ovids Erzählweise charakteristischen Vorbehalte finden sich, wenn auch in geringerem Umfang, auch in Vergils *Aeneis*, etwa im 6. Buch: »Als Daedalus, so geht die Sage (*ut fama est*), auf der Flucht aus dem Reich des Minos ...« (*Aeneis* 6,14). Beim Tod des mit Aeneas befreundeten Misenus warnt Vergil sein Publikum: Triton hatte »den Helden gepackt, wenn es glaubhaft ist (*credere dignum est*), und ihn zwischen den Felsen in einer aufbrandenden Woge versenkt« (*Aeneis* 6,173 f.).

Zu den Zweiflern gehören bei Ovid die Töchter des Minyas, die in Theben dem Fest zu Ehren des Bacchus fernbleiben, denn sie halten es für erlogen, dass Bacchus ein Sohn des Jupiter sei. Dies gilt auch für Pentheus, der dafür von Mänaden, zu denen seine Mutter gehört, in Stücke gerissen wird. Die ungläubigen Minyas-Töchter werden in Fledermäuse verwandelt. Straflos bleibt dagegen der Sohn des im Hades auf ein Rad geflochtenen Frevlers Ixion. Dieser (namenlose) Nachkomme gehört zu den Gästen des Achelous, der von der Verwandlung der schönen Perimele in die gleichnamige Insel berichtet:

> Nur Ixions Sohn verspottet die Gläubigen, und als Verächter der Götter sprach er trotzigen Sinnes: »Du erzählst Märlein (*ficta*) Achelous, und hältst allzu viel von der Macht der Götter, wenn du sagst, dass sie Gestalten geben und nehmen.« Alle entsetzten sich und hießen solche Reden nicht gut. Und allen voran sprach Lelex, dessen Geist durch das Alter gereift war:
>
> »Unermesslich ist die Macht des Himmels, sie hat keine Grenze; und alles, was die Götter je gewollt haben, hat sich vollendet. Um deinen Zweifel zu widerlegen: Linde und Eiche stehen nebeneinander auf Phrygiens Hügeln, umgeben von einem bescheidenen Mäuerchen. Ich selbst habe die Stätte gesehen; mich schickte nämlich Pittheus in die Gegend, die einst sein Vater Pelops beherrscht hatte. Nicht weit

von dort liegt ein See, früher bewohnbares Land, jetzt ein Gewässer, bevölkert von Tauchervögeln und Wasserhühnern, wie sie im Sumpf heimisch sind.

Dorthin kam Iuppiter in Menschengestalt; den Vater begleitete der Atlasenkel Mercur mit seinem Stab, aber ohne die Flügelsohlen. An tausend Türen pochten sie und baten um Unterkunft und Nachtlager; tausend Türen blieben verriegelt. Ein Haus nahm sie dennoch auf. Es war zwar nur klein und mit Stroh und Sumpfrohr gedeckt. Aber die fromme Greisin Baucis und der gleichaltrige Philemon hatten sich, als sie noch ganz jung waren, in dieser Hütte vermählt und waren darin alt geworden. [...]« (8,612–633)

Jener Lelex erzählt die Geschichte von Philemon und Baucis, die mit der Verwandlung der wunschgemäß zum selben Zeitpunkt sterbenden Eheleute in zwei Bäume endet.

Eine von Ovid unmittelbar verwendete Vorlage ist nicht bekannt. Allerdings entspricht die Einordnung der Erzählung gegen Ende des 8. Buchs der Komposition der *Metamorphosen*, die dem Erschreckenden und Tragischen vielfach das Versöhnliche folgen lassen. Mitunter gilt die Geschichte von Philemon und Baucis als Idylle, gefolgt von dem als Groteske erscheinenden Tod des Frevlers Erysichthon, der sich selbst verzehrt: Der unstillbare Hunger bestraft Erysichthon für sein Vergehen an einem Baum der Ceres. Als einer seiner Knechte sich weigert, den Baum zu fällen,

> [...] entriss er einem die Axt und sprach – der Frevler! – folgende Worte: »Mag der Baum nicht nur von der Göttin geliebt, sondern sogar selbst eine Göttin sein, gleich wird er mit dem belaubten Wipfel die Erde berühren.« Sprach's, und während er mit der Waffe zum seitlichen Schlag ausholte, erzitterte die Eiche der Ceres und ließ einen Seufzer verneh-

> men; zugleich begannen die Blätter, zugleich die Eicheln zu erblassen, und Blässe überzog die langen Äste. Doch kaum hatte die gottlose Hand dem Stamm eine Wunde geschlagen, da strömte aus der gespaltenen Rinde Blut, nicht anders, als wenn vor dem Altar ein gewaltiges Opfertier, ein Stier, zusammenbricht und Blut aus dem gefällten Nacken strömt. (8,753–764)

Bei diesen Versen erinnerte sich Ovid laut Hermann Breitenbach (Anm. zu 8,762) »vielleicht« an das 3. Buch in Vergils *Aeneis*: Als der Titelheld Gesträuch aus dem Boden reißt, um einen Altar mit Laubwerk zu schmücken, bluten die Äste, und Aeneas vernimmt die Klage des ermordeten und hier bestatteten Polydoros, eines Sohnes der Hecuba und des Priamus.

Das Motiv des blutenden Gehölzes kann als Beispiel für Ovids Rezeption des römischen Nationalepos, die *Aeneis*, gelten. Als Ovid im dritten, an die Frauen gerichteten Buch der *Ars amatoria* neben Musik und Tanz auch die Lektüre von Literatur nahelegt, nennt er Vergils Epos »über die Ursprünge des erhabenen Rom« das »berühmteste Werk, das es in Latium gibt«. Zwar handelt auch Ovids Weltgeschichte ab Buch 13 (Flucht des Aeneas aus dem brennenden Troja) von den Ursprüngen Roms, doch sind die Parallelen zur *Aeneis* extrem verkürzt. Ein Beispiel findet sich am Beginn des 14. Buchs. Hier widmet Ovid der Beziehung zwischen Aeneas und Dido, die sich das Leben nimmt, vier Verse: An der libyschen Küste »empfing die Fürstin von Sidon Aeneas im Herzen / Und im Palast. Doch ertrug sie das Scheiden des phrygischen Gatten / Nicht: auf dem Scheiterhaufen, errichtet, als gält' es ein Opfer, / stürzte sie sich in das Schwert; die Getäuschte, nun täuschte sie alle« (14,78–81). Bei Vergil füllt diese Tragödie die ersten vier Bücher.

Diese Zuspitzung erklärt sich einerseits aus dem gewaltigen

Spektrum der Weltgeschichte Ovids aus der Perspektive des fortwährenden (bei Dido psychischen) Gestaltwandels, andererseits aus Ovids selektivem Umgang mit der griechischen, zuletzt auch römischen mythologischen Überlieferung. Ovids literarisches Verfahren der Verknappung gibt Anlass, seine Qualifizierung als Mythograph zu begrenzen. Zumindest verwendet er mythologische Figuren und Themen im Spätwerk auch als autobiographisches Material. Ein Beispiel ist Actaeon, von dessen frevelhaftem Blick auf die badende Diana das 3. Buch der *Metamorphosen* handelt. Mit ihm vergleicht sich Ovid im 2. Buch der *Tristiae*:

> Warum sah ich etwas? Warum machte ich meine Augen schuldig? Warum wurde, ohne dass ich es voraussah, von mir ein Verbrechen aufgedeckt? Unabsichtlich sah Aktäon Diana unbekleidet: Zur Beute wurde er seinen eigenen Hunden deshalb nicht minder. Natürlich muss bei Göttern auch Missgeschick gesühnt werden, und ein Zufall findet keine Vergebung, wenn eine Gottheit gekränkt worden ist. (*Tristiae* 2,103–108)

Beziehen sich diese Verse auf eine Intimität oder gar Obszönität, die Ovid im Umfeld des Augustus zufällig beobachtet hat und die im Interesse der propagierten Sittlichkeit verschwiegen werden musste, und zwar am sichersten durch die Entfernung Ovids aus Rom und seine Verwahrung am Ende der Welt?

Im Übrigen lässt sich die Betonung Ovids, aus Sicht der Himmlischen schütze Zufall nicht vor Strafe, als eine Absage an die Vollkommenheit der Götter verstehen. Schon die eingangs zitierten frühchristlichen Paulus-Briefe richteten sich durch die abschätzige Verwendung des Begriffs Mythos gegen diese mythologische Verklärung der vermeintlich vollkommenen Götter.

Der Bedeutungswandel, den die mythologischen Figuren erfahren haben, beginnt in der mittelalterlichen Deutung als Allegorien, beispielsweise des Orpheus als Christus-Allegorie. Bis in die Frühe Neuzeit war diese Sicht förderlich für die Rezeption der *Metamorphosen*, ebenso die Quellenforschung mit der Auffassung der Mythen als Versuche, Dimensionen der Lebenswirklichkeit zu gestalten. Beispielhaft für diese Sicht sind die Untersuchungen von Heinz Gockel (*Mythos und Poesie. Zum Mythosbegriff in Aufklärung und Frühromantik*, Frankfurt a. M. 1981) und Karl Heinz Bohrer (*Mythos und Moderne. Begriff und Bild einer Rekonstruktion*, hrsg. von K. H. B., Frankfurt a. M. 1983). 2012 verwendet die Deutsche Akademie für Sprache und Dichtung die Alliteration »Märchen, Mythen« für das literarische Werk von Felicitas Hoppe und verleiht ihr den Georg-Büchner-Preis.

Der Begriff der Entmythologisierung der Bibel wird vom protestantischen Neutestamentler Robert Bultmann 1941 geprägt und steht in Zusammenhang mit dem Existentialismus: Es geht um die Überwindung historisch bedingter Denk- und Redeweisen.

Die Auseinandersetzung mit aktuellen Bezügen der ursprünglich germanischen Mythen begleitet das Musiktheater Richard Wagners, insbesondere die Inszenierungen der Tetralogie *Der Ring des Nibelungen* mit den Teilen *Das Rheingold* (uraufgeführt in München 1869), *Die Walküre* (uraufgeführt in München 1870), *Siegfried* (uraufgeführt in Bayreuth 1876) und *Götterdämmerung* (uraufgeführt in Bayreuth 1876). Konzipiert ist ein »Weltgedicht«, das »der Welt Anfang und Untergang enthält« (Wagner). Ein Ausgangspunkt ist der Aufsatz *Die Nibelungen, Weltgeschichte aus der Sage* (1848). Es folgt im selben Jahr ein Prosaentwurf der Tetralogie *Der Nibelungen-Mythus. Als Entwurf zu einem Drama*, wobei die Verwendung der beiden Gattungsbezeichnungen »Sage« und »Mythus« auf Wagners interkulturellen Weitblick, Ovids *Metamorphosen* einschließend, deutet. Wie hier König Laomedon im 11. Buch, Vers 205, den Erbauern Trojas, nämlich Apollo und Neptun, den vereinbarten Lohn vorenthält, so ist bei Wagner der Göttervater Wotan wortbrüchig. Im zweiten Akt von *Rheingold* weigert er sich, die Riesen Fafner und Fasolt mit dem vereinbarten Gold zu entlohnen, nachdem sie die Götterburg errichtet haben.

Zur Kunstgeschichte der *Metamorphosen*

Hätte man sich bei der Konzeption dieses Buches auf Ovids Zeit und seine Wirkungsgeschichte beschränkt, wäre Ovids herausragende Bedeutung als römischer Erbe der griechischen Überlieferung und zugleich als ein literarischer Erneuerer im Zeichen der Zeitenwende zu kurz gekommen. Daher sind hier der ikonographische Ganymed- und der Narcissus-Exkurs als Längsschnitte vom Altertum bis zur Neuzeit ausgeführt.

Exkurs 1: Ganymed

Bilder und Texte vom 8. Jh. v. Chr. bis zum 19. Jh. n. Chr.

Der Sage vom »Liebling der Götter« begegnen wir literarisch erstmals in Homers *Ilias* (8. Jh. v. Chr.). Der 20. Gesang handelt vom »allerschönsten Sterblichen«, zunächst unter genealogischem Aspekt, um dann seine Entführung und Dienstbarkeit für Zeus zur Sprache zu bringen:

> Und Erichthonios zeugte den Tros zum Herrscher der Troer; / Wieder von Tros entstammen die drei untadligen Söhne / Ilos, Assárakos und den Göttern gleich Ganymedes, /

> der als der schönste geboren wurde sterblichen Menschen; / Ihn entrafften denn auch dem Zeus als Mundschenk die Götter, / Seiner Schönheit zulieb, dass er bei den Unsterblichen bleibe. (*Ilias* 20,230–235)

Schönheit verkörpert der phrygische Jüngling auch auf dem Deckel eines Schminkspiegels aus dem 4. Jh. v. Chr.: Die schlanke Aktfigur schwingt sich empor und umarmt Zeus in der Gestalt eines Adlers, der Ganymed entführt. Ganymeds Hingabe, die formal mit der Rundung des Formats harmoniert, ist Ausdruck der Zuneigung, die Zeus mit seinem neuen Mundschenk verbindet. Sie gilt erst seit Pindar (5. Jh.) als Knabenliebe. Ihrer Gestaltung in der lateinischen Literatur ebnet Vergil im 5. Buch der *Aeneis* den Weg: Nach seiner Trennung von Dido und der Flucht aus Karthago gelangt Aeneas nach Sizilien. Zu Ehren des im Jahr zuvor gestorbenen Vaters Anchises veranstaltet Aeneas sportliche Wettkämpfe, und Clothus, der Sieger im Rudern, erhält ein kostbares Gewand:

> […]; eingewebt ist das Bild des königlichen Knaben, der am schattigen Ida mit dem Speer in vollem Lauf schnelle Hirsche jagt, feurig, einem Keuchenden gleich, wie ihn der schnelle Adler, Iuppiters Waffenträger, hoch durch die Luft mit gekrümmten Krallen vom Ida raubte; die hochbetagten Wächter strecken vergeblich die Hände zu den Sternen, und wütend schlägt der Hunde Gebell in die Lüfte. (*Aeneis* 5,252–257)

Das 10. Buch der *Metamorphosen* enthält nach dem erneuten Tod Eurydices mehrere meist unglücklich endende Liebesgeschichten. Sie beginnen mit Gesängen des Orpheus über Apollo und Hyacinthus sowie Cyparissus. Mit diesen Beispielen göttlicher, allerdings tödlich endender Knabenliebe kontras-

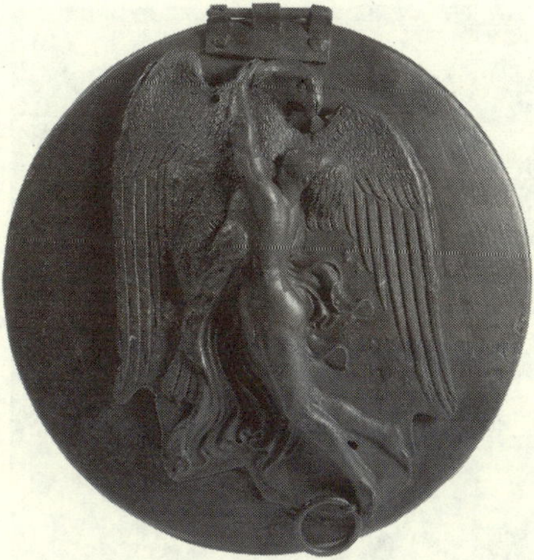

Die Entführung des Ganymed, um 360 v. Chr.;
Deckel eines Klappspiegels; Berlin, Neues Museum.

tiert Ovid im selben Buch Pygmalions Liebe zu seinem Bildwerk und die ebenfalls tödlich endende Liebe der Venus zu Adonis. Den Anfang macht die Geschichte von Jupiter und Ganymed, und auch diese Liebschaft ihres Mannes verärgert Juno.

Beispielhaft für die frühchristliche Aneignung antiker Sagen ist die Deutung des Ganymed als Präfiguration des hl. Johannes. Denn dieser Lieblingsjünger Jesu, Apostel, Evangelist und vielleicht auch Autor der Apokalypse, sei als Einziger der zwölf Jünger ohne Martyrium unmittelbar in den Himmel aufgenommen worden: durch Apotheose, zu deren Symbolen der Adler gehörte. Der Vogel verkörperte als »König der Lüfte« das Erhabene wie auch das Erhebende und die Gottesschau.

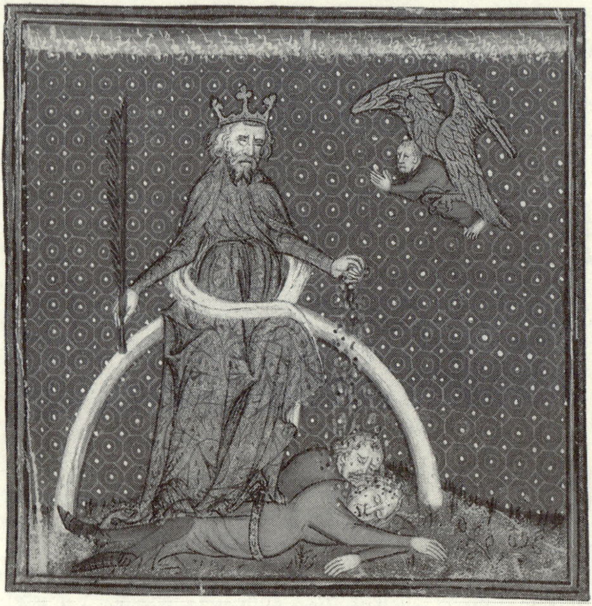

Jupiter erhält Ganymed, Ende 14. Jh.; Miniatur in einer Pariser Ausgabe der französischen Übersetzung *Les Métamorphes d'Ovide*, Tempera auf Pergament, Blattform 40 × 29 cm; Rom, Biblioteca Apostolica Vaticana, Reg. lat. 1480, fol. 28 recto.

Im Frühmittelalter ist ein Adler das Evangelistensymbol des Johannes. Diese Verbindung, Johannes und Adler, autorisiert um 400 der Kirchenvater Hieronymus in den Kommentaren zum alttestamentlichen Buch Ezechiel (Hesekiel) und zur Offenbarung des Johannes, in denen der Thron Gottes mit vier Gestalten verbunden ist: »Und die erste Gestalt war gleich ei-

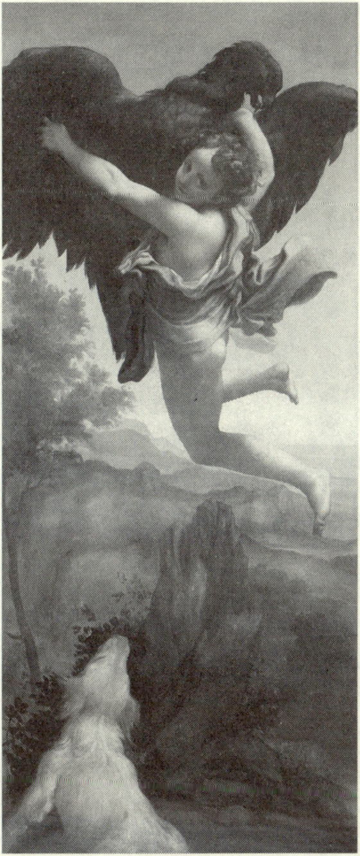

Antonio da Correggio, *Die Entführung des Ganymed*, um 1530;
Öl auf Leinwand, 163,5 × 74 cm; Wien, Kunsthistorisches Museum.

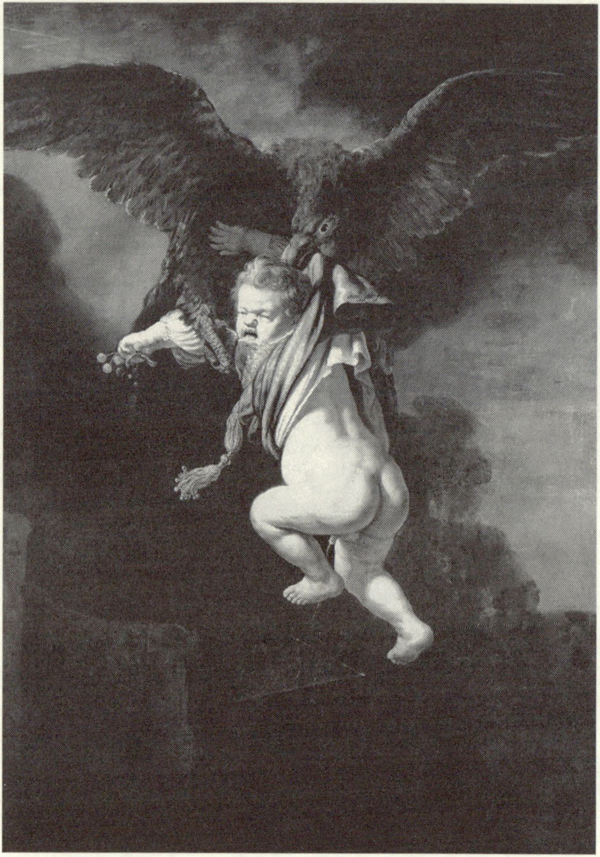

Rembrandt van Rijn, *Ganymed in den Fängen des Adlers*, 1635; Öl auf Leinwand, 171 × 130 cm; Dresden, Gemäldegalerie Alte Meister.

nem Löwen, und die zweite Gestalt war gleich einem Stier, und die dritte Gestalt hatte ein Antlitz wie ein Mensch, und die vierte Gestalt war gleich einem fliegenden Adler« (Offb. 4,7; vgl. Hes. 1,10).

Hieronymus begründet die Evangelistensymbole Mensch bzw. Engel (Matthäus), Löwe (Markus), Stier (Lukas) und Adler (Johannes) mit Themen in den Evangelien. Bei Johannes beschränkt sich Hieronymus auf die Bewunderung für den Evangelisten, der sich in die höchsten geistigen Höhen aufschwingt, in die Ganymed getragen wird.

Die Ganymed-Miniatur aus dem 14. Jh. zeigt die Ankunft des vom Adler getragenen Knaben beim bekränzten Göttervater Jupiter. Ihm streckt der Entführte anbetend die Arme mit aneinandergelegten Händen entgegen. Allegorisch verkörpert Ganymed die Erhebung der Seele zur Gemeinschaft mit Gott. In der französischen Prachthandschrift der *Metamorphosen* mit dem Titel *Ovide moralisé* eröffnet die Ganymed-Miniatur bereits das 2. Buch, obwohl der Gesang des Orpheus über Jupiters Liebe zu dem Knaben erst im 10. Buch folgt. Der Entscheidung des Buchmalers für diese Loslösung vom Text liegt wohl der Gegensatz zwischen Ganymeds Höhenflug und dem Erdensturz des Phaëthon zugrunde, von dem das 2. Buch handelt. Phaëthon ist die eine der beiden Gestalten, die am Boden liegen, die andere ist Icarus als zweite Gegenfigur zu Ganymed. Icarus hat ebenso wie Phaëthon Ermahnungen seines Vaters missachtet. Phaëthon, wie er den Sonnenwagen zu führen habe, Icarus, wie er mit Vogelflügeln umzugehen habe. Von Icarus' tödlichem Sturz handelt das 8. Buch.

Die Miniatur im *Ovide moralisé* vernachlässigt Jupiters Verwandlung in den Adler. Sie ist erst wieder sichtbar bei Correggios Gemälde *Die Entführung des Ganymed*, das auch Ovids Thema der Knabenliebe zeigt. Denn das Gemälde gehörte ursprünglich zu einem Zyklus über Jupiters Liebschaften, der im

Palazzo Ducale in Mantua zu sehen war. Er umfasste neben der Ganymed-Szene und *Jupiter und Io,* heute beide im Wiener Kunsthistorischen Museum) auch *Leda und der Schwan* (Staatliche Museen zu Berlin, Gemäldegalerie). Bei Ovid gehört die Leda-Affäre zu Jupiters Sündenregister, das Arachne im 6. Buch auf einem Bildteppich schildert. Vermutlich hat sich Correggio eher an Vergil als an Ovid orientiert, etwa beim Motiv des Hundes, der versucht, Ganymed aus den Fängen des Adlers zu befreien.

Zu Rembrandts Historienbildern aus den 1630er Jahren mit Themen aus den *Metamorphosen* gehört *Die Entführung des Ganymed.* Rembrandts Knabe ist zum Kleinkind verjüngt. Es schluchzt und uriniert vor Schreck, als der Adler es am Hemdchen packt und mit sich nimmt. Überliefert ist Rembrandts Vorzeichnung mit dem Elternpaar als (wie Correggios Hund) hilflose, aber auch tatenlose Zeugen des Kindsraubs. Wie bei anderen Werken dieser Jahre, so zog sich Rembrandt im calvinistischen Holland auch bei diesem Gemälde Kritik zu. Er beschäftige sich nach Auffassung seiner Rezensenten unrechtmäßig mit heidnischen Themen des Altertums. Vielleicht rechtfertigte sich Rembrandt, er habe mit dem urinierenden Kind die Sage parodiert, Jupiter habe Ganymed an den Himmel versetzt – als Tierkreiszeichen Wassermann, der Wasser lässt?

Während die Figur des Ganymed im Barock bei Rembrandt die Grenze zur Lächerlichkeit überschreitet, gewinnt sie rund 150 Jahre später den Ausdruck von Innigkeit und Empfindsamkeit im Sturm und Drang. Goethes Ode *Prometheus* endet mit den Versen:

> Hier sitz ich, forme Menschen
> Nach meinem Bilde,
> Ein Geschlecht, das mir gleich sei,
> Zu leiden, zu weinen,

Zu genießen und zu freuen sich
Und dein nicht zu achten
Wie ich!

Diesem gegen Zeus gerichteten Prometheus-Ich begegnet nun ebenfalls bei Goethe das an Zeus gerichtete Ganymed-Du:

Ganymed

Wie im Morgenglanze
Du rings mich anglühst,
Frühling, Geliebter!
Mit tausendfacher Liebeswonne
Sich an mein Herz drängt
Deiner ewigen Wärme
Heilig Gefühl,
Unendliche Schöne!

Dass ich dich fassen möcht
In diesem Arm!

Ach, an deinem Busen
Lieg ich, schmachte,
Und deine Blumen, dein Gras
Drängen sich an mein Herz.
Du kühlst den brennenden
Durst meines Busens,
Lieblicher Morgenwind!
Ruft drein die Nachtigall
Liebend nach mir aus dem Nebeltal.

Ich komm, ich komme!
Wohin? Ach, wohin?

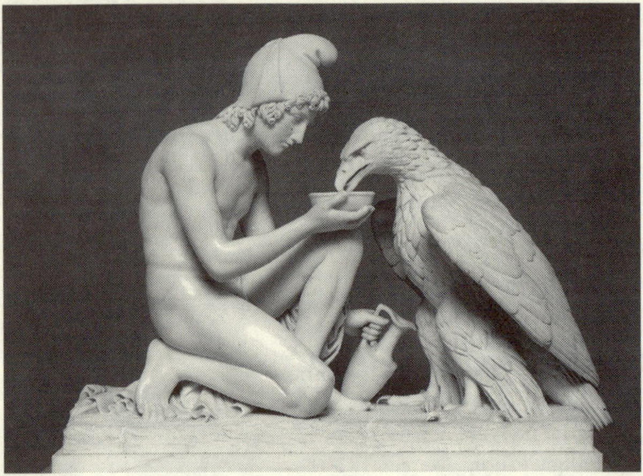

Bertel Thorvaldsen, *Ganymed tränkt Jupiter*, 1817; Marmor; Kopenhagen, Thorvaldsen-Museum.

Hinauf! Hinauf strebts.
Es schweben die Wolken
Abwärts, die Wolken
Neigen sich der sehnenden Liebe.
Mir! Mir!
In euerm Schoße
Aufwärts!
Umfangend umfangen!
Aufwärts an deinen Busen,
Alliebender Vater!

Die beiden Gedichte bilden ab 1789 in Goethes Veröffentlichungen seiner Lyrik ein Paar, das er im achten Buch von *Dich-*

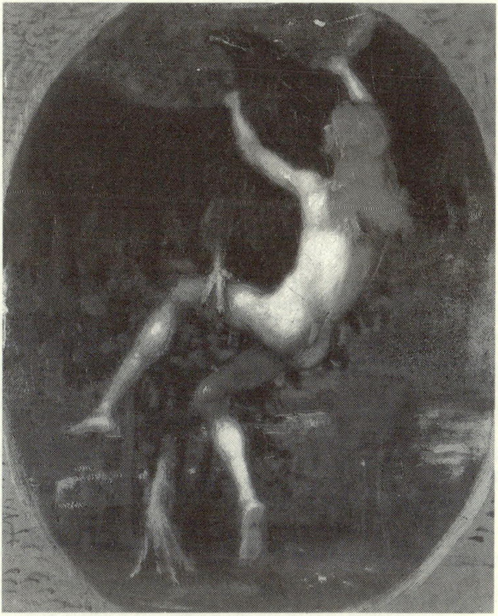

Hans von Marées, *Die Entführung des Ganymed*, 1887;
Öl auf Leinwand, 99,5 × 81 cm; München, Neue Pinakothek.

tung und Wahrheit mit den Begriffen Verselbstung (Prometheus) und Entselbstung (Ganymed) verbindet.

Auf dem Weg von den Höhen der literarischen Klassik zum antikisch beseelten bildkünstlerischen Klassizismus begegnen wir der Skulptur *Ganymed* von Bertel Thorvaldsen aus dem Jahr 1817. Der Knabe ist zum Jüngling herangewachsen und dient dem Göttervater gemäß Ovids Überlieferung als Mundschenk. Bei der Hinwendung zu seinem Liebling hat sich der

Gott seiner Allmacht entledigt und zeigt sich in Gestalt eines seiner Attribute, des Adlers als des Herrschers der Lüfte. Dass Ganymed aus Troja bzw. Phrygien stammt, zeigt seine phrygische Mütze, ein Symbol revolutionärer Bewegungen um 1800, unter anderem in Frankreich ein Attribut der Jakobiner. Ihnen erweist Thorwaldsen hier seine Reverenz.

Zum stilgeschichtlichen Pluralismus im späten säkularen 19. Jh. gehört der von Realisten wie Wilhelm Leibl verspottete Idealismus. Ihn vertritt der in München und Italien tätige Deutsch-Römer Hans von Marées. In seinem Todesjahr 1887 schuf er das Gemälde *Die Entführung des Ganymed*, das sich aufgrund des Themas einer »Jenseitsreise« als Ausdruck einer Todesahnung deuten lässt. Als sicher gilt, dass Ganymed hier den unverstandenen Künstler verkörpert, der dem Alltäglichen enthoben wird, um erkannt und gewürdigt zu werden. Ikonographisch besteht eine frappierende Ähnlichkeit mit der Gestalt des Jünglings auf dem eingangs betrachteten Deckel eines griechischen Spiegels.

Exkurs 2: Narcissus

Dieser Längsschnitt führt ikonographisch von der im 1. Jh. v. Chr. in Pompeji entstandenen Narcissus-Statuette bis zu Salvador Dalí.

Die zarte Gestaltung der Statuette als Kontrapost aus Standbein und Spielbein unterstützt den Eindruck anmutiger jugendlicher Körperlichkeit. Als ihr verlorenes Attribut in der rechten Hand ist ein Stängel der nach dem Jüngling benannten Blume denkbar.

Ein literarischer Ausgangspunkt bei Ovid, der im 3. Buch die Geschichte des Narcissus mit der älteren Sage der Nymphe Echo und ihrer von Juno geraubten Sprache verbunden hat, ist

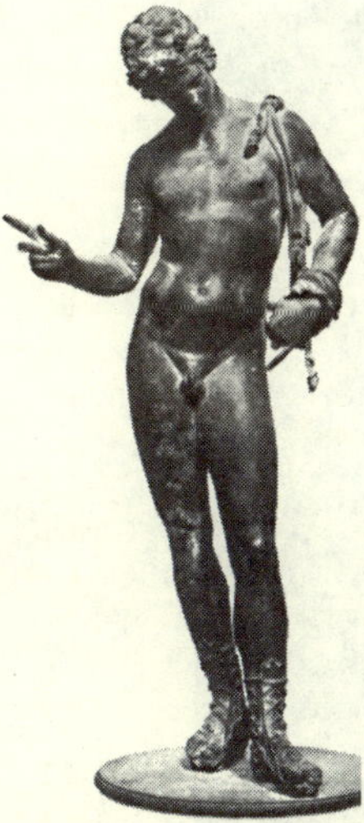

Narcissus, Bronzestatuette aus Pompeji, 1. Jh. v. Chr.; Neapel, Museo Archeologico Nazionale. Bezaubernde Körperlichkeit bringt die graziöse Haltung des Kontraposts zum Ausdruck, also die Haltung mit gestrecktem Standbein und angewinkeltem Spielbein, gesenkter Hüfte und angehobener Schulter, so dass der gesamte Körper eine harmonische Bewegung vollbringt.

ein Spruch des blinden Sehers Tiresias. Dieser prophezeit dem Sohn des Flusses Cephisus und der Nymphe Loriope ein langes Leben, wenn Cephisus sich nicht selbst erkennt. Dies ist eine Umkehrung der in Delphi am Tempel des Apollo in Stein gemeißelten Aufforderung »Erkenne dich selbst« in ihr Gegenteil. Auf diesen Widerspruch bezieht sich schließlich Sigmund Freuds Definition des Narzissmus, als eine Form des Autismus, den bereits der Anthropologe Ovid beschreibt.

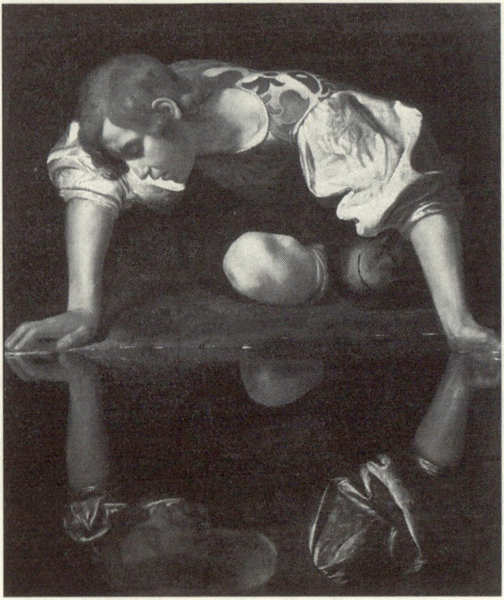

Caravaggio, *Narziss an der Quelle*, um 1598; Öl auf Leinwand, 110 × 92 cm; Rom, Galleria Nazionale d'Arte Antica.

Caravaggios Bildnis des Narcissus an der Quelle vermittelt den Eindruck, als entdecke der Autist ein Gegenüber. Insofern hat Caravaggio ein Meisterwerk subjektiver Wahrnehmung geschaffen, denn die Bewunderung des Jünglings gilt nicht einer sich im Wasser tummelnden Nixe, sondern dem eigenen Spiegelbild, das Caravaggio als Fiktion außer Acht lässt. Denn hier, an der Schwelle des Barock, ist Caravaggio noch der Vorliebe des Manierismus für das Rätselhafte verpflichtet.

Ovid widmet sich nicht allein der Selbsttäuschung des Au-

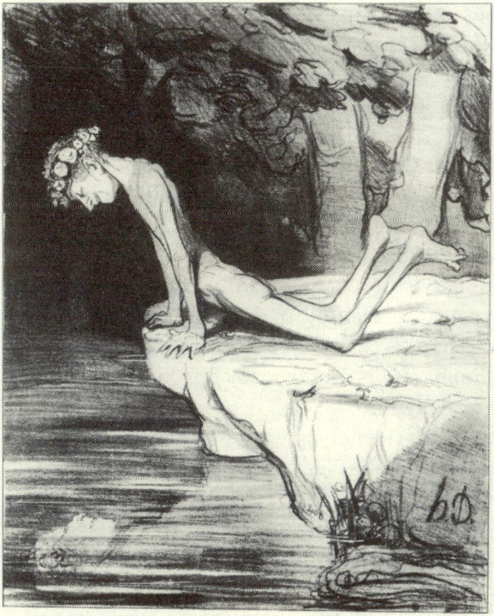

Honoré Daumier, *Narziss*, 1842; Lithographie, veröffentlicht in *Le Charivari.*

tisten, sondern auch dem psychischen Abgrund, in den ihn die Selbsterkenntnis stürzt:

> Ach, ich bin es ja selbst! ich merk es, mein Bild ist mir deutlich! / Liebe zu mir verbrennt mich: ich schüre die Glut, die ich leide. / Ach, was beginnen? Ihn bitten? Doch was? Soll der andere bitten? / Mein ist, was ich ersehne; ich möchte mich schenken und kann nicht. / Oh, wenn ich doch von dem eigenen Leib mich zu trennen vermöchte! / War es

> denn je eines Liebenden Wunsch, was er liebt, möge schwinden? / Und schon raubt mir die Kräfte der Schmerz; es bleibt mir vom Leben / Nur noch wenig: ich muss in der blühendsten Jugend erlöschen. (3,463–470)

Die narzisstische Faszination durch das Ich ist das Thema der 1842 in der satirischen Zeitschrift *Le Charivari* erschienenen Lithographie von Honoré Daumier. Die ironische Bildunterschrift lautet: »Der schöne Narciss liebte es, wie wir, seine Züge im Spiegel zu betrachten. Wie wir!« Daumier karikiert also nicht eine bestimmte Spezies, die in der Politik und im Militär, in der Justiz oder im Geschäftsleben durch Egozentrik tonangebend ist. Vielmehr ist der Narzissmus ein gemeinsames gesellschaftliches Verhängnis.

Die Betrachtung des eigenen Spiegelbilds im Wasser ist auch ein Motiv auf Salvador Dalís Gemälde *Metamorphose des Narziss*, das sich eng an Ovids Ende der Erzählung von Narcissus und Echo hält, beispielsweise an die als schroffe Felslandschaft dargestellte Unterwelt, in der mit gesenktem Kopf Narcissus kauert, sowie mit der Narzisse, die an Stelle des Leichnams erscheint – bei Dalí sprießt sie aus einem Ei, das emporgehoben wird vom Finger einer verknöcherten Hand.

> Auch nachdem er in die Unterwelt aufgenommen war, betrachtete er sich im Wasser der Styx. Es klagten um ihn seine Schwestern, die Naiaden, schnitten sich Haarlocken ab und weihten sie ihrem Bruder; es klagten auch die Dryaden. In die Totenklage stimmt Echo ein. Schon bereiteten sie den Scheiterhaufen vor, Fackeln, um sie zu schwingen, und die Totenbahre: Da war der Leib nirgends mehr. An seiner Stelle finden sie eine Blume, in der Mitte safrangelb und umsäumt mit weißen Blütenblättern. (3,504–510)

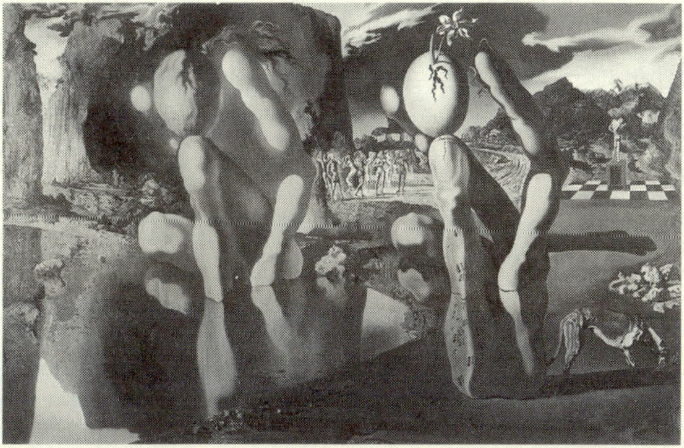

Salvador Dalí, *Die Metamorphose des Narziss*, 1937; Öl auf Leinwand, 50,8 × 78,3 cm; London, Tate Gallery.

Im Hintergrund des Gemäldes erscheinen Gestalten, die wohl zur Menge der Knaben gehören, deren Liebe Narcissus aufgrund seiner krankhaften Selbstliebe missachtet hat. Doch nur ohne diese Selbsterkenntnis ist ihm laut Tiresias ein langes Leben gewährt. Er stirbt, als er seine Schuld erkennt.

Kenntnisse über die Einsichten antiker Autoren, beispielsweise des Ovid, zur menschlichen Psyche verdanken die Surrealisten Sigmund Freud. Mit dem Narzissmus befasst sich Freud im Zusammenhang mit seiner Libido-Lehre, und 1914 veröffentlicht er den Aufsatz *Zur Einführung des Narzissmus.* Freud unterscheidet die frühkindliche Ausprägung des Narzissmus als notwendige Beschränkung auf die eigene Körperlichkeit von der Selbstliebe, die es erschwert oder gar verhindert, Beziehungen zu Mitmenschen (also Empathie) zu entwickeln.

Die 15 Bücher der *Metamorphosen* in Texten und Bildern

Erstes Buch

Ovids metrische Dichtung in 15 Büchern führt »vom allerersten Ursprung der Welt bis zu [s]einer Zeit«. Diese Weltgeschichte steht im Zeichen der von den Göttern bewirkten Verwandlungen von Gestalten in neue Körper und Zustände, nämlich Tiere, Pflanzen oder Steine.

Einem auf vier Verse beschränkten Vorwort folgt als erstes Thema die Entstehung der Welt und der Lebewesen, indem »ein Gott und die bessere Natur« das ursprüngliche Chaos überwinden. Es entstehen die Erdkugel und das Himmelsgewölbe, die Elemente Feuer und Wasser, Erde, Luft und Äther sowie die Lebewesen.

Es folgen die nach Metallen benannten vier Epochen der frühen Menschheit: das goldene, silberne, erzene (bronzene) und das eiserne Weltalter bzw. Geschlecht.

Um die Herrschaft im Himmel zu ergreifen, türmen Giganten Berge bis hinauf zu den Sternen, doch ein Blitz des »allmächtigen Vaters« zerschmettert das Gebirge, unter dessen Trümmern die Giganten umkommen. Aus ihrem Blut entsteht eine Nachkommenschaft, die Jupiter erzürnt.

Jupiter beruft die (noch namenlosen) Götter zur Versammlung in seinen Marmorpalast; als Weg dient ihnen die Milchstraße. Ihnen verkündet Jupiter den Entschluss, die Menschheit zu vernichten. Ein Beispiel für deren Grausamkeit liefert der arcadische König Lycaon: Als Jupiter vom Olymp herabgestiegen war, um sich unerkannt ein Bild von den Menschen zu machen, kam er auch zu Lycaon. Dessen Volk betete den Fremden als Gott an, wurde aber von Lycaon verspottet; es fehle ein Beweis für die Göttlichkeit des Fremden. Zur Probe servierte Lycaon das Fleisch einer ermordeten Geisel. Jupiter verwandelte ihn daraufhin in einen Wolf. Dies ist die erste der meist detailliert beschriebenen Mensch-Tier-Metamorphosen, wobei hier die Mensch-Wolf-Metamorphose die »angeborene Mordgier« verkörpert.

Statt mit dem Feuer seiner Blitze vernichtet Jupiter die Menschen durch das Wasser einer Sintflut. Die bange Frage der Götter, ob die Erde wilden Tieren überlassen werde und wer ihnen nun opfere, beruhigt Jupiter mit der Aussicht auf eine neue und bessere Menschheit. Unterstützt wird Jupiter von seinem Bruder Neptun, Beherrscher des Meeres und aller Gewässer. Neptun erschüttert mit seinem Dreizack die Erde. Das bis zu den Wipfeln der Bäume ansteigende Wasser verschlingt alles, selbst heilige Räume mit Götterbildern. Auch sie bieten keinen Schutz.

Die einzigen Überlebenden der Sintflut sind Deucalion und Pyrrha. Sie erschaffen Menschen aus Steinen, den »Gebeinen der Erde«. Weitere vielgestaltige Geschöpfe bringt die durchfeuchtete und von der Sonne erwärmte Erde hervor. Als Beispiel führt Ovid die periodisch überschwemmten Uferregionen des Nils an.

Zu den neuen Ungeheuern gehört der riesige Phyton. Ihn tötet Apollo. Anschließend verhöhnt Apollo übermütig den Liebesgott Cupido, der sich dafür rächt, indem er in Phoebus (»Strahlender«, Beiname für Apollo) eine blinde Leidenschaft für die Nymphe Daphne entzündet. Zugleich sorgt Cupido dafür, dass Daphne die Flucht ergreift und durch die Verwandlung in einen Lorbeerbaum vor Apollos Verlangen gerettet wird.

Jupiter betrügt Juno mit der Nymphe Io. Um das Misstrauen seiner Schwester und Gemahlin zu entkräften, verwandelt er die Geliebte in eine Kuh, die er Juno schenkt. Diese lässt das verdächtige Tier von Argus bewachen. Doch Jupiters Sohn Mercur schläfert Argus mit dem Spiel auf der Rohrflöte ein, die »erst vor kurzem erfunden worden war«, und tötet ihn. Schöpfer der Flöte war Pan, dem sich die Nymphe Syrinx durch ihre Verwandlung in Schilfrohr entzogen hat.

Der Sohn Jupiters und der Io ist der schließlich wie seine zurückverwandelte Mutter kultisch verehrte Epaphus.

Das 1. Buch endet mit dem Beginn der Phaëthon-Erzählung: Als Phaëthon, der Sohn des Sonnengotts Sol, mit seiner Herkunft prahlt, bezichtigt Epaphus ihn bzw. Phaëthons Mutter der Lüge. Um Gewissheit zu gewinnen, begibt sich Phaëthon in den himmlischen Palast des Sol. Dort beginnt das 2. Buch.

Vom Chaos zum Kosmos

> Aber es gab eine Schlichtung des Streites: ein Gott, eine bessre / Kraft der Natur schied Himmel und Erde und Erde und Wasser, / Und er trennte den heiteren Himmel vom dickeren Luftdunst. (1,21–23)

Die Auffassung der *Metamorphosen* Ovids als »Bibel der Antike« beruft sich u. a. auf Analogien zwischen dem Beginn des 1. Buchs und dem biblischen Mythos der Schöpfung im Buch Genesis. Jeweils entsteht eine Ordnung aus Himmel und Erde. Letztere ist ursprünglich »wüst und leer« (Gen. 1,2) – wie die »rohe und ungegliederte Masse« Chaos (Gen. 1,7).

Die flämische Miniatur zu Ovids Schöpfungsbericht verbildlicht die Überwindung des Chaos mit dem Symbol konzentrischer Bahnen um den Erdkreis. Die »Schlichtung« der chaotischen Zwietracht leistet ein namenloser Gott, eine »bessre Kraft der Natur«. Sind die Begriffe »Gott« und »bessre Natur« wie im späteren Pantheismus Spinozas bereits bei Ovid synonym? Zumindest lässt Ovid die theologische Frage offen: »Als so der Gott, wer immer es war, die Materie geordnet, / So sie zerteilt und die Teile zu wirklichen Gliedern gestaltet, / Ballte er gleich zu Beginn die Erde, damit sie auf jeder / Seite sich gänzlich gleiche, zur Form einer riesigen Kugel« (1,32–35).

Zwar ist der flämische Buchmaler außerstande, Ovids Erd-

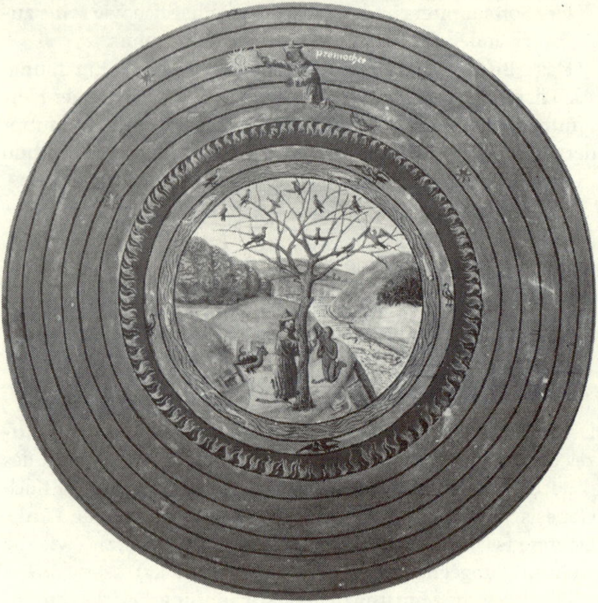

Die Ordnung der Elemente, Ende des 15. Jh.s; Miniatur in einer illuminierten Handschrift der *Metamorphosen*; Norfolk, Sammlung des Earl of Leicester.

kugel sphärisch darzustellen, doch bemüht er sich, textgetreu die vier Elemente Erde, Wasser, Feuer, Luft zur Geltung zu bringen.

Apropos Feuer: Hier begnügt sich der Maler nicht mit einem Flammenkreis um das Wasser, das die Erde begrenzt, sondern fügt in die Bahnen der Sterne die Gestalt des Prometheus ein, dem die Menschen das Feuer verdanken. Doch davon ist bei

Ovid nicht die Rede. Vielmehr formte Prometheus als »des Iapetus Sohn« die Menschen »nach dem Bild der alles regierenden Götter. / Während die anderen Wesen gebückt zur Erde sich neigen, / Ließ er den Menschen das Haupt hochtragen: er sollte den Himmel / Sehen und aufgerichtet den Blick nach den Sternen erheben« (1,83–86). Auch hier liegt ein Blick auf das Buch Genesis nahe, denn Gott schuf »den Menschen als sein Abbild, als Abbild Gottes schuf er ihn« (Gen. 1,27).

Himmelsstürmer

> Doch wie der Erde, so drohten den Höhen des Aethers Gefahren; / Denn, so erzählt man, Giganten versuchten den Himmel zu stürmen, / Schleppten Gebirge herbei und türmten sie hoch zu den Sternen. (1,151–153)

Auch beim Mythos vom Kampf der erhabenen olympischen Götter mit den erdgeborenen, nach Herrschaft gierenden Giganten folgt Ovid wie seine Vorgänger der mythographischen Überlieferung durch Hesiod. Doch Ovid widmet der *Gigantomachia* nur wenige Verse: Mit seinen Blitzen bringt Jupiter das aufgetürmte Gebirge zum Einsturz und tötet auf diese Weise die Angreifer.

Wichtig für Ovids Leitthema, die Verwandlung, ist die Entstehung von wesensverwandten Ungeheuern in Menschengestalt aus dem Boden, den das Blut der Giganten durchfeuchtet hat, doch waren auch diese Kinder der Erde »Verächter der Götter, gewaltsam, nach grimmigem Morde / Lüstern« (1,161 f.).

Wie mit dieser Bedrohung umzugehen sei, berät eine Versammlung der Götter unter Vorsitz Jupiters, der bekennt: »Nie bin ich je um die Weltenregierung besorgter gewesen, / Auch nicht damals, als jeder der schlangenfüßigen Riesen / Mit sei-

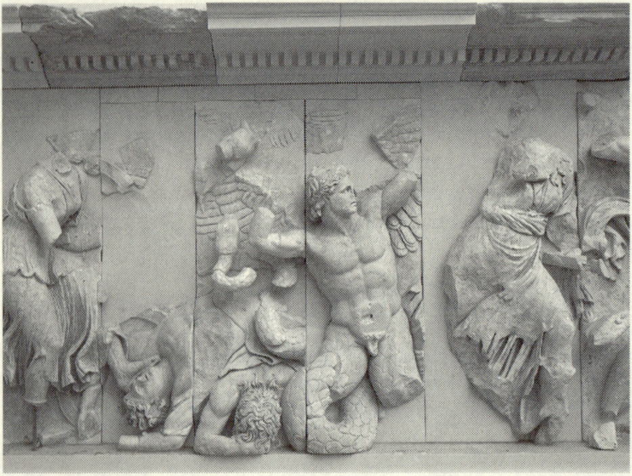

Gigantomachie, Platte aus dem Sockelfries des Pergamonaltars, um 180–160 v. Chr.; Berlin, Pergamonmuseum.

nen hundert Armen den Himmel zu fesseln gedachte« (1,182–184).

Solche Ungeheuer gehören zu den Figuren des hellenistischen Reliefs einer *Gigantomachia*, das in Pergamon rund 150 Jahre vor Ovids mythographischem Epos entstanden ist. Der aufgrund seiner Fülle von Figuren und Bewegungsmotiven stilgeschichtlich-typologisch barock anmutende Figurenfries verläuft über drei Seiten des quadratischen Unterbaus des *Pergamonaltars*, zu dessen Opfertisch des Zeus/Jupiter eine westliche Freitreppe führt. Das abgebildete Fragment zeigt einen der von Ovid adaptierten »schlangenfüßigen Riesen« im Zweikampf mit Aphrodites Gefährtin Dione (rechts). Links über ihm schwebt Eros/Amor als Bogenschütze (Teile von Unterleib und Flügeln sind erhalten). Amors Mutter Aphrodite/ Venus (links) setzt ihren linken Fuß auf den Kopf eines getöteten Giganten, vielleicht um ihren (nicht erhaltenen) Speer aus dessen Brust zu ziehen.

Weitere siegreiche Olympier sind auf dem Fries des Pergamonaltars dargestellt: Zeus/Jupiter mit seinem vergöttlichten Sohn Herakles/Hercules, Ares/Mars und Poseidon/Neptun. Sie alle erscheinen in athletischer menschlicher Gestalt, während die Erdgeborenen Mischwesen aus Mensch und Tier bilden. An diese Schlangenfüßler erinnert Jupiter in der Götterversammlung, die über den Umgang mit den menschlichen Nachkommen der Giganten berät.

Die Giganten bleiben ein Thema: Die Pieriden besingen die Flucht der verängstigten Götter nach Ägypten (5. Buch), und im 10. Buch rühmt Orpheus den Sieg Jupiters.

Ein Neubeginn

> Alsdann entsenden sie hinter sich Steine, wie ihnen befohlen. / Siehe – wer sollte es glauben, wenn nicht das Alter der Sage / Es verbürgte? – die Steine verlieren die Härte und Starrheit, / Langsam werden sie weich und nehmen allmählich Gestalt an. (1,399–402)

Die Versammlung der Götter hat beschlossen, die gesamte Menschheit zu ertränken (Ovid adaptiert den weltweit verbreiteten Sintflut-Mythos, z. B. Buch Gen. 7). Die einzigen Überlebenden sind Deucalion, ein Sohn des Prometheus, und seine Gattin, die Titanin Pyrrha, beide »unsträflichen Sinnes und beide Verehrer der Gottheit« (1,327). Sie werden aus Steinen, dem Gerippe der Erde, Menschen erschaffen. Von den Vorbereitungen handelt in synchroner Darstellung die abgebildete Miniatur aus dem 14. Jh.

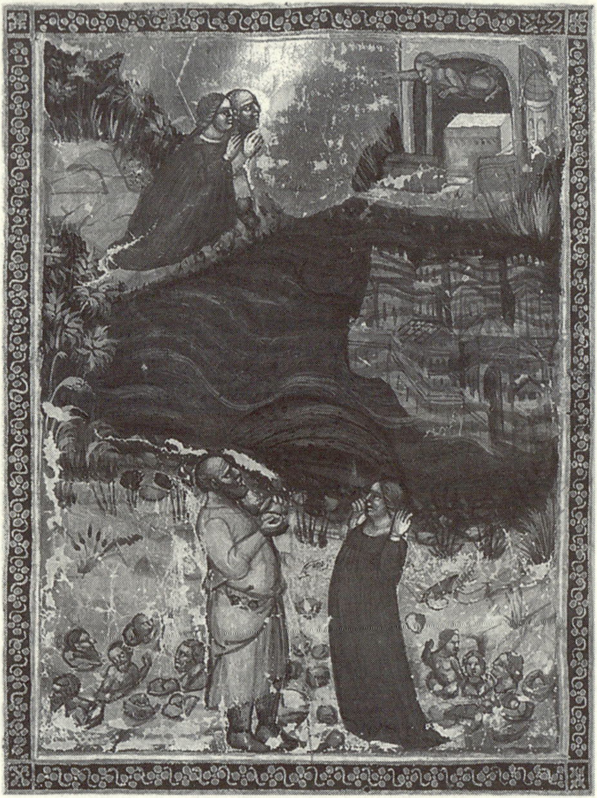

Deucalion und Pyrrha, Ende 14. Jh.; Bildseite am Anfang einer Handschrift des Kommentars zu Ovids *Metamorphosen* von Thomas de Anglia; Gotha, Forschungsbibliothk, Ms. I 98, fol. 9 recto.

Oben knien Deucalion und Pyrrha vor dem Tempel der Themis und erflehen ein Orakel. Unten befolgen sie Anweisungen der Göttin, sich zu entkleiden und Steine hinter sich zu werfen – es kann ja nicht schaden.

> Und so wurden in kürzester Frist nach dem Willen der Götter / Die von den Händen des Mannes geworfenen Steine zu Männern, / Und aus den Würfen des Weibes erwuchsen wiederum Weiber. / Darum sind wir ein hartes Geschlecht, das der Mühen gewohnt ist, / Und wir bekunden noch deutlich den Stoff, aus dem wir entstanden. (1,411–415)

Die naheliegenden Zweifel an der Überlieferung, die Menschen seien aus Steinen entstanden, versucht Ovid mit dem eingangs zitierten Hinweis auf das »Alter der Sage« zu entkräften. Im lateinischen Original lautet der in Klammern gesetzte Vers 400: *(quis hoc credat, nisi sit pro teste vetustas?)* In der Prosaübersetzung von Michael von Albrecht lautet diese Einschränkung: »Wer möchte dies glauben, wenn nicht das Alter der Sage einen Zeugen ersetzen würde?« (1,400)

Ovid setzt wohl als bekannt voraus, dass Deucalion von Prometheus abstammt und seine Gattin Pyrrha von Pandora.

Cupidos Rache

> Phoebus empfand für Daphne, das Kind des Penëus, die erste / Liebe: sie war vom Zorn des Cupido gefügt, nicht vom Zufall. (1,452–453)

Apollo, der mit seinen Pfeilen den Python-Drachen getötet hat, missbilligt die Bewaffnung des Knaben Amor alias Cupido mit Pfeil und Bogen. Er möge sich darauf beschränken, mit seiner Fackel Liebeshändel anzustiften. Doch Apollo bzw. Phoe-

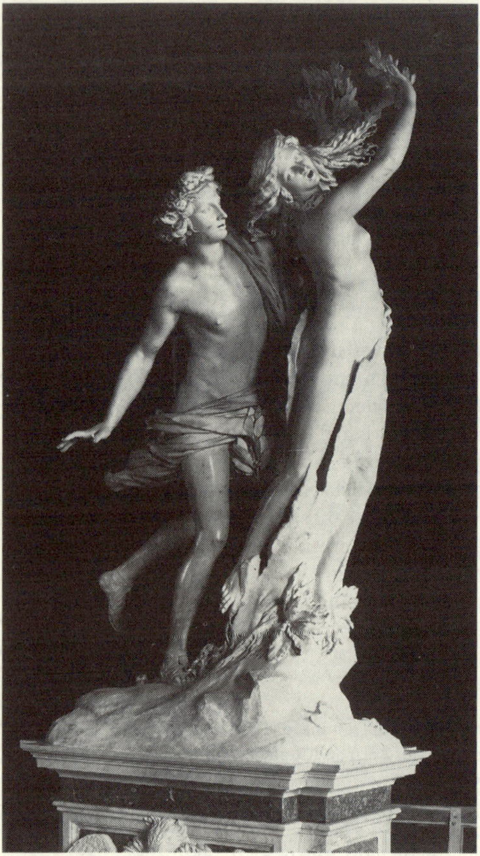

Gian Lorenzo Bernini, *Apollo und Daphne*, 1622–25; Marmor, Höhe 243 cm; Rom, Galleria Borghese.

bus wird in doppelter Hinsicht ein Opfer Amors, der zwei Pfeile mit gegensätzlicher Wirkung verschießt. Der eine vertreibt, der andere erregt Liebe. Dieser ist vergoldet und hat eine scharfe, blinkende Spitze; der andere ist stumpf und trägt Blei unter dem Schaft. Mit letzterem trifft Amor die Nymphe Daphne, mit dem anderen Apollo durch die Knochen bis ins Mark. Sein Liebeswahn artet in eine wilde Verfolgungsjagd aus, und was an Daphnes Körper beim raschen Lauf noch verborgen bleibt, stellt sich Apollo umso schöner vor.

In höchster Not fleht Daphne, die um ihre Jungfräulichkeit besorgt ist, ihren Vater Peneus an, er, der Wassergott, möge ihren verführerischen Leib verwandeln. Im selben Augenblick sprießen aus ihren in Äste und Zweige verwandelten Armen, Händen und Fingern Blätter, an ihren Füßen hemmen Wurzeln ihren Lauf, und Rinde hüllt den Körper ein; Apollo liebkost ihn vergeblich: Daphne lebt als Lorbeerbaum weiter, dessen Laub als Kranz den Musengott schmückt.

Berninis Skulptur inszeniert bildkünstlerisch den Misserfolg Apollos, der der begehrten Nymphe nicht habhaft zu werden vermag. Berninis Gestaltung der Rache des Gottes Cupidos, der Liebe entfacht und vertreibt, zeichnet sich in diesem Sinn durch den Kontrast der Figurenbewegungen aus. Zum barocken Sensualismus gehört die Wiedergabe der jeweiligen Stofflichkeit von glänzender Haut über leuchtendes Laub bis zu rissiger Rinde und knorrigem Wurzelwerk, das Daphne am Erdboden fixiert.

Zweites Buch

Dem Unheil durch das Wasser in Form einer Sintflut folgt nun als Gegenstück die Vernichtung durch weltweites Feuer, das Phaëthon durch Ungehorsam verschuldet. Um sich seiner Herkunft vom feurigen Sonnengott Sol zu vergewissern, ersteigt Phaëthon dessen Palast, den die zwölf Tierkreiszeichen des Sonnenjahres schmücken. Sol gelobt die Erfüllung eines Wunsches und muss wider besseres Wissen dem Sohn die Fahrt im vierspännigen Sonnenwagen gestatten. Doch Phaëthon ist unfähig, den Wagen auf der geordneten Bahn zu lenken. Die Pferde rasen zügellos über den Himmel (S. 112), so dass die Hitze der Sonne die Länder ausdörrt. Tellus, die Göttin des Erdbodens und der Fruchtbarkeit, befürchtet die Rückkehr des ursprünglichen Chaos und klagt dem anscheinend machtlosen Jupiter ihr Leid. Schließlich schleudert Jupiter einen Blitz, und Phaëthon stürzt zur Erde. Der Strom, in den er stürzt, ist der sagenhafte Eridanus (der Po).

Phaëthons Tod beklagen am Grabmahl seine Mutter Clymene und die Töchter des Sonnengottes, die Heliaden. In Bäume verwandelt, vergießen sie Tränen aus Bernstein, und Phaëthons verzweifelter Freund Cygnus wird über seine Trauer zum ersten Schwan. Sol wird von den Göttern daran gehindert, ewige Finsternis über die Erde auszubreiten. Zu Ovids pseudowissenschaftlichen mythologischen Erklärungen gehört die Schwarzhäutigkeit der Äthiopier als Folge der Hitze, die von den zügellos dahinrasenden Sonnenpferden erzeugt wurde. Durch den Weltenbrand wurde Libyen zur Wüste. Zu den ausgetrockneten Flüssen gehören die sieben Mündungsarme des Nils und die Donau. Durch die klaffenden Spalten des vertrockneten Erdbodens drang das Licht bis in den Tartarus.

Das Flammenmeer erlischt, und Jupiter überprüft die Stabilität der kreisrunden Himmelsmauer und wendet sich danach der Erde zu, nämlich seinem »lieben Arcadien« in der Mitte der Peloponnes. Ovid bezieht sich dabei auf die Überlieferung, Jupiters Heimat sei nicht Kreta, sondern das idyllische arcadische Bergland. Hier erneuert er die Erde, die Gewässer, die Wiesen und die Wälder. Dabei verliebt er sich in die Jägerin Callisto und nimmt, um sie zu verführen, die Gestalt der Diana an (S. 114). Callisto mischt sich unter Dianas jungfräuliches Gefolge, wird aber nach der Entdeckung ihrer durch Jupiter verursachten Schwangerschaft ausgeschlossen (S. 116). Sie bringt Arcas zur Welt, der als Jäger in Gefahr gerät, seine Mutter zu töten. Denn Juno hat Callisto in eine Bärin verwandelt. Doch Jupiter verhindert den Muttermord, indem er Arcas und Callisto als Sternbilder (Großer Bär und Kleiner Bär) an den Himmel versetzt.

Apollo tötet die von ihm geschwängerte Coronis, nachdem sein Rabe ihm die Untreue der Geliebten verraten hat. Den Vogel bestraft Apollo, indem er dessen weißes Gefieder schwärzt. Zuvor hatte der Rabe die Warnung der Krähe vor dem Undank des Apollo missachtet, denn sie wurde, nachdem sie der Minerva ein Geheimnis verraten hatte, aus dem Gefolge der Göttin ausgeschlossen und durch die Eule ersetzt. Diese ist seitdem das Attribut der Minerva (S. 118).

Apollo rettet seinen Sohn aus dem Leib der Mutter, die eingeäschert werden soll, und übergibt ihn dem heilkundigen Centauren Chiron, und dieser Pflegesohn wird Aesculapius. Dessen Zukunft (vgl. 15. Buch) weissagt Chirons Tochter Ocyroë. Ihre prophetische Gabe wird ihr durch die Verwandlung in eine Stute genommen.

Mercur erweist sich als Dieb einer Rinderherde und versteinert das Herz des bestechlichen Hirten Battus. Beim Flug über Athen erblickt Mercur Minervas Opferdienerin Herse, die er als Geliebte wählt. Bei ihrer Eroberung soll ihm Herses Schwester Aglauros behilflich sein. Sie verlangt Gold als Lohn.

Die Habgier wird der Kupplerin, die einst ein Geheimnis Minervas verraten hat, zum Verhängnis: Die Göttin gebietet der personifizierten Missgunst, Aglauros zu vernichten. Aglauros verliert ihre Bewegungskraft, und sie geht zugrunde, indem der Krebs (*cancer*; 2,825) alle ihre Organe zerstört.

Mercur bereitet die Entführung der phoenizischen Prinzessin Europa durch seinen Vater, in Gestalt eines Stiers, vor. Europa nähert sich vorsichtig dem Stier, reicht ihm Blumen, besteigt ihn und wird übers Meer getragen (S. 121 ff.). Europas Begattung bleibt verschwiegen. Ihr Sohn ist Minos (7. Buch).

Kopfüber zur Erde

> Phaëthon, welchem die Flamme die rötlichen Haare verwüstet, / Rollt kopfüber und stürzt durch die Lüfte, ein langer Streifen, / Wie ein Stern vom heiteren Himmel, auch wenn er nicht wirklich / Fällt, bisweilen den Eindruck erweckt, als sei er gefallen. (2,319–322)

Dem Sturz des Phaëthon geht eine an Jupiter gerichtete Klage der Tellus voraus. Die Göttin der Fruchtbarkeit fragt verbittert, ob die Zerstörung der zuerst durch die Überflutung, nun durch Feuer heimgesuchten Erde der Lohn sei für ihre jahrein und jahraus erduldeten Plagen: Sie spendete den Menschen und den Göttern Weihrauch. Jetzt aber drohe das ursprüngliche Chaos. Jupiter hat ein Einsehen, donnert, holt mit der Rechten weit aus, schleudert seinen Blitz auf Phaëthon und löscht das Feuer mit Feuer.

Die Graphik von Jean Mignon verbindet Phaëthons Sturz mit seiner Beisetzung im Po, genannt Eridanus, dessen Personifikation rechts unten der Szene beiwohnt.

> Weit von der Heimat entfernt, in der Fremde, da nimmt ihn der große / Strom Eridanus auf und wäscht ihm das rau-

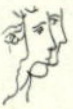

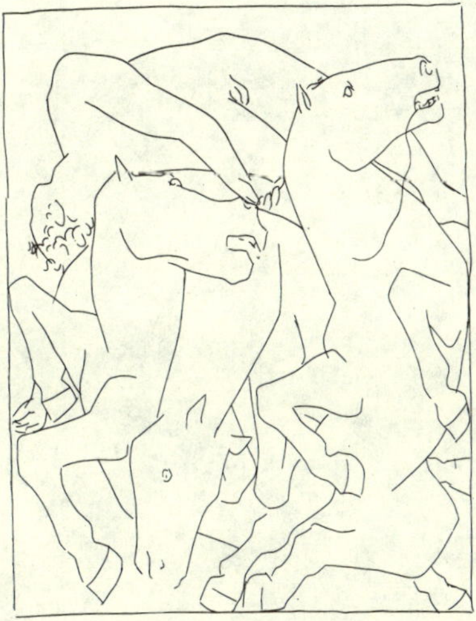

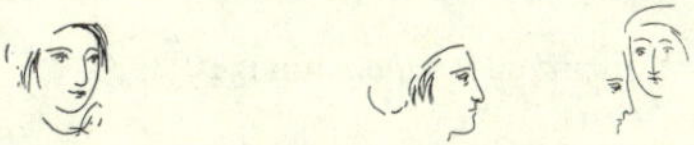

Pablo Picasso, *Der Sturz des Phaëthon*, 1930; Radierung in der bei Skira erschienenen Ausgabe *Les Métamorphoses d'Ovide*.

chende Antlitz. / Und die Najaden Hesperiens begraben den Leib – von dem Blitze / Ist er geschwärzt – und bezeichnen den Stein mit folgender Inschrift: / PHAETHON RUHT ALLHIER DER DEN WAGEN DES VATERS REGIERTE / MEISTERN KONNT ER IHN NICHT UND STÜRZTE DOCH GROSS WAR SEIN WAGNIS. (2,323–328)

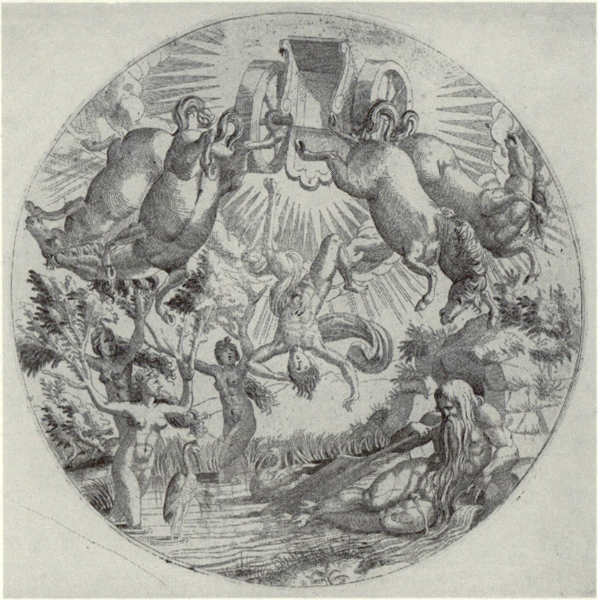

Jean Mignon, *Der Sturz des Phaëthon,* um 1545.

Die Erzählung endet mit der Gefahr einer fortwährenden Verfinsterung der Welt. Denn Sol verbindet sein Leid mit Zorn und kündigt seine Dienste auf.

> Während er solcherlei spricht, umringen die Himmlischen alle / Sol und bitten mit flehender Stimme, er möge die Welt doch / Ja nicht in Finsternis hüllen; auch Jupiter sucht zu begründen, / Dass er den Blitz geschleudert, und weiß auch als König zu drohen. / Und so sammelt denn Phoebus die Ros-

se, die scheuen – sie beben / Noch vor Entsetzen –, und rast voll Schmerzen mit Stachel und Peitsche; / Ja, er rast: sie haben den Tod seines Sohnes verschuldet! (2,394–400)

Die List des Verführers

> Alsbald hüllt sich der Gott in Gestalt und Tracht der Diana, / Und dann redet er so: »O Jungfrau aus meinem Gefolge, / Sage, auf welchen Gebirgen du jagtest!« Sie hob sich vom Rasen, / Sprechend: »Gegrüßt, o Gottheit, mir größer als Jupiter, mag er / Selber es hören!« Da lachte der Gott, denn er hörte mit Freuden, / Wie er den Vorrang erhielt vor sich selbst; dann küsst' er das Mädchen, / Aber nicht richtig mit Maß, nicht so, wie Mädchen sich küssen. (2,425–431)

Als Jupiter sich ein Bild verschafft, welche Schäden Phaëthons missglückte Fahrt mit dem Sonnenwagen seines Vaters Sol angerichtet hat, kümmert er sich mit großer Sorgfalt um das geliebte Arcadien: Wasser strömt wieder aus den Quellen, Gras sprießt wieder aus der Erde, und Jupiter belaubt und begrünt die Bäume. Ihn selbst belebt der Anblick einer Jägerin, die sich im Wald niedergelassen hat. Es ist Callisto, mit der sich Jupiter einen Seitensprung erlaubt. Juno wird nichts davon erfahren, andernfalls lohnt das Vergnügen, das er hier gewinnt, ihre Schelte. Jupiter nimmt die Gestalt der Diana an, die Callisto höher schätzt als den allmächtigen Jupiter. Dies amüsiert Jupiter und unterstützt seine Absicht, Callisto zu verführen. Diesen Moment, in dem Jupiter seine Übermacht einsetzt und Callisto Gewalt antut, bringt Rubens in der Weise zum Ausdruck, dass die liegende Aktfigur die Liebkosungen der über sie gebeugten, durch den gleichsam als Glied steil aufgerichteten Adler als Jupiter identifizierten Figur passiv erduldet und geschwängert wird. Der als Frau erscheinende Verführer enthüllt

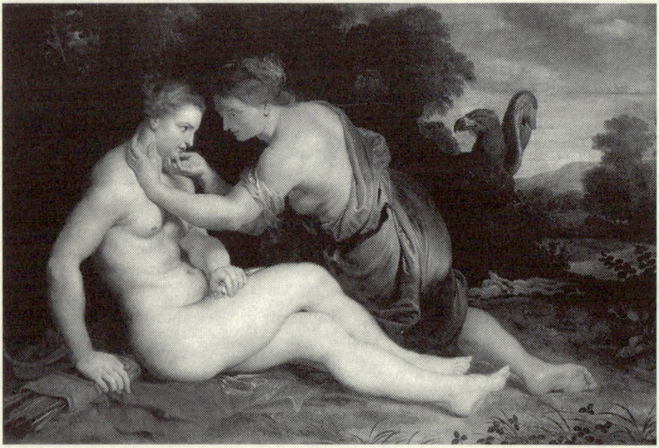

Peter Paul Rubens, *Jupiter (als Diana) und Callisto*, 1613; Öl auf Leinwand; Kassel, Museum Schloss Wilhelmshöhe.

sein Verlangen als Mann, und Ovid münzt das Konkrete in Allgemeines um: Callisto rang dagegen an, soweit eine Frau es vermag, »Doch freilich, wen könnte ein Mädchen bezwingen? / Wer über Jupiter siegen? Er strebte jetzt siegreich zum höchsten / Aether empor. Ihr waren die Wälder verhasst, die es sahen« (2,436–438).

Selbst als Diana ihr begegnet und sie auffordert, sich ihr anzuschließen, fürchtet Callisto, erneut könne sich Jupiter in der Göttin verbergen, doch deren Gefährtinnen zerstreuen diese Sorge.

Wie mögen der um das Eheleben besorgte Sittenrichter Augustus und seine Berater Ovids Schilderung der »Liebeskunst« mittels eines Gestaltwandels empfunden haben? Zumal Ovid dem höchsten Gott ein Primat des mit Sinneslust verbundenen Vergnügens unterstellt, denn Jupiter sagt sich beim Anblick der Ruhenden: »Wirklich ein Schlich, der sicherlich meiner Gemahlin versteckt bleibt; / Oder erfährt sie ihn doch, so lohnt sich wahrlich die Schelte!« (2,423 f.)

Die Enthüllung

> Ach, wie schwer ist es doch, dass die Miene die Schuld nicht verrate! / Kaum erhebt sie die Augen, sie wagt nicht, wie früher, der Göttin / Sich an die Seite zu schließen noch Erste zu sein in dem Zuge, / Sondern sie schweigt; ihr Erröten bezeugt, dass die Scham ihr verletzt ist. / Wäre Diana nicht Jungfrau, sie konnte an tausend Beweisen / Ihre Verschuldung erkennen; es heißt, dass die Nymphen es merkten! (2,447–452)

Der Schauplatz einer Verurteilung des Opfers statt des Täters im Hain ist ein Bach. Hier fordert Diana ihre Gefährtinnen auf, sich hüllenlos zu erfrischen. Callisto zögert, wird aber entkleidet und kann ihre Schwangerschaft nicht verheimlichen. Sie hat also das Gebot der Keuschheit sträflich verletzt, und Diana stößt sie aus ihrer Gefolgschaft aus. Davon handelt das Gemälde des Luca Cambiaso mit der rechts thronenden jungfräulichen Jagdgöttin und zu ihren Füßen dem erniedrigten Opfer des Jupiter, der schließlich Callisto und den gemeinsamen Sohn Arcas als Sternbilder an den Himmel versetzen wird.

Zunächst tritt aber die Rächerin Juno auf. Sie weiß über das Sexualdelikt ihres Mannes Bescheid, lastet das Vergehen aber Callisto an und schreitet zur Tat. Juno rächt sich, indem sie Callisto in eine Bärin verwandelt. Nichts von dem, was Jupiter verlockt hat, soll sichtbar bleiben. Und damit ausgeschlossen ist, dass flehende Worte die Herzen erweichen, wird aus Callistos Stimmklang ein drohendes Brüllen, dem sich als Jäger auch der herangewachsene Arcas stellt. Doch bevor er

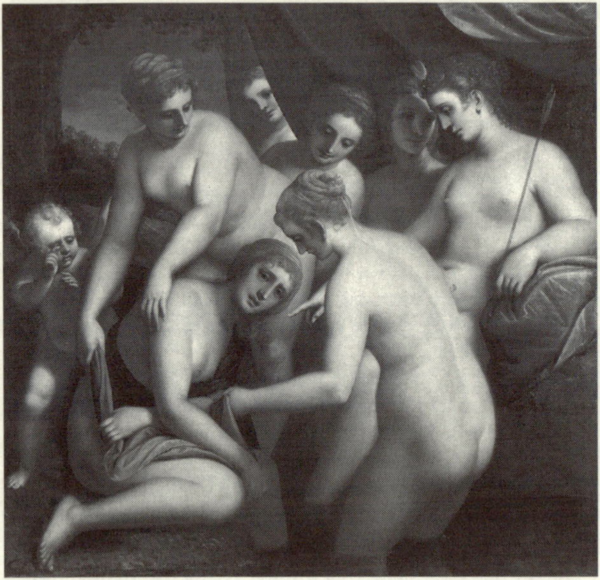

Luca Cambiaso, *Die Entdeckung des Fehltritts der Callisto* (Ausschnitt), um 1570; Öl auf Leinwand; Kassel, Museum Schloss Wilhelmshöhe.

seine Mutter töten kann, verwandelt Jupiter beide in Sternbilder.

Dies erzürnt Juno, und sie klagt tief im Meer der altersgrauen Tethys und dem greisen Oceanus ihr Leid, dass an ihrer Stelle nun eine andere den Himmel beherrscht, sobald die Nacht ihn verdunkelt.

Hier beginnt die erste der umfangreichen Reden oder Selbstgespräche, die Ovid zumeist Frauen zuordnet.

Inzest

> »Hast du noch nie die Geschichte gehört – sie ist jedem in Lesbos / Allenthalben bekannt –, wie Nyctimene schimpflich des Vaters / Lager entehrte? Nun ist sie ein Vogel, doch schuldbewusst lässt sie / Nirgends sich blicken und flieht vor dem Licht: ihre Schande verhüllt sie / Tief in Dunkel, von allen verjagt im Bereiche des Himmels.« (2,591–595)

Ovid klassifiziert die Geschichte von Nyctimene und ihrem Vater Nycteus, dem König von Lesbos, als *res notissima*, die zumindest auf der Insel allgemein bekannt sei. Er widmet ihr daher nur vier Verszeilen, in denen die Krähe (einst eine Prinzessin, deren Verwandlung sie vor der Gewalt des begierigen Neptun bewahrt hat) dem Raben in aller Kürze den Frevel der Nyctimene und ihre als Bestrafung folgende Verwandlung in einen Nachtvogel nennt, und zwar als Beispiel für Unrecht. Denn die verwandelte Nyctimene hat die Krähe aus Minervas Gefolge verjagt und deren Platz eingenommen. Ähnliches, so warnt die Krähe den Raben, könne ihm geschehen, wenn sein Bericht über die untreue Coronis den Zorn ihres Liebhabers Apollo errege und sich gegen den Boten richte.

Die Graphik von Jean-Michel Moreau, der mehrmals Ovid-Ausgaben mit Illustrationen ausgestattet hat, deutet die Verwandlung der Nyctimene textgetreu als Strafe dafür, dass sie »schimpflich das Vaters Lager entehrte«. Diesem Thema der Blutschande widmet sich Ovid ausführlich im 10. Buch am Beispiel der Myrrha und ihres vom Vater gezeugten Sohnes Adonis.

Doch kann die Metamorphose der Nyctimene auch ihrem Schutz dienen, nachdem der Vater, der sie bei sich behalten will, ihr Gewalt angetan hat. Aus Scham, so berichtet eine Fabel des Hyginus, verbirgt sich Nyctimene im nächtlichen

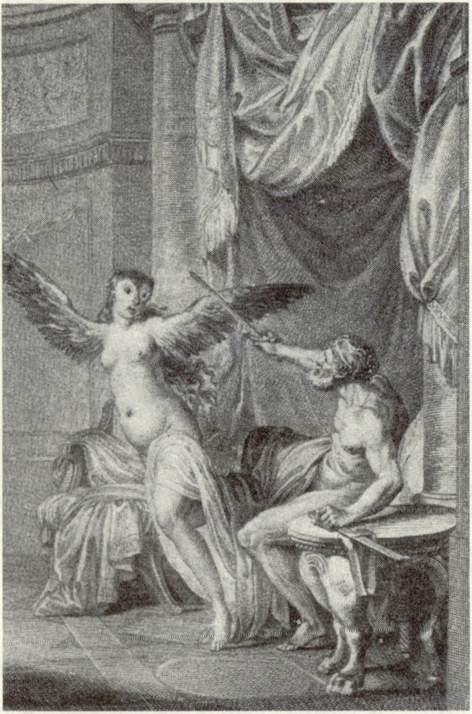

Jean-Michel Moreau, *Die Verwandlung der Nyctimene*, um 1800; Kupferstich.

Wald. Hier wird sie von Athene alias Minerva in deren Wappentier, die Eule, verwandelt.

Blinde Wut

> Als der liebende Gott die Beschuldigung hörte, da glitt ihm / Nieder der Lorbeer; er wechselte Farbe und Miene; der Lauten- / Griffel entfiel ihm. Das Herz von glühendem Zorne geschwollen, / Nahm die gewöhnliche Waffe der Gott: er krümmte des Bogens / Hörner und spannt' ihn und bohrt' in die Brust, die so häufig an seine / Brust sich lehnte, den Pfeil, den unausweichlichen, sichern. (2,600–605)

Die thessalische Prinzessin Coronis wird die Geliebte Apollos, der sie schwängert. Doch sein Gefährte, der schneeweiße Rabe, entdeckt ihre Untreue und verrät sie trotz der Warnung der Krähe, die Minervas Undank zu spüren bekam, dem ahnungslosen Apollo. Der bestraft die angebliche Geschwätzigkeit des Raben damit, dass er dessen weißes Gefieder schwärzt. Apollo bestätigt also die Erfahrung, dass der Überbringer einer schlechten Nachricht diese Botschaft auch zu verantworten hat und dafür bestraft wird. Zuvor aber richtet sich Apollos Erbitterung nicht gegen den Beschuldiger, den der Holzschnitt von Virgil Solis auf Apollos Schulter zeigt, sondern gegen die Beschuldigte. Apollo tötet sie kurzerhand und damit zugleich, so muss er befürchten, seinen Sohn im Mutterleib.

Doch unmittelbar vor der Einäscherung der Coronis rettet Apollo das Kind vor dem Flammentod und übergibt es dem heilkundigen Centauren Chiron zur Pflege. Es ist der später in Rom als Heilgott verehrte Aesculapius, von dem eine Erzählung im letzten Buch handelt. Zunächst prophezeit Chirons Tochter Ocyrhoë dem Knaben die Fähigkeit, Tote zu erwecken: Ocyrhoë »war nicht zufrieden, des Vaters / Künste zu kennen: der Zukunft Geheimnisse sang sie prophetisch. / Als sie daher, von Prophetenekstase erfasst, von dem Gotte / Glühte, der eingeschlossen im Busen ihr wohnte, da schaute / Sie auf das Kindlein und rief: ›O wachse, du Knabe, der gan-

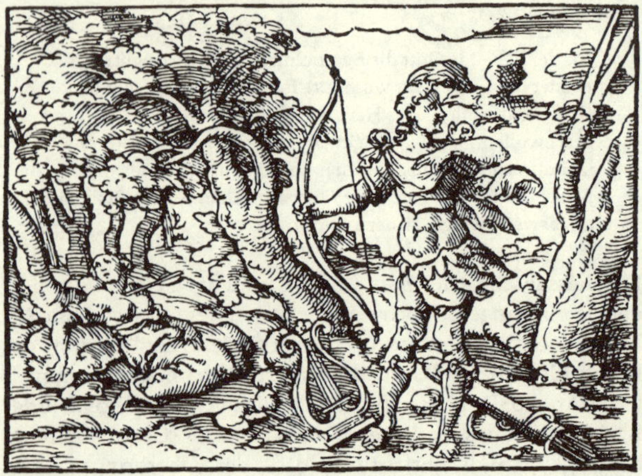

Virgil Solis, *Apollo, von Raben angestiftet, tötet die schwangere Coronis,* um 1560; Holzschnitt.

zen / Erde ein Retter! Dir werden gar häufig der Sterblichen Leiber / Rettung verdanken, dir wird es vergönnt sein, entwichene Seelen / Wiederzuschenken, und hast du einmal zur Empörung der Götter / Solches gewagt, so hindert die Flamme des Ahnen dich, nochmals / Dies zu gewähren. Du wirst aus göttlichem Wesen zur Leiche / Und aus der Leiche zur Gottheit, dein Schicksal zweimal erneuernd.‹« (2,638–648)

Durch diese Prophezeiung begeht Ocyrhoë ein Sakrileg und wird zur Strafe in eine Stute verwandelt.

Der verliebte Stier

> Da entschwindet allmählich der Jungfrau das Bangen: bald darf sie / Zärtlich die Brust ihm beklopfen und bald ihm die Hörner mit frischen / Kränzen umflechten. Und sieh, nun wagt es gar die Prinzessin, / Sich auf den Rücken des Stieres zu setzen – sie kennt ihren Träger / Nicht –: doch vom Land, vom trockenen Ufer entschreitet allmählich / Sachte der Gott mit trügenden Schritten zuerst in das Wasser, / Geht dann tiefer hinein und entführt durch das Meer seine Beute. (2,866–872)

In Arcadien hat Jupiter sich des Anscheins der Diana bedient, um Callisto zu verführen. Für seine nächste Affäre hat er Phoenizien gewählt: Hier soll ihm das Trugbild des Stiers dazu verhelfen, die Rolle des Verliebten zu spielen. Um seinen Auftritt vorzubereiten, gibt Jupiter seinem Sohn Mercur den Auftrag, die Rinder des phoenizischen Königs Agenor von ihrer Weide im Gebirge zur Küste zwischen Sidon und Tyrus hinabzutreiben. Denn hier spielen Jupiters Auserwählte, Agenors Tochter Europa, und ihre Gefährtinnen. Zu ihnen gesellt sich aus Agenors Herde ein sonderbarer weißer Stier.

> Klein zwar sind seine Hörner, doch könnte man meinen, sie seien / Künstlich gedrechselt, durchleuchtend erscheinen sie mehr noch als klares / Edelgestein; es wohnt auf der Stirn keine Drohung; das Auge / Schreckt nicht, die Miene ist friedlich. Es staunt die Tochter Agenors, / Wie er so prächtig stolziert und ohne mit Angriff zu drohen. / Aber so zahm er sich zeigt, sie scheut sich zuerst, ihn zu streicheln; / Doch bald naht sie und bietet Blumen dem glänzenden Haupte. / Freudig sieht's der Verliebte und küsst, bis sie kommt, die ersehnte / Wonne, die Hände des Mädchens: kaum kann er sich länger bezähmen. / Jetzt ist er spielerisch da und tänzelt im grünenden Grase, / Und jetzt

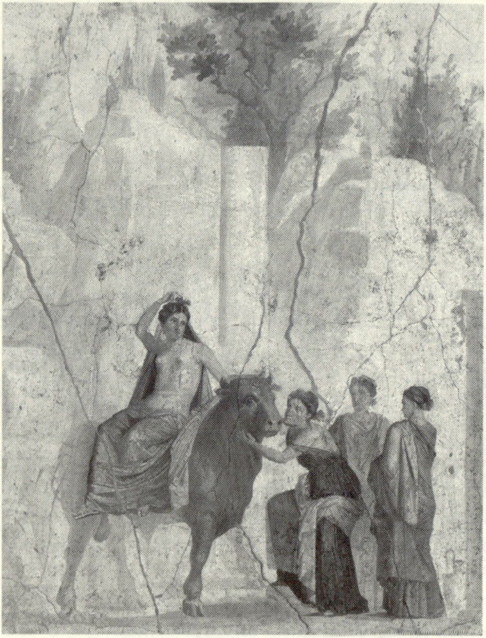

Europa und der Stier, 1. Jh. n. Chr.; Wandbild aus Pompeji; Neapel, Museo Archeologico Nazionale.

legt er den schneeigen Leib auf den gelblichen Sandstrand. (2,855–865)

Schließlich setzt sich Europa auf den Stier, der mit ihr die Küste verlässt. Es ist wahrscheinlich, dass Ovids Verse dem Wandgemälde aus Pompeji zugrunde liegen, zumal die Anweisung des Augustus aus dem Jahr 8 n. Chr., Ovids Werke aus den öffentlichen Bibliotheken zu entfernen, ohne nachhaltige Wirkung geblieben ist. Wie bei Ovid trägt der Stier auf dem Wandbild kleine Hörner. Er ist friedlich, wirkt vertrauenswürdig, und während Europa bereits auf dem Stier sitzt, liebkost ihn auf dem Gemälde eine ihrer Gefährtinnen an der Schnauze. Dass *Europa auf dem Stier* bereits lange vor Ovid ein Thema der Malerei gewesen ist, bezeugt das Vasenbild auf der folgenden Seite.

Was wird geschehen?

> Angstvoll bemerkt es die Jungfrau: sie schaut zurück nach der Küste, / Hält mit der Rechten umklammert ein Horn, auf dem Rücken des Stieres / Ruht die Linke; es flattert das Kleid und bauscht sich im Winde. (2,873–875)

Mit diesen drei Verszeilen endet bei Ovid die Geschichte der phrygischen Prinzessin Europa und des Jupiter-Stiers und auch das 2. Buch der *Metamorphosen*. Ist dieser abrupte Abschluss ein Beispiel für Ovids raffende Erzählweise, die bei den Lesern oder Hörern die Kenntnis des weiteren Verlaufs vorausgesetzt hat?

Ovid konnte wohl das Wissen voraussetzen, dass Europa nach Kreta entführt und hier vom rückverwandelten Jupiter (und nicht wie später Europas Schwiegertochter Pasiphaë von einem Stier) geschwängert wird. Der gemeinsame Sohn ist der kretische König und Feldherr Minos, dem sich Ovid allerdings erst ab dem 8. Buch widmet.

Die Lücke zwischen dem Ende des 2. Buchs und dem Beginn des 3. (Cadmus begibt sich auf die Suche nach seiner Schwester Europa) gab willkommenen Anlass zu vielfältigen allegorischen Deutungen vom französischen *Ovide moralisé* bis zu

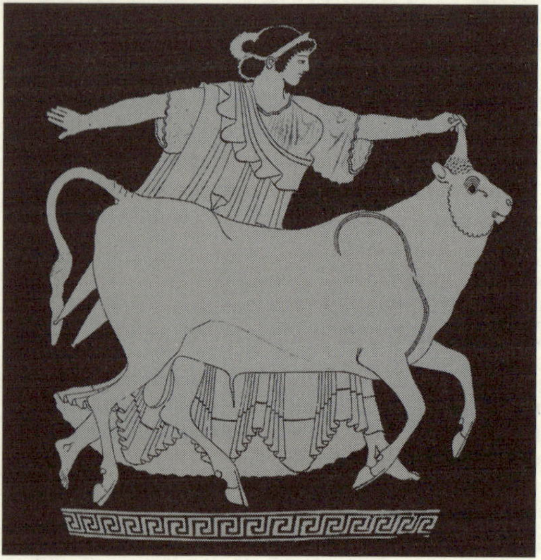

Die Entführung der Europa, rotfiguriges Vasenbild auf einem Krater, 5. Jh. v. Chr.; Tarquinia, Museo Nazionale Etrusco.

Karel van Manders *Auslegungen des Ovid*. Zu den zahlreichen neuzeitlichen Darstellungen der Europa auf dem Stier gehört Max Beckmanns Deutung der Entführung als Akt brutaler Gewalt.

Aus den 1630er Jahren stammen Rembrandts Gemälde mit Themen aus den *Metamorphosen*. Der eingangs zitierte Vers 2,873 liegt dem auf Holz gemalten Querformat *Die Entführung der Europa* (New York, Privatbesitz) zugrunde: Europa sitzt auf dem weißen Stier und wendet sich rückwärts der am Ufer versammelten Gesellschaft zu.

Drittes Buch

Erneut erweist sich Jupiter als unersättlicher Liebhaber, dessen verschiedene Geliebte von Juno, seiner Schwester und Gattin, meist bestraft werden. Soeben hat Jupiter die Prinzessin Europa entführt und auf Kreta geschwängert. Agenor, Europas ahnungsloser Vater, gibt dem Sohn Cadmus den Auftrag, die verschollene Schwester zu finden; andernfalls werde er aus Sidon verbannt. So geschieht es.

In Delphi wird Cadmus ein Orakel Apollos zuteil: Er werde von einer Kuh an einen Ort geführt, an dem er, der Heimatlose, eine Stadt errichten werde. Zuvor aber verliert Cadmus seine Gefährten: In einer Höhle werden sie Opfer eines schlangenförmigen Ungeheuers (S. 128). Cadmus tötet es und sät auf Minervas Anweisung die Zähne des Drachens in eine Ackerfurche. Aus ihnen wachsen Bewaffnete, die sich gegenseitig umbringen. Fünf der Krieger überleben. Mit ihnen errichtet Cadmus Theben, das er als König regiert. Aber bereits nach seinem Sieg über das dem Mars geweihte Untier hatte eine Stimme ihm prophezeit, dass er als Schlange enden werde (4. Buch).

Tiefe Trauer bereitet ihm der Tod des von seinen eigenen Hunden gejagten und zerfleischten Enkels Actaeon. Dieser hat Diana unverhüllt beim Baden betrachtet und wird zur Strafe in einen Hirsch verwandelt (S. 130).

Seit der Vereinigung Jupiters mit Europa, der Schwester des Cadmus, ist Juno dessen Familie feindselig gesinnt. So gefällt ihr auch das grässliche Ende des Actaeon. Und nachdem Jupiter in Theben Semele, eine Schwester der Europa, ebenfalls geschwängert hat, beschließt Juno, diese jüngste Nebenbuhlerin zu vernichten. Juno nimmt die Gestalt einer Greisin an und rät Semele, sich zu vergewissern, dass ihr Geliebter tatsächlich Jupiter und nicht nur dessen Nachahmer sei. Jupiter offenbart sich, und sein Anblick als Gott tötet Semele (S. 132). Der Embryo aus ihrem Leib wird in einen Schenkel Jupiters verpflanzt, »wenn man es glauben darf« (*si credere dignum est*; 3,311), und als das Kind zur Welt kommt, wird es von Semeles Schwester Ino, dann von den Nymphen vom Berg Nysa heimlich aufgezogen. Dieses Kind ist Bacchus.

In einem Gespräch mit Jupiter rächt sich Juno, die immer wieder Betrogene, zunächst als Vertreterin der weiblichen Erfahrung der Liebe. Junos Zorn trifft nun Tiresias, der sowohl als Mann wie auch als Frau die Liebe erlebt hat. Er pflichtet Jupiter bei, Liebe beglücke die Frau mehr als den Mann, und zur Strafe raubt ihm Juno das Augenlicht. Jupiter erhebt ihn als Trost zum blinden Seher. Seine erste Weissagung ist, der entzückende Knabe Narcissus werde ein hohes Alter erreichen, sofern er sich nicht egoistisch auf sich selbst beschränke. Doch genau daran geht Narcissus zugrunde und wird in die seinen Namen tragende Pflanze verwandelt. Auch die Nymphe Echo geht zugrunde, nachdem Narcissus sich ihrer Liebe entzieht und sich in das eigene Spiegelbild vernarrt hat. Echos Geschwätzigkeit hatte Juno in die Irre geführt, und zur Strafe büßte sie die Fähigkeit zu sprechen ein und konnte nur noch Gehörtes wiederholen. Ovid kontrastiert Echos Selbst-Losigkeit mit der Selbst-Befangenheit des Narcissus (S. 134) als Prototyp des Narzissmus (vgl. S. 88 ff.).

Tiresias prophezeit in Theben das Erscheinen des neuen, mit ekstatischen Mysterien verbundenen Gottes Bacchus und wird von Pentheus, einem Verächter aller Götter, verjagt. Schließlich wird Pentheus von Bacchantinnen, zu denen auch seine Mutter gehört, in Stücke gerissen (S. 136). Daraufhin besuchen die Frauen von Theben eifrig die neuen Mysterien und opfern Weihrauch an heiligen Altären. Was mit Frauen geschieht, die sich dem neuen Kult entziehen, schildert das folgende Buch.

Eingefügt ist in den letzten Teil der Pentheus-Tragödie der Bericht des lydischen Schiffers Acoetes über die Rache des Bacchus an den Schiffern, die von dem als mädchenhafter Jüngling auftretenden Gott als Beute behandelt und in Fische verwandelt werden. Acoetes sollte auf Befehl des Pentheus gefoltert und hingerichtet werden, doch ein Wunder rettete ihn: »die Tore sollen sich von selbst geöffnet haben und die Ketten seien, ohne dass jemand sie löste, von seinen Schultern geglitten«.

Drachentöter und Stadtgründer

> Sieh, da steht, vom Himmel geglitten, des Helden Patronin, / Pallas, vor ihm; sie befiehlt ihm, die Erde zu brechen, des Drachen / Zähne darein zu versenken zum Wachstum künftigen Volkes. (3,101–103)

Die Suche nach seiner verschwundenen, von Jupiter von Phrygien nach Kreta entführten Schwester Europa bringt Cadmus nach Böotien. Hier wird ihm einem Orakel des Apollo zufolge eine Kuh den Platz weisen, an dem er die Mauern einer neuen Stadt errichten soll. So gründet Cadmus Theben.

Zuvor muss er das Land von einem Drachen befreien. Dieses Ungeheuer hat in einer Höhle die Gefährten des Cadmus getötet. Dem Sieger befiehlt Pallas alias Athene bzw. Minerva, auf dem ihm gewiesenen Grund die Zähne des Drachen auszusäen. Cadmus zieht eine Furche und streut, wie befohlen, die Saat, aus der sein künftiges Volk erwachsen soll. Nun beginnen sich die Erdschollen zu bewegen, und es wachsen Helden heran. Diese bekämpfen sich, und im Bruderkrieg fallen die soeben aus der Erde Aufgestiegenen. Nur fünf überleben, und einer von ihnen wirft seine Waffen auf Befehl der Minerva zu Boden und stiftet Frieden. Die fünf unterstützen den Fremd-

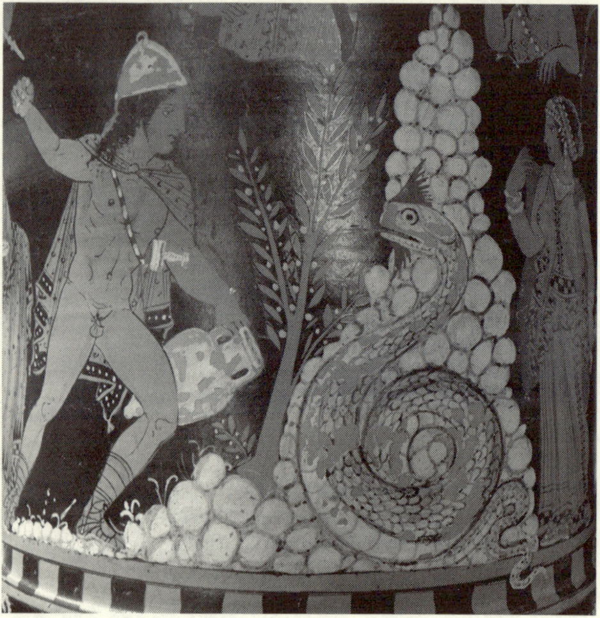

Cadmus, die Schlange des Mars und Minerva, um 350 v. Chr.; Vasenmalerei aus Paestum; Paris, Musée du Louvre.

ling aus Sidon, als er auf Geheiß des Apollo-Orakels Theben errichtet. Alles scheint Cadmus zu gelingen, doch ahnt er nicht, dass seiner (auf dem Vasenbild gezeigten) Heldentat ein Tier zum Opfer fällt, das dem Mars heilig ist. Er ahnt auch nicht, dass er selbst als Schlange enden wird. Zunächst lässt es Ovid bei einem Spruch der Weisheitslehre bewenden: Man müsse immer den letzten Tag eines Menschen abwarten, und keinen dürfe man vor seinem Tod und der Bestattung glücklich nennen.

Das Wachsen von Kriegern aus Drachenzähnen vergleicht Ovid mit dem vertikalen Entrollen figürlich bemalter Tücher im Theater: »Ebenso pflegen an festlichen Tagen die Bilder zu steigen, / Wenn im Theater der Vorhang sich hebt: die Gesichter erscheinen / Gleich zu Beginn, dann mählich das andre, bis langsam gehoben / Ganz die Figuren sich öffnen, die Füße am unteren Rande« (3,111–114).

Dianas Rache

> Als er die von den Wassern triefende Grotte betreten, / Schlugen die Nymphen, entblößt, wie sie waren, beim Anblick des Mannes / Sich an die Brust, und die Weite des Waldes erfüllte sich plötzlich / Mit ihrem lauten Geschrei und, dicht um Diana sich drängend, / Deckten sie sie mit den Leibern; die Göttin jedoch überragte, / Höher gewachsen als alle, um Haupteslänge die Nymphen. (3,177–182)

Den harmlosen Ausgangspunkt zu Actaeons schrecklichem Verhängnis schildert der Kupferstich von Jacques de Gheyn II.: Zufällig betritt der Enkel des Cadmus eine Grotte, in der ein mit Gras bewachsenes Ufer ein breites Becken säumt. Hier pflegt die Göttin der Wälder, vom Jagen ermattet, ihre jungfräulichen Glieder zu erfrischen. Als Actaeon sie beobachtet, gratuliert ihm Diana vorgeblich: »Jetzt darfst du erzählen, dass du mich unverhüllt gesehen hast – wenn du es noch erzählen kannst« (3,192 f.). Dies ist ihre ganze Drohung, und auf Actaeons Kopf wächst bereits ein Hirschgeweih. Noch hält er seine Hunde an der Leine. Doch als seine Tiergestalt vollendet ist, wird er zur Jagdbeute und fällt den gierigen Tieren zum Opfer.

Das Echo auf Actaeons Tod ist zwiespältig. Den einen er-

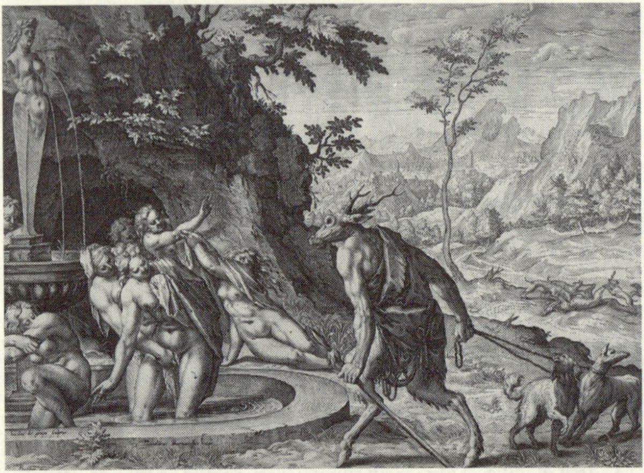

Jacques de Gheyn II., *Diana und Actaeon*, um 1590/1600; Kupferstich nach einem Gemälde von Theodor Barentz.

scheint Diana als über Gebühr grausam; andere loben sie als strenge Vertreterin der Jungfräulichkeit. Beide Parteien finden Gründe. Nur Jupiters Gattin äußert sich weder zustimmend noch ablehnend, sondern freut sich über das Unheil, das den Enkel des Cadmus ereilt hat. Denn ihren Hass auf Europa als Nebenfrau ihres Gatten überträgt sie im Sinne einer Sippenhaft auf deren Neffen.

Dieses Prinzip wendet sie auch an, als sich zu dem früheren Kummer ein neuer gesellt: Es tut ihr weh, dass Semele, die andere Tochter des Cadmus, nun ebenfalls vom Samen des großen Jupiter schwanger ist. Da Juno inzwischen weiß, dass Schmähungen nichts nützen, beschließt sie, Semele zu vernichten:

Und offen trägt sie ihren vollen Leib und damit ihr Vergehen zur Schau. Ausgerechnet durch Iuppiter will sie Mutter werden, was selbst mir kaum gelang! So viel bildet sie sich auf ihre Schönheit ein! Ich werde ihr einen Strich durch die Rechnung machen, und ich will nicht Saturnia heißen, wenn sie nicht von ihrem geliebten Iuppiter selbst zu den Wellen der Styx hinabgeschleudert wird. (3,268–272)

Davon handelt die folgende Erzählung.

Gewaltsame Frühgeburt

> Unreif wird aus dem Leib der Mutter das Kindlein gerissen, / Und man näht das zarte hinein in den Schenkel des Vaters, / Wenn man's zu glauben vermag: hier erfüllt es die Zeiten der Reife. (3,310–312)

Erneut richtet sich Junos Hass nicht gegen den Verführer, sondern gegen die Verführte. Diesmal ist es Semele, eine Tochter des Cadmus, die von Jupiter geschwängert wurde und nun büßen soll. Zu diesem Zweck verwandelt Juno sich in Semeles einstige Amme und gibt ihr den Rat, Jupiter um sein Erscheinen in all seiner göttlichen Größe und Herrlichkeit zu bitten. Nur so könne sie sich vergewissern, dass tatsächlich Jupiter und nicht einer der Götter, die fälschlich dessen Namen annehmen, der Vater ihres Kindes sei. Wie Juno es erwartet hat, geht Semeles Wunsch in Erfüllung und nimmt ihr das Leben.

> Heute ergreift er gewiss nicht die Flamme, mit der er den hundert- / Armigen Riesen Typhoeus erschlagen; die ist zu entsetzlich. / Sondern es gibt einen leichteren Blitz, dem die Hand der Cyclopen / Weniger rasendes Feuer verlieh und weniger Wüten: / »Zweites Gewaffen«, so sagt man im

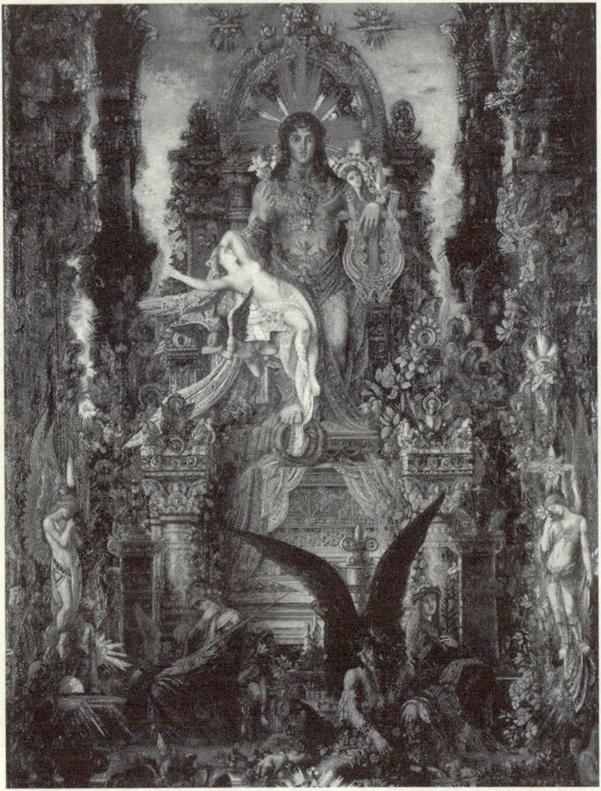

Gustave Moreau, *Jupiter und Semele*, 1896; Öl auf Leinwand, 213 × 118 cm; Paris, Musée Moreau.

> Himmel; das nimmt er. Agenors / Haus betritt er sodann; doch erträgt einer Sterblichen Körper / Nicht das Getöse des Himmels: er brennt von den bräutlichen Gaben. (3,303–309)

Davon handelt das Gemälde des Symbolisten Moreau. Gleichsam als Opfergabe ist Semele vor dem erhabenen Göttervater ausgebreitet.

Was Juno nicht verhindern kann, ist die Rettung des Kindes Bacchus (Liber), dessen Abstammung von Jupiter und sein Überleben als Embryo im Schenkel des Vaters von Ovid angezweifelt wird. Nach der Entbindung zieht Semeles Schwester Ino das Kind heimlich auf und übergibt es schließlich den Nymphen vom Berg Nysa, die es in ihren Grotten verstecken.

Sinnestäuschung

> Liegend am Boden erschaut er das Doppelgestirn seiner Augen, / Sieht seine Haare – sie hätten Apollo geziert oder Bacchus –, / Sieht die Wangen der Jugend, den Hals, der wie Elfenbein schimmert, / Seinen so zierlichen Mund die Farbe von Schnee und von Rosen. / Alles bewundert er jetzt, weshalb ihn die andern bewundern: / Sich begehrt er, der Tor, der Liebende ist der Geliebte, / Und der Ersehnte der Sehnende, Zunder zugleich und Entflammter. / Oh, wie küsst' er so oft – vergeblich! – die trügende Quelle, / Tauchte die Arme so oft in das Wasser, den Hals zu umschlingen, / Den er erschaut, und kann sich doch selbst im Gewässer nicht fassen. (3,420–429)

Das Gemälde von Nicolas Poussin widmet sich den beiden Protagonisten von zwei ursprünglich selbständigen Erzählungen: Die Nymphe Echo beobachtet den an einem Teich liegenden, sein Spiegelbild betrachtenden Jüngling Narcissus, Sohn der Nymphe Liriope und des Flussgotts Cephisus. Beide gehen

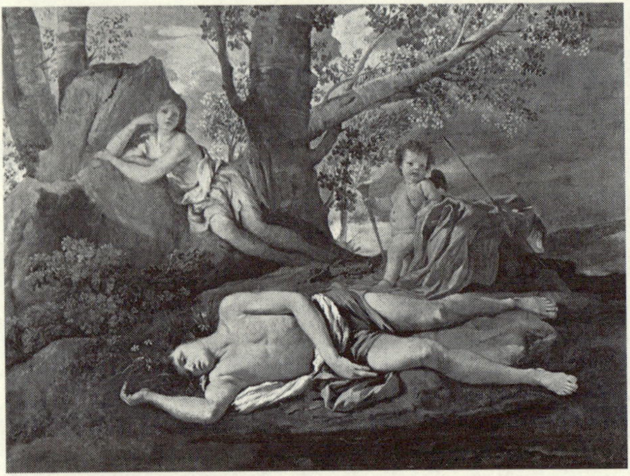

Nicolas Poussin, *Die Nymphe Echo*, um 1629; Öl auf Leinwand, 46,3 × 55 cm; New York, Museum of Modern Art.

an hoffnungsloser, weil fehlgeleiteter Liebe zugrunde. Bei Echo ist die Sprache verkümmert, die Nymphe kann nur noch bruchstückhaft wiederholen, was sie gehört hat. Narcissus fehlt die Empfänglichkeit für das Begehren, das er hervorruft. Beide Behinderungen sind Strafen, die von Göttern verhängt wurden: Echo hat Juno in ein Gespräch verwickelt, das die misstrauische Göttin daran gehindert hat, Jupiter bei einer seiner Liebschaften mit Nymphen in flagranti zu ertappen. Nun muss Echo für ihre Geschwätzigkeit büßen. Narcissus ist es – so der thebanische Seher Tiresias – verwehrt, sich selbst zu erkennen.

Der Sprachverlust der »Schwätzerin« hat zur Folge, dass alle Versuche, den Jüngling mit liebevollen Worten für sich zu gewinnen, ins Leere führen oder sogar das Gegenteil bewirken und Narcissus in die Flucht treiben. Die Verschmähte flieht in den Wald und lebt von nun an in einsamen Höhlen.

Echo ist nur eine von vielen in ihn verliebten Frauen, die Narcissus alle verschmäht hat. Als einer von jenen Männern, denen Narcissus aus dem Weg ging, seine Bestrafung erfleht, wird ihm recht gegeben: Nemesis, »die Göttin von Rhamnus« (3,406), verfügt, dass auch Narcissus in der Liebe nicht bekommt, wen oder was er begehrt.

So geschieht es. Denn als er im Wasser eines Teichs, an dem er sich ausgestreckt hat, sein Spiegelbild betrachtet, entzündet es sein heftiges Verlangen. Und zugleich verstößt er damit gegen das Gebot des Tiresias, sich nicht zu erkennen, andernfalls werde er jung sterben.

Das Spiegelbild ist zwar nur ein Trugbild, das keine Selbsterkenntnis erlaubt, doch es martert Narcissus und führt so zu seinem Tod aus Verzweiflung. Davon handelt das am Ende von Exkurs 2 (S. 88 ff.) wiedergegebene Gemälde von Salvador Dalí mit der Blume Narzisse als Metamorphose des Verstorbenen.

Raserei der Mänaden

> Schon ist er wund und ruft noch: »Autonoë, Schwester der Mutter, / Eile zu Hilfe! Du musst doch des toten Actaeon gedenken!« / Sie weiß nichts von Actaeon; dem Bittenden reißt sie den rechten / Arm aus dem Leib, und Ino zerfetzt und raubt ihm den linken. / Arme vermag der Unselige nicht mehr zur Mutter zu heben, / Sondern er zeigt den blutigen Stumpf, dem die Glieder entrissen. / »Mutter, so schau doch hierher!«, so ruft er. Es heulte Agaue, / Als sie es sah. Sie wirft den Kopf in den Nacken, die Haare / Flattern, sie reißt ihm das Haupt von den Schultern, umfängt es mit blut'gen / Fingern und schreit: »Gefährtinnen, Sieg! Ich hab ihn gewonnen!« (3,719–728)

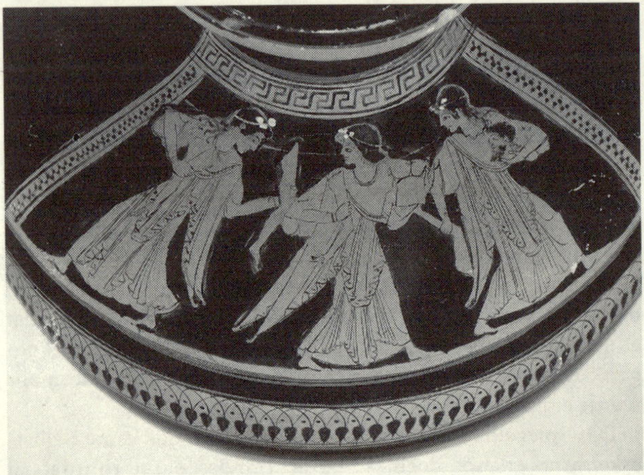

Der Tod des Pentheus auf einer attischen Hydria, um 500 v. Chr.; Staatliche Museen zu Berlin, Antikensammlung.

Nach Dianas Rache an Actaeon, einem Sohn der Autonoe und Enkel des Cadmus, trifft dessen Familie ein weiterer Schlag. Diesmal ist das Opfer Pentheus, als Sohn der Agaue ebenfalls ein Enkel des Cadmus und dessen Nachfolger als König von Theben. Die Gottheit, die ihn durch die eigene Mutter zugrunde richtet, ist Bacchus, der Sohn der Cadmus-Tochter Semele und des Jupiter. An der Zerstückelung des Pentheus ist Semeles Schwester Ino beteiligt.

Den Ausgangspunkt der Katastrophe bilden die geheimen orgiastischen Feiern thebanischer Frauen, als Mänaden mit Weinlaub bekränzt und bewaffnet mit Thyrsusstäben. Diesen an Wahnsinn grenzenden bacchantischen Kult will Pentheus verbieten.

Als er auf einer Bergwiese heimlich das Treiben der Mänaden beobachtet, entdeckt ihn als Erste seine Mutter, die ihn für den gefürchteten Eber hält. Während sie diesen zu besiegen glaubt, verwundet sie in Wirklichkeit ihren Sohn, der sich vergeblich als schuldig bekennt und in Stücke gerissen wird. Mit diesem abschreckenden Beispiel vor Augen, besuchen die Thebanerinnen eifrig die neuen Mysterien und opfern Weihrauch an heiligen Altären.

Wie die antiken Darstellungen der Ermordung des Pentheus in der Vasenmalerei, so steht auch Ovid in der Tradition einer drastischen Darstellung der Raserei der Mänaden. Gleichzeitig zielt er darüber hinaus auf eine literarische Sublimierung durch den Vergleich mit Vorgängen in der Natur: Der Wind reiße das vom herbstlichen Frost angegriffene Laub, das sich kaum noch an den Zweigen halte, kaum schneller vom hohen Baum herab, als die Glieder des Mannes von frevlerischen Händen zerrissen wurden.

Viertes Buch

In Theben, Stadt des Cadmus und Geburtsort des Bacchus, ist eines Tages für die Frauen verpflichtend, zu Ehren des neuen Gottes ihre häuslichen Arbeiten zu unterbrechen, sich die Brüste mit Fellen zu bedecken, sich zu bekränzen und mit wehendem Haar die belaubten Thyrsusstäbe zu ergreifen. Alle, die dieses Gebot missachten, wird Bacchus bestrafen – wie den Pentheus (S. 136).

Die Töchter des (von Ovid nach Theben versetzten) Königs Minyas entziehen sich dem Fest, denn sie bezweifeln, dass Jupiter der Erzeuger des Bacchus ist. Sie betätigen ihre Webstühle und unterhalten sich mit Liebesgeschichten.

Den Anfang macht Alcithoë. Ihre Erzählung spielt in Babylon und handelt vom Liebestod des Pyramus, an dessen Leichnam sich Thisbe das Leben nimmt (S. 140). Ein Zeichen der Trauer sind die ehemals weißen, nun aber schwarzen Früchte des Maulbeerbaums, unter dem Pyramus und Thisbe sich das Leben genommen haben. Eine gemeinsame Urne birgt die Reste ihrer Einäscherung.

Leuconoës Thema ist der Lichtgott Phoebus alias Sol, der den Ehebruch der Venus mit Mars (S. 143) dem betrogenen Vulcanus berichtet (S. 145), worauf dieser das Paar vor allen Göttern bloßstellt (S. 147). Doch auch den Sonnengott fesselt die Liebe zu Leucothoë, und er tut ihr Gewalt an. Dies erfährt ihr Vater und vergräbt sie. Der Sonnengott verwandelt den Leichnam in eine Staude, deren Spitzen den Grabhügel durchstoßen. Clytië, seine frühere Geliebte, verwandelt Sol in ein Veilchen.

Die Zuhörerinnen sind sich uneins über die Allmacht der Götter – zu denen Bacchus nicht zähle. Dieser bestraft sie. Nach der Erzählung über die Entstehung des Zwitters aus Salmacis und Hermaphroditus (S. 57) ertönt bei einbrechender

Dunkelheit Musik, die Webstühle treiben Blätter, die Kettfäden verwandeln sich in Weinranken, und Flammen lodern im Saal auf. Zugleich verwandeln sich die Töchter des Minyas in Fledermäuse, die das Tageslicht hassen.

Nun wendet sich Ovid wieder Juno zu. Ihr Zorn über Bacchus, den Enkel des Thebaners Cadmus, richtet sich nach dem Tod der Semele gegen deren Schwester Ino, die erste Beschützerin des neugeborenen Bacchus. Um Ino in den Wahnsinn zu treiben, beauftragt Juno in der Unterwelt die Furie bzw. Rachegöttin Tisiphone, im Palast des Cadmus Unheil zu stiften. Mit ihrem Sohn Melicertes stürzt Ino sich ins Meer, gefolgt von ihren durch Juno in Vögel verwandelten Gefährtinnen.

Cadmus und seine Frau Harmonia verlassen Theben und werden in Schlangen verwandelt, denn jenes von Cadmus getötete Ungeheuer (S. 128) war dem Mars heilig gewesen.

Ovids Erzählung handelt nun und im folgenden Buch von einem weiteren Sohn Jupiters und der Danaë (S. 149). Dieser geflügelte Perseus lässt sich beim Riesen Atlas am ummauerten Garten der Hesperiden nieder. Als sich Atlas, den ein Orakel vor Jupiters Sohn gewarnt hat, als feindlich erweist, verwandelt ihn Perseus mit dem Haupt der Medusa (S. 153) in ein Gebirge, auf dem von nun an das Himmelsgewölbe ruht.

Als Perseus über Aethiopien fliegt, entdeckt er die an einen Felsen gekettete Andromeda, die Tochter des Königs Cepheus. Er tötet den Drachen, der Andromeda verschlingen will, befreit (S. 151) und heiratet sie. Bei diesem Fest erzählt er von Medusa und wie er zu ihrem Haupt gelangt ist: Einst gelangte er zur Behausung der Gorgonen, zu denen die sterbliche Medusa gehörte, deren Blick Menschen und Tiere versteinert. Davor wird Perseus bewahrt, da sich Medusa in seinem glänzenden Schild spiegelt. Sie fällt in Schlaf und wird von Perseus enthauptet. Aus dem Blut der Medusa entspringt der geflügelte Pegasus. Nun gibt Perseus weiter, was er über den Ursprung von Medusas grässlichen Haaren aus Schlangen gehört hat: Einst wurde Medusa umworben. Verlockend war ihr wunderschönes Haar. Dieses verwandelte Minerva in furchterregendes Schlangenhaar, nachdem sich Neptun an Medusa vergangen hatte. Minerva selbst trägt nun dieses Schreckbild des Hauptes mit Schlangenhaaren auf ihrem Brustpanzer.

Liebestod

> Zwar erkennt sie den Ort, die vertrauten Formen des Baumes, / Aber die Farbe der Früchte verwirrt sie; sie schwankt: ist er's wirklich? / Während sie zaudert, bemerkt sie am blutigen Boden die Glieder / Zittern und zucken; da prallt sie zurück; ihr Gesicht wird noch bleicher / Als das Holz des Buchsbaums; sie schaudert, dem Meere vergleichbar, / Welches, von fächelnder Brise gestreift, an der Fläche erzittert. (4,131–136)

Statt sich an einem in Theben angeordneten Fest zu Ehren des Bacchus zu beteiligen, widmen sich die Töchter des Minyas ihrer häuslichen Arbeit am Webstuhl und vertreiben sich die Zeit mit allerlei dramatischen Liebesgeschichten. Den Anfang macht das Schicksal der Nachbarskinder Pyramus und Thisbe, deren Eltern sich ihrer Verbindung widersetzen. Heimlich verabreden die Liebenden ein nächtliches Treffen an einer Quelle vor der Stadt. Unterwegs begegnet Thisbe einer Löwin, die von der Jagd kommt und an der Quelle ihren Durst löschen will. Thisbe ergreift die Flucht, verliert aber ihren Schleier, den die Löwin zerreißt und mit dem Blut ihrer Beute befleckt. Als Pyramus die Quelle erreicht, entdeckt er die Spur der Löwin und den blutigen Schleier. Davon überzeugt, dass Thisbe dem Tier zum Opfer gefallen ist, tötet er sich mit dem Schwert. Als Thisbe zum Treffpunkt zurückkehrt, erblickt sie den toten Geliebten und nimmt sich ebenfalls das Leben.

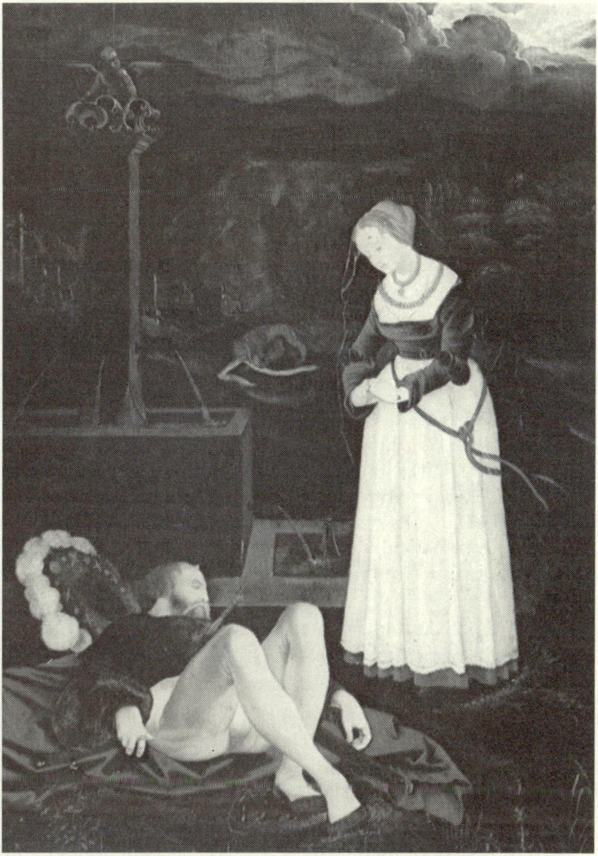

Hans Baldung, gen. Grien, *Pyramus und Thisbe,* um 1530; Öl auf Holz, 92,6 × 69,5 cm; Staatliche Museen zu Berlin, Gemäldegalerie.

Auch diese in Babylon lokalisierte Geschichte vom Unglück zweier Liebender gibt Ovid Gelegenheit, seinem generellen Thema der *Metamorphosen* treu zu bleiben. Hier handelt es sich um den Farbwandel der ursprünglich weißen Früchte des Baumes an jener Quelle, die nun schwarz sind, nachdem der Baum mit Blut bespritzt wurde.

Zur Wirkungsgeschichte der Erzählung gehören das Gemälde von Hans Baldung aus der Zeit der deutschen Aneignung des Ovid im Zeichen der Renaissance und die *Absurda Comica des Herrn Peter Squenz* von Andreas Gryphius im Genre des barocken Schimpfspiels (S. 36).

Göttliche Seitensprünge

> »Sol auch kannte die Liebe, der Gott, der mit himmlischem Lichte / Alles durchwaltet; wie dieser einst liebte, das will ich erzählen. / Er war der erste der Götter, so glaubt man, welcher der Venus / Liebe zu Mars, die verbotene, merkte: es sieht dieser Gott ja / Alles zuerst. Es kränkt ihn die Tat, und er meldet der Juno / Sohne, dem Gatten, wie sehr man und wo man sein Lager beleidigt.« (4,169–174)

Alcithoë, eine der drei Töchter des Minyas (durch Ovid von Orchomenos nach Theben als Ort der Bacchus-Feste versetzt), hat ihren Schwestern die Geschichte von Pyramus und Thisbe erzählt. Ihr gab sie den Vorrang vor der Geschichte über die Verwandlung der Tochter der Dercetis in einen Vogel, der nun seine letzten Lebensjahre auf hohen Türmen zubringt. Oder vor der Geschichte einer Najade, deren Gesang Männer in Fische verwandelte.

Nun ist Leuconoë an der Reihe. Sie erzählt vom Sonnengott Sol alias Phoebus Apollo, der die Liebelei zwischen Venus und Mars entdeckt hat. Venus ist mit dem hässlichen und alten

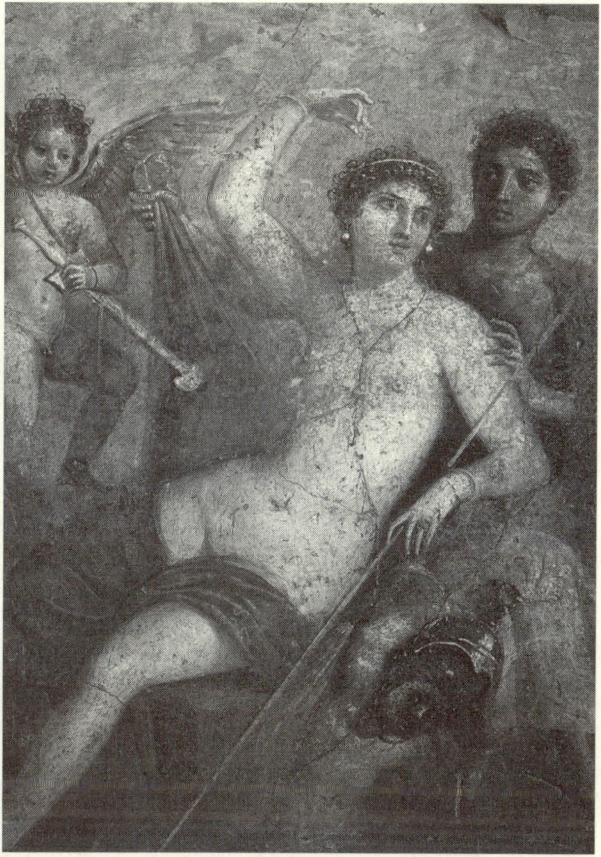

Venus und Mars auf einem pompejanischen Wandgemälde, um 70 n. Chr.; Neapel, Museo Archeologico Nazionale.

Schmiedegott Vulcanus verheiratet, einem Sohn der Juno. Dieser Liebesgeschichte huldigt das römische Wandgemälde aus Pompeji. Daran schließen sich die beiden folgenden neuzeitlichen Bilder an: Sol denunziert das Paar, und Vulcanus stellt es bloß.

Doch davon spricht Leuconoë fast nebenbei, denn ihr eigentliches Thema ist Sols eigenes Liebesleben. Seine erste Geliebte ist Clytië, eine Tochter des Oceanus und der Meeresgöttin Tethys. Doch nach seiner leidenschaftlichen Liebe verführt Sol die schöne Leucothoë. Wütend unterrichtet Clytië den Vater der Nebenbuhlerin über Sols Treuebruch und die Entehrung der Leucothoë. Obwohl diese beteuert, ihr sei von Sol Gewalt angetan worden, wird sie lebendig begraben und verwandelt sich in einen Weihrauchstrauch. Auch Clytië wird zu einer Pflanze: Als Veilchen wendet sie sich stets dem Licht ihres einstigen Geliebten zu.

Sol als Denunziant bei Vulcanus

> Dieser vergaß, was er schuf, und das Werk, das die künstliche Rechte / Hielt, es entfiel seiner Hand. Und sogleich gestaltet er feilend / Zierliche Ketten aus Erz und Netze und Schlingen: man sieht sie / Kaum: das Werk ist unübertrefflich, wie zarteste Fäden, / Wie die Gewebe der Spinne, die oben am Balken sich spannen, / Leichten Berührungen geben sie nach und leiser Bewegung. (4,175–180)

Wir kehren zurück zu Leuconoës Erzählung von Sols Entdeckung der Liebschaft der Venus mit Mars, über die er Junos Sohn Vulcanus unterrichtet. Davon handelt das Gemälde des spanischen Barockmeisters Diego Velázquez. Phoebus Apollo, den ein Strahlennimbus als Sonnengott ausweist, ist in die Werkstatt des Schmiedegotts eingetreten und gibt mit erhobe-

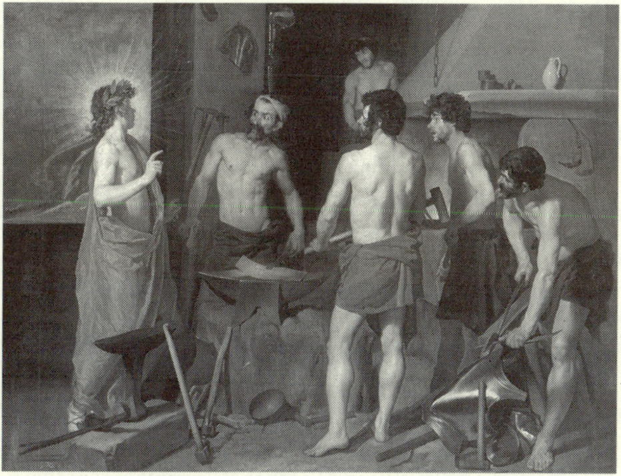

Diego Velázquez, *Phoebus* [alias Sol] *in der Schmiede des Vulcanus*, um 1630; Öl auf Leinwand, 223 × 290 cm; Madrid, Museo de Prado.

nem Zeigefinger sein geheimes Wissen preis. Ist der hinter seinem Amboss verschanzte Betrogene fassungslos? Zumindest geht er gleich ans Werk und fabriziert mit seinen Gesellen ein kaum sichtbares Netz, indem sich die Ehebrecher rettungslos verfangen werden.

Ein für die Kunst und Kultur des Barock aufschlussreiches Pendant zum Gemälde *Phoebus in der Schmiede des Vulcanus* ist das Gemälde *Josefs blutiger Rock wird zu Jakob gebracht* (Gen. 17,13 f.) von Velázquez aus den Jahren 1629/30. Die beiden Werke bezeugen, dass biblische und antike Themen gleichrangig behandelt wurden.

Homerisches Gelächter

> Also fein ist's gewirkt, und er legt sie kunstvoll ums Bette. / Jetzo kommt die Gemahlin mitsamt dem Buhlen zum Lager: / Doch durch des Mannes Geschick, durch die eben erfundenen Bande / Werden sie, während der Liebe sie pflegen, gefasst und gefesselt. / Alsbald öffnet der Lemnier die elfenbeinernen Türen, / Lässt die Götter hinein: da lagen die beiden gebunden, / Schmählich. Doch mancher der Götter – sie waren recht heiter –, er wünschte / Ähnliche Schmach zu erleiden; es lachten die Götter, und lange / Sprach man von keiner Geschichte so viel in den Hallen des Himmels. (4,181–189)

Ovids Erzählerin beendet den knappen Bericht über die Dreiecksgeschichte von Mars, Venus und Vulcanus mit dessen Erfolg, seine Frau und ihren Liebhaber mit einem schmiedeeisernen haarfeinen Netz auf ihrem Liebeslager zu fixieren und den Olympiern zu präsentieren. Zu ihnen gehören Juno und Jupiter, die Eltern der Brüder Mars und Vulcanus. Venus hat also den Gemahl mit ihrem Schwager betrogen. Dies mag neben der von Vulcanus konstruierten, durchaus reizvollen Falle ein Grund sein für das unbändige und bis heute sprichwörtliche homerische Gelächter. Der Begriff bezieht sich ursprünglich auf eine Szene, die den 1. Gesang der *Ilias* abschließt. Auch hier tritt der hinkende Hephaistos (Vulcanus) auf, allerdings nicht als Gehörnter: »Unauslöschliches Lachen entstand bei den seligen Göttern, / Als sie Hephaistos sahn, der durch die Gemächer umherschnob« (*Ilias* 1,599 f.).

Vulcanus wurde in der bildenden Kunst in diesem Sinn häufig lächerlich gemacht. Dies gilt nicht für das Gemälde des in Italien geschulten Holländers van Heemskerck, eines Vertreters der niederländischen Renaissance. Als lächerlich erweist sich Mars, der als stolzer Krieger selbst beim Liebesakt den Helm aufbehält.

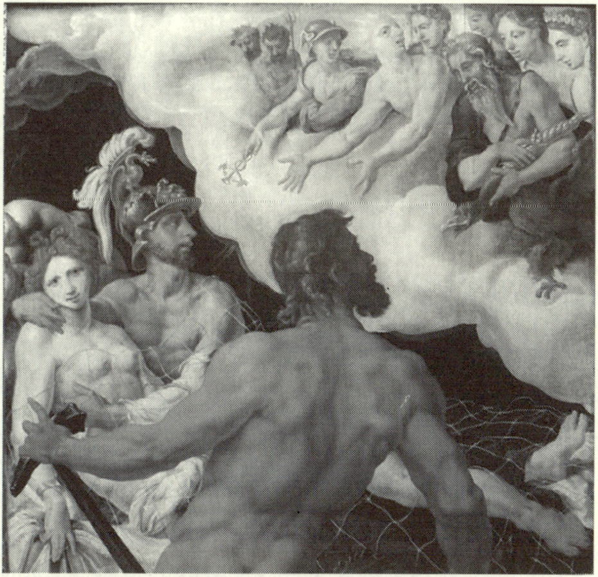

Maarten van Heemskerck, *Vulcanus zeigt den Göttern das im Netz gefangene Paar Venus und Mars*, 1540; Öl auf Leinwand, 96 × 89 cm; Wien, Kunsthistorisches Museum.

Die seltsam anmutende quadratische Komposition des Gemäldes mit Vulcanus als Halbfigur erklärt sich daher, dass es im unteren Bereich um ein Drittel beschnitten wurde.

Jupiter befruchtet als Goldregen

> Einzig des Abas Sohn, Acrisius, welcher demselben / Stamme entsprossen, versuchte noch immer, von Argos den Bacchus / Fernzuhalten und ihn zu bekriegen; denn dass er ein Gott sei, / Glaubte er nicht. Auch Perseus, den Danaë einst in dem goldnen / Regen empfangen, ihn hielt er nicht für Jupiters Sprössling. (4,607–611)

Im 4. Buch beginnt die Geschichte eines Helden, dessen Abstammung von Jupiter, wie bei Bacchus, mitunter angezweifelt wird, beispielsweise von Acrisius, dem König von Argos und Vater der Danaë. Er kann und will nicht glauben, dass die eingekerkerte Tochter geschwängert wurde. Denn er hatte alles getan, um ein Orakel zu entkräften, das prophezeite, sein Enkel werde ihn töten. Also durfte es keinen Enkel geben.

Die Kenntnis dieser Zusammenhänge setzt Ovid voraus. Denn die Geschichte der Danaë ist in dem griechischen Kompendium *Über die Götter* des Apollodoros von Athen aus dem 2. Jh. v. Chr. enthalten.

Ovid begnügt sich mit dem eingangs zitierten Zweifel an der Abstammung des Bacchus und des Perseus, der seinen göttlichen Status gegenüber den Eltern der an einen Felsen gefesselten Andromeda offenlegt und sich als Schwiegersohn empfiehlt. Er sei der Sohn der Prinzessin Danaë und des Jupiter, der sie in ihrem Verlies mit fruchtbarem Gold geschwängert habe. Eine Bestätigung steuert im 6. Buch die Bildweberin Arachne bei, die das Sündenregister der Götter darstellt, zu dem auch Jupiters Goldregen gehört.

Ovids Beschränkung der Geschichte der Danaë auf ihre Befruchtung durch den in flüssiges Gold verwandelten Jupiter gilt bereits in der antiken Danaë-Ikonographie, die im frühen Christentum eine Unterscheidung erlebte: Die nun stets bekleidete Danaë verkörperte als Präfiguration der Maria das

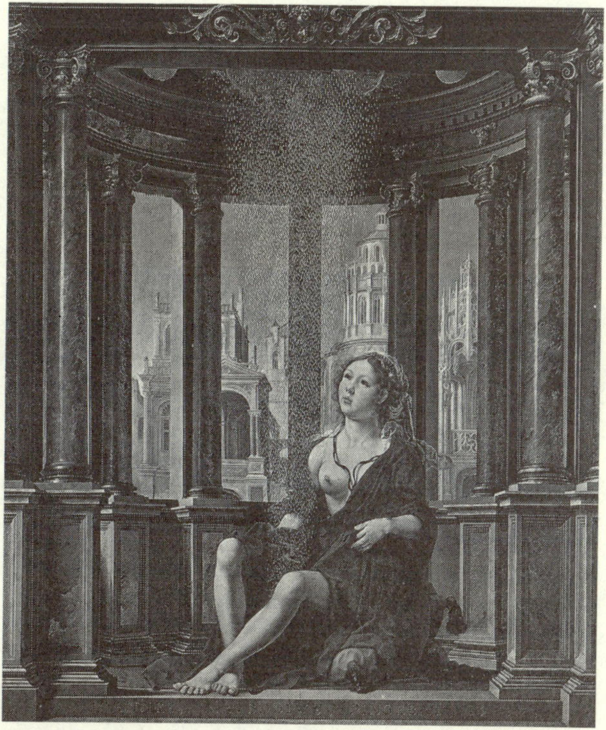

Jan Gossaert, *Danaë*, 1527; Öl auf Holz, 113,5 × 95 cm; München, Alte Pinakothek

göttliche Geheimnis der jungfräulichen Empfängnis, oder sie wurde zur Allegorie der käuflichen Liebe. Ersteres gehört zur Bedeutung des Gemäldes des zeitweise in Italien tätigen Niederländers Jan Gossaert, der das Verlies der Göttin in einen offenen Säulentempel verwandelt hat. In der Tradition der Marienbilder steht das blaue Gewand der himmelwärts blickenden und sitzenden, bald liegenden Danaë bei Correggio, Tizian und Rembrandt.

Liebe weckt Heldenmut

> Wie er sie unten erblickte, der Enkel des Abas, die Arme / Fest an die Klippen, die harten, gebunden – er hätte für Marmor- / Werk sie gehalten, doch rührte ein leichter Wind ihr die Haare, / Und es rannen die Tränen, die heißen –, da fängt er nichtsahnend / Feuer und staunt: ergriffen vom Bilde der herrlichen Schönheit / Hätte er fast in der Luft seine Federn zu rühren vergessen. (4,672–677)

Getragen von seinen geflügelten Sandalen, fliegt Perseus durch den Himmel. Dabei entdeckt er tief unter sich in Aethiopien eine Szene, die sein Erbarmen erregt: Ein grässliches Meeresungeheuer ist im Begriff, eine junge Frau zu töten, die als sein Opfer an einen Felsen gekettet ist. Perseus stürzt sich hinab zur Erde und verkündet den jammernden Eltern seine Bereitschaft, die Tochter zu retten; Andromeda büßt für den Stolz ihrer eitlen Mutter. Als Lohn soll Perseus Andromeda heiraten dürfen und ein Königreich regieren. Sein Kampfesmut wird von seiner Liebe zu Andromeda genährt. In diesem Sinne zeigt das Gemälde von Veronese Andromeda als schlangenförmig gewundene *figura serpentinata* mit teilweise entblößtem Körper.

Die nun folgende Heldentat des Perseus gibt Ovid die Gelegenheit zu einer ausgiebigen Schilderung des Kampfes, bei dem sich das inzwischen schwerverwundete Tier bald in die Luft erhebt, bald im Wasser verbirgt, bald um sich selbst dreht

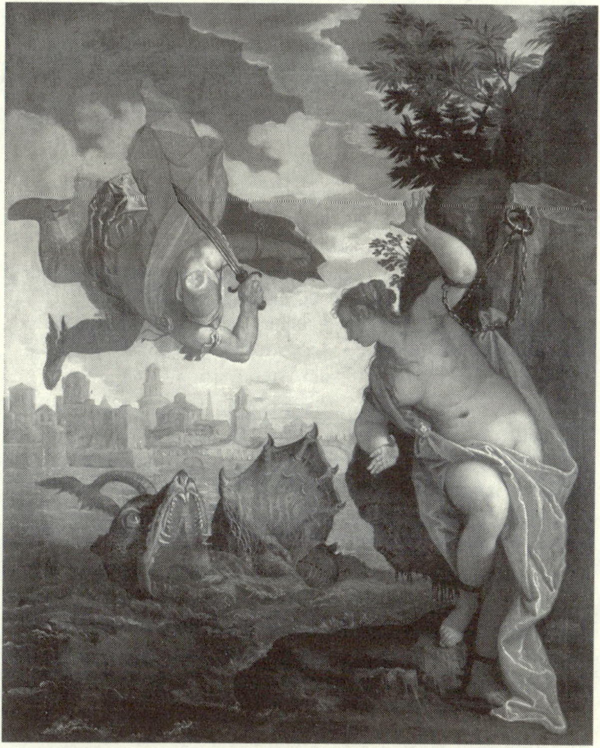

Veronese, *Perseus befreit Andromeda*, 1583; Öl auf Leinwand; Rennes, Musée des Beaux-Arts.

wie ein wilder Eber, den eine Meute von Hunden umringt und in Schrecken versetzt. Perseus aber entkommt den gierigen Bissen und sticht das Ungeheuer mit seinem Sichelschwert, wo es sich eine Blöße gibt, mal am Rücken, der mit Muscheln bewachsen ist, mal seitlich zwischen die Rippen, mal dort, wo der sich verjüngende Schwanz in eine Fischflosse übergeht.

Versteinerungen

> Wasser schöpft sich der Sieger und wäscht sich die Hände; das Schlangen- / Haupt der Meduse, es darf in dem körnigen Sande nicht leiden: / Darum bestreut er den Boden mit Blättern, er häuft aus dem Meere / Stammende Zweige und legt das Gesicht der Phorcynis darüber. / Siehe, die Zweige, die frischen, noch lebend vom saftigen Marke, / Spüren des schrecklichen Wesens Gewalt: die Berührung erstarrt sie, / Ungewöhnliche Härte durchdringt das Laub und die Äste. (4,740–746)

Bei Andromedas Rettung kommt das Haupt der Medusa, das Attribut des Perseus, nicht zur Geltung. Nun aber sorgt der Held am Strand dafür, dass das schlangenhaarige Haupt nicht durch den harten Sand beschädigt wird. Er polstert den Boden mit Seepflanzen aus und legt darauf das Haupt der Medusa. Durch die Berührung versteinern die eben noch lebendigen Stängel und Blätter. Die Meeresnymphen erproben diese Verwandlung an weiteren Zweigen und freuen sich darüber, dass ihnen dasselbe gelingt. Auch heute noch, so fügt Ovid in seine Erzählung ein, haben Korallen die Eigenschaft, bei der Berührung mit Luft zu erstarren, so dass, was im Wasser eine Pflanze war, über dem Wasserspiegel zu Stein wird. Von diesen Metamorphosen im Pflanzenreich berichtet im 15. Buch auch Pythagoras.

Bei seiner Hochzeit mit Andromeda schildert Perseus einer Gruppe neugieriger Männer von der Verwandlung, die zum Anblick der Medusa geführt hat. Sie war einst berühmt für ihre Schönheit und wurde von vielen eifersüchtigen Freiern um-

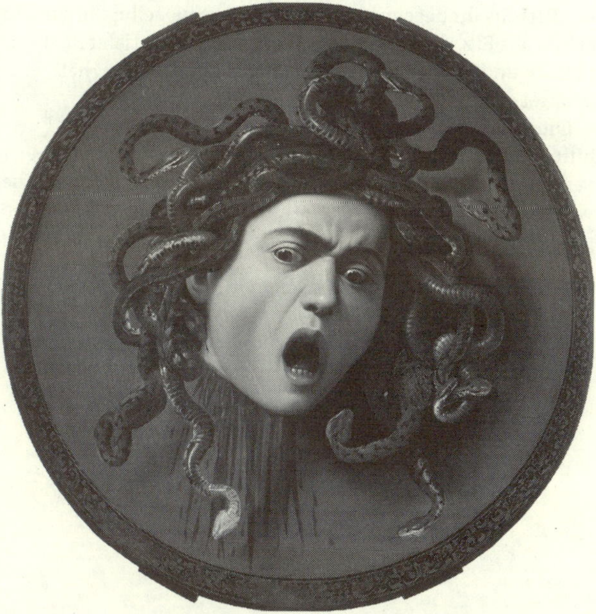

Caravaggio, *Haupt der Medusa*, 1597; Öl auf Leinwand auf Holz, 20 × 55 cm; Florenz, Uffizien.

worben. Doch Neptun soll sie im Tempel der Minerva geschändet haben, und Jupiters Tochter verwandelte die Haare der Medusa, die zu den Gorgonen gehörte, in Schlangen.

Und wie gelangte Perseus in den Besitz ihres Hauptes? Einst war er zum Wohnsitz der Gorgonen vorgedrungen. Auf seinem Weg habe er Standbilder von Menschen und Tieren gesehen, die von der Medusa in Steine verwandelt worden waren.

Als Perseus ihr begegnet, schützt ihn ihr Spiegelbild in seinem Schild aus Erz, den er in seiner Linken trägt. Als tiefer Schlummer sie und die Schlangen auf ihrem Kopf gefangen hält, enthauptet er sie.

Diese Trophäe behält ihre Kraft des Versteinerns und verhilft Perseus im Kampf mit dem Riesen Atlas zum Sieg. Der versteinerte Atlas wird zum Berg, der ins Unermessliche wächst und auf dem nun der Himmel mit all seinen Gestirnen ruht.

Fünftes Buch

Das neue Buch setzt das vorhergehende unmittelbar fort, denn nun dringen Phineus, der frühere Bräutigam Andromedas, und sein Gefolge in die Königshalle des Cepheus ein, um sich an Perseus für den Raub seiner Braut zu rächen. Es entstehen erbitterte Kämpfe, die Ovid in zahlreichen Details schildert. Zu den Waffen des Perseus gehört das Medusenhaupt, das jeden, der es anblickt, versteinert. Dies geschieht auch dem Phineus, nachdem er seine Schuld eingestanden hat.

Mit Andromeda kehrt Perseus in seine Heimatstadt zurück. Auf der Insel Seriphos verwandelt er seine Feinde Proetus und König Polydectes mit dem Haupt der Medusa zu Stein (S. 157).

Der zweite Teil des Buchs knüpft an die Perseus-Geschichte an: Pegasus ist bei Medusas Enthauptung aus deren Blut entstanden. Das so geborene Flügelross hat am Fuß des Helicon, der Heimat der neun sangeskundigen Musen, eine Quelle entspringen lassen (S. 160). Davon hat Minerva gehört und überzeugt sich mit Hilfe der Musen an Ort und Stelle von diesem »Gerücht« (*fama*).

Die Musen berichten von der Schandtat des thracischen Tyrannen Pyreneus, der sie in seinem Palast eingeschlossen hatte, um ihnen Gewalt anzutun. Doch die Musen konnten mit Flügeln entfliehen, und Pyreneus stürzte, beim Versuch, ihnen zu folgen, in den Tod.

Nun wird Minerva durch das Gezwitscher von neun Elstern überrascht. Sie erfährt von den Musen, dass diese kürzlich von den neun Töchtern des Pieros zum Wettkampf im Gesang herausgefordert wurden.

Zuerst boten die Pieriden ihre gotteslästerliche Version der Gigantomachie, nämlich die Flucht und Metamorphose der olympischen Götter.

Nun handelt Calliopes Gesang von Ceres, dem Raub ihrer

Tochter Proserpina durch Pluto (S. 162), Jupiters Entscheidung über die beiden Jahreshälften, in denen Proserpina zuerst mit Pluto in der Unterwelt herrscht (Augenzeugenbericht der Arethusa, S. 164) und dann zu Ceres zurückkehrt.

Ein köstliches Detail in Calliopes Gesang ist Jupiters Eingeständnis, dass Töchter sowohl eine Lust als auch eine Last sind. Damit will Jupiter Ceres über den Raub der gemeinsamen Tochter Proserpina hinwegtrösten. Zumal Pluto, der Räuber, sein Bruder ist und ein achtbarer Schwager sei. Doch falls Ceres darauf bestehe, dürfe Proserpina aus der Unterwelt zurückkehren, vorausgesetzt, sie habe in dem Garten, aus dem Pluto sie entführt hat, nichts verspeist. Doch in dem Garten stand ein Baum der Versuchung, von dem Proserpina einen Granatapfel pflückte und sieben seiner Kerne verspeiste. Dies verrät Ascalaphus und verhindert somit Proserpinas Rückkehr. Zur Strafe wird er in den Todesvogel Uhu verwandelt. Ceres' Trauer um ihre Tochter Proserpina beendet Jupiter, indem er das Jahr in Frühling und Sommer und Herbst und Winter teilt. Proserpina darf in der ersten Jahreshälfte mit ihrer Mutter Ceres auf der Erde sein.

Arethusa erzählt, von Ceres danach gefragt, davon, wie sie vor Alphëus geflohen ist und von einer Nymphe in eine Quelle verwandelt wurde.

Schließlich singt Calliope von der Verbreitung des Getreideanbaus durch Triptolemus, den Ceres beauftragt. In Scythien will König Lyncus Triptolemus töten, um selbst als Kulturbringer zu erscheinen. Ceres verwandelt Lyncus in einen Luchs, und Triptolemus kehrt nach Athen zurück.

Die durch Calliope vertretenen Musen werden von den Nymphen zu Siegerinnen im musikalischen Wettstreit erklärt, und als die Pieriden Schmähungen ausstoßen, werden sie zu geschwätzigen Elstern.

Von der Verwandlung der anmaßenden Töchter des Pieros

in Elstern handelt also das Ende des 5. Buchs. Das Leitthema der Erzählungen des 6. Buchs kommt bereits mit der Metamorphose der Pieriden zur Sprache, die für ihre Hybris büßen müssen: Die herausragende Textilkünstlerin Arachne wird zur Spinne, die stolze Mutter Niobe versteinert, die herzlosen lykischen Bauern werden Frösche, Marsyas unterliegt Apollo als Flötist, der Gewalttäter Tereus endet als Wiedehopf.

Einer Angabe Ovids zufolge bildeten die Bücher 1 bis 5 die erste der drei Buchrollen der *Metamorphosen*.

Bestrafung der Lügner

> Dich aber, o Polydectes, Gebieter des kleinen Seriphos, / Hatte nicht Heldentugend des Jünglings, die sich in so vielen / Mühen bewährte, nicht Unglück erweicht: du hassest noch immer / Hart, unerbittlich; das widerrechtliche Zürnen, es dauert. / Ja, du verkleinerst ihm gar noch den Ruhm: du behauptest, erfunden / Sei der Tod der Meduse. »Ich will dir die Wahrheit beweisen«, / Perseus ruft es. »Hinweg mit den Augen!«, und mit der Meduse / Antlitz versteint er des Königs Gesicht: es ist bleich und verhärtet. (5,242–249)

Ein weiteres Abenteuer erwartet Perseus auf der Insel Seriphos im Ägäischen Meer. Hier waren er und seine Mutter, ausgesetzt in einem hölzernen Kasten, gestrandet. Der Inselkönig Polydectes kümmerte sich zunächst um den Jungen, verfolgt den Helden Perseus später aber unerbittlich. Polydectes wird durch das Anblicken der Medusa getötet. Auch Ovid hat den Übeltäter Polydectes im Auge, denn er spricht ihn in den einleitend zitierten Versen unmittelbar an.

Polydectes erwies sich als schändlich, als er die Enthauptung der Medusa durch Perseus leugnete. Sie ist das Thema von Cellinis Bildwerk. Es zeigt Perseus in Siegerpose mit dem soeben

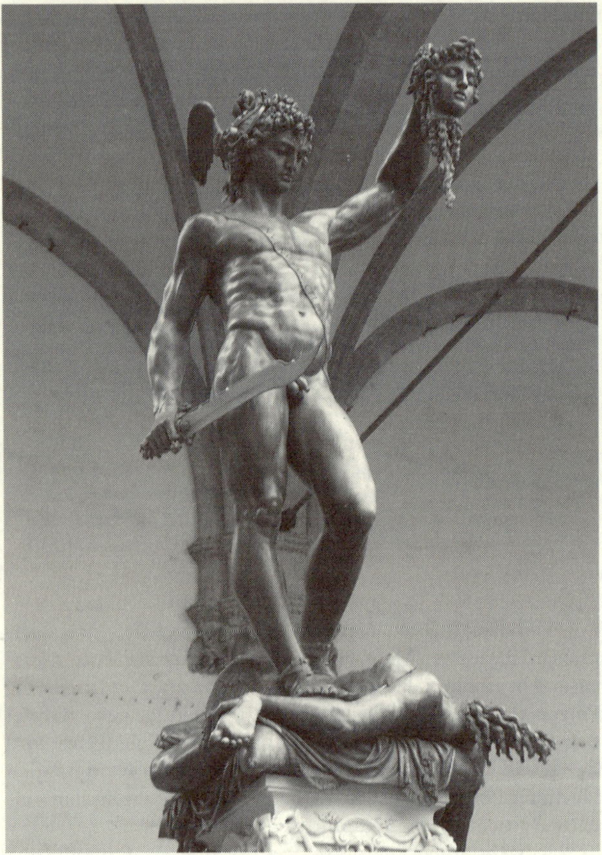

Benvenuto Cellini, *Perseus mit dem Haupt der Medusa*, 1545–54; Bronze; Florenz, Loggia dei Lanzi.

vom Rumpf getrennten Haupt des Ungeheuers in der erhobenen Linken. Cellini schuf eine mythologisch inszenierte Allegorie des Siegesbewusstseins. Sein Auftraggeber war der Erneuerer der Macht der Medici in Florenz, Cosimo I. Ein biblisches republikanisches Gegenstück aus dem 15. Jh. ist Donatellos Gruppe *Judith enthauptet Holofernes.*

Das Musenross

> Über dem Meer will sie [Minerva] Theben auf kürzestem Wege erreichen / Und das Gebirge der Mädchen, den Helicon. Als sie am Ziel war, / Machte sie halt und redete so zu den kundigen Schwestern: / »Kunde vernahm ich, es habe ein Quell sich, ein neuer, gebildet, / Den mit dem Hufe erschloss das geflügelte Ross der Meduse. / Deshalb bin ich gekommen: ich wollte das Wunder betrachten; / Sah ich doch einst, wie das Ross sich erhob aus dem Blute der Mutter.« (5,253–259)

Am Ende des 4. Buchs hat Perseus einigen Gästen auf seiner Hochzeitsfeier mit Andromeda erzählt, dass aus dem Blut der von ihm enthaupteten Medusa das geflügelte Pferd Pegasus hervorgegangen sei. Davon hat Athene alias Minerva gehört und ebenso von einer neuen Quelle am Fuß des Helicon, auf dem die neun Musen thronen. Sie sind Minervas Ziel, und ihnen erklärt die Göttin, sie wolle das Wunder der Quelle sehen, die der harte Hufschlag des aus dem Blut der Medusa entstandenen Flügelpferdes entspringen ließ. Die Muse Urania bestätigt die Kunde von der Tat des Pegasus:

Die wenigen Verse, die Ovid an zwei Stellen dem Flügelpferd widmet, bezeugen sein selektives, gleichsam textökonomisches poetisches Verfahren. Denn ursprünglich gehört Pegasus zu den vieldeutigen Figuren einer bei Hesiod einsetzenden Überlieferung. In Homers *Ilias* kommt im 6. Gesang

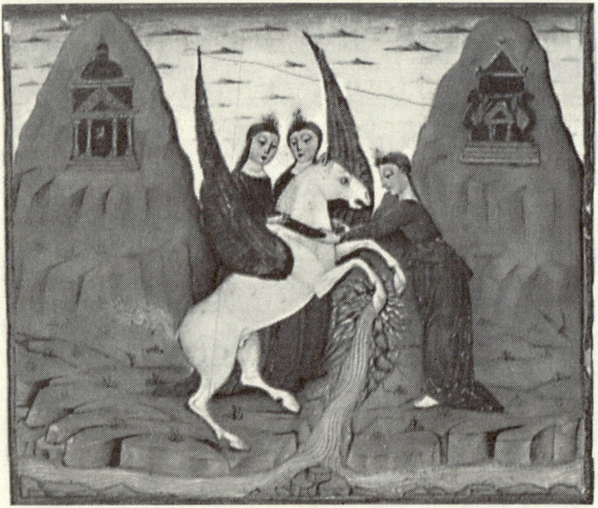

Hufschlag des Pegasus, 15. Jh.; Miniatur in einer Handschrift der Elegien des Properz, Tempera auf Pergament, Blattformat 25,5 × 16 cm; Rom, Bibliotheca Casanatenae, Ms. 915, fol. 2r.

der korinthische Prinz Bellerophon vor, der das geflügelte Pferd im Kampf gegen die Chimäre reitet, nachdem er es mit Hilfe der Athene alias Minerva gezähmt hat. Diesem Thema widmen sich zwei Reliefs aus Elfenbein an einem Kästchen aus dem Domschatz von Veroli (heute im Victoria and Albert Museum in London), einem Werk der byzantinischen Antikenrezeption im 10. Jh.

Sowohl die Bellerophon-Geschichte als auch die Rolle des Pegasus als Reittier des Perseus bei der Befreiung der Andromeda lässt Ovid außer Acht. Entscheidend auch für die Wirkungsgeschichte ist die Verbindung des Pegasus mit den Musen. Seine Darstellung an der wundertätigen Quelle Hippokrene am Musenberg Helicon neben dem Parnass in einer Ausgabe der Elegien des Properz zeigt das Tier als Symbol der poetischen Inspiration. Diese verliert ihre Würde durch die erzwungene Dienstbarkeit der Dichtung als Propaganda. Davon handelt Friedrich Schillers Ballade *Pegasus im Joch*.

Frauenraub

> Aber der Räuber beschleunigt die Fahrt, er stachelt die Rosse, / Jedes mit Namen benennend, er schüttelt um Nacken und Mähnen / Ihnen die Zügel, die dunkel mit Eisenstaube geschwärzt sind. / Seen durchstürmt er, tiefe, und über den Teich von Palice / Geht es hinweg – dort glüht ein Erdspalt und dunstet von Schwefel – […]. (5,402–406)

Wie die anmaßenden Pieriden besingt auch Calliope die Gigantomachie, allerdings nicht die angebliche Flucht der olympischen Götter nach Ägypten, sondern den Sturz der Himmelsstürmer. Auf den Giganten Typhoeus türmt sich nun der Aetna, und sobald Typhoeus versucht, sich von dieser Last zu befreien, bebt die Erde. Pluto, der Herr der Unterwelt, befürchtet, durch diese Erschütterungen könnten Risse im Erdboden entstehen, durch die Licht in die Tiefe dringt und die hier hausenden Schatten erschreckt. Aus Sorge um das Wohl seiner Untertanen hat Pluto sein finsteres Reich verlassen und ist in einem Wagen rings um Sizilien gefahren.

Während Pluto sich von seiner Sorge befreit, klagt Venus ihrem Sohn Cupido ihr Leid angesichts der Grenzen ihres Reichs. Warum fehlt ihr immer noch die Unterwelt, will Venus von Cupido wissen:

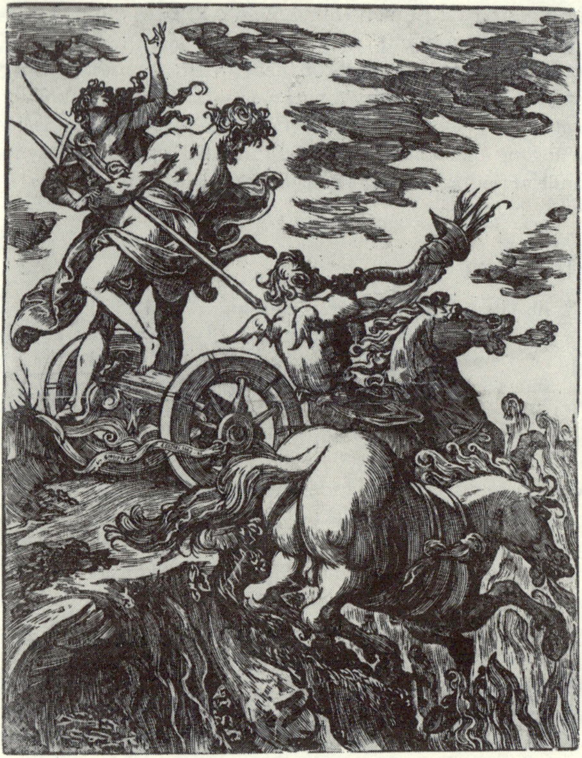

Giuseppe Scolari, *Der Raub der Proserpina*, um 1600; Holzschnitt.

Wieso erweiterst du nicht das Reich deiner Mutter, dein Reich? Es geht um ein Drittel der Welt! Dabei werden wir im Himmel verschmäht – so geduldig sind wir schon geworden! –, und man beschneidet meine und Amors Macht! Siehst du nicht, dass Pallas [Minerva] und die Jägerin Diana sich mir entzogen haben? Auch die Tochter der Ceres wird Jungfrau bleiben, wenn wir uns das gefallen lassen; sie spielt nämlich auch schon mit solchen Gedanken. (5,371–377).

Um dem vorzubeugen, wird zunächst Pluto das Ziel eines Liebespfeils. Und kaum hat er Proserpina erblickt, begehrt und entführt er sie.

Davon handelt die diagonal komponierte Graphik des in Venedig in den Techniken des Holzschnitts und des Holzstichs tätigen Giuseppe Scolari. Pluto hat Proserpina gepackt und springt mit ihr auf seinen Wagen. Ein Geselle aus der Unterwelt treibt die Pferde an, und sie stürzen sich mit ihrem Gefährt in den Erdspalt, der sich vor ihnen öffnet.

König und Königin in der Unterwelt

> Jupiter sagte: »Gemeinsamer Liebling, gemeinsame Bürde / Ist sie, die Tochter, für mich und für dich. Doch darf man die Dinge / Wahr und richtig benennen, so hat er die Tat nicht im Frevel, / Sondern aus Liebe begangen. Auch macht uns der Eidam nicht Schande.« (5,523–526)

Der Auseinandersetzung zwischen Ceres und ihrem Bruder Jupiter über die gemeinsame Tochter Proserpina, die der Vater als »Lust und Last« empfindet (Übers. M. von Albrecht), geht die ausgedehnte Suche der Ceres nach der verschwundenen Tochter voraus. Dabei verwendet Ovid eine bis heute gebräuchliche Formel, die in der Prosaübersetzung von Albrechts lautet: »Es würde zu weit führen, zu berichten, welche Länder und welche Meere die Göttin durchirrt hat. Für ihre Suche war die Welt zu klein« (5,462 f.). Schließlich erfährt Ceres von der

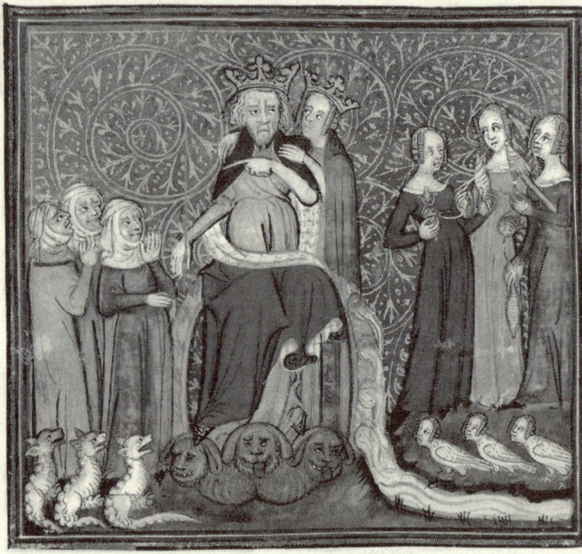

Pluto und Proserpina, Ende 14. Jh.; Miniatur in einer Pariser Ausgabe der französischen Übersetzung *Les Métamorphoses d'Ovide*, Tempera auf Pergament, Blattformat 40 × 29 cm; Rom, Biblioteca Apostolica Vaticana, Reg. lat. 1480, fol. 117 recto.

Nymphe Arethusa, die vor dem Flussgott Alpheus unterirdisch von der Peloponnes bis Sizilien geflohen ist:

»Wie ich so gleite in stygischem Strudel tief unter der Erde, / Nehme ich deine Proserpina wahr mit den eigenen Augen. / Freilich, sie blickt noch düster, es wohnt noch der Schreck in den Zügen, / Aber sie ist doch Fürstin, sie ist doch die größte der Schatten- / Welt, sie ist doch die mächtige Gattin des Herrschers der Tiefe.« (5,504–508)

Dieses Herrscherpaar ist das Thema der Incipit-Miniatur zum 5. Buch der französischen Übersetzung der *Metamorphosen* aus dem 14. Jh. Zu Füßen des Pluto und der Proserpina kauert der dreiköpfige Höllenhund Cerberus, dem im 10. Buch Orpheus begegnen wird. Den Thron flankieren die drei Parzen, denen zufolge niemand die Unterwelt wieder verlassen kann. Gilt dies auch für Proserpina? Jupiter kommt der auf Scheidung der Tochter von Pluto drängenden Ceres entgegen, indem er das Jahr in zwei Hälften teilt: Im Frühling und Sommer ist Proserpina auf der Erde mit ihrer Mutter zusammen, im Herbst und Winter in der Unterwelt mit ihrem Gemahl.

Sechstes Buch

Dem Wettstreit im Gesang zwischen Sterblichen und Göttinnen folgt im 6. Buch zunächst ein Wettkampf in der Webkunst, zu dem die berühmte, aber aus einer Handwerkerfamilie stammende Arachne die als Greisin auftretende Minerva herausgefordert hat. Minervas Gewebe zeigt die zwölf himmlischen Gottheiten auf der Akropolis von Athen mit der königlichen Erscheinung Jupiters, mit Neptun, der die Stadt mit Wasser versorgt, und mit sich selbst, Minerva, als Kriegerin mit Helm, Schild und Lanze und mit der Entstehung des Olivenbaums. Dieser Glorifizierung der Götter widerspricht Arachnes Darstellung der Truggestalten insbesondere des Jupiter: Als Stier entführt er Europa; Leda ruht unter den Flügeln des Schwans, in den sich Jupiter verwandelt hat; als Satyr schwängert er Antiope mit den Zwillingen Amphion und Zethos; in der Gestalt des Amphitryon bemächtigt sich Jupiter der Alcmene und zeugt Hercules; als goldener Regen täuscht Jupiter Danaë; als Feuer die Aegina; als Hirte die Mnemosyne, welche die Musen als Jupiters Töchter gebiert. Als schillernde Schlange täuscht Jupiter Ceres. Doch Arachnes Weberei zeigt auch die Truggestalten weiterer Gottheiten: Neptun zeugt als Fluss Enipeus mit der Gemahlin des Aloeus zwei Söhne, und als Widder verführt er die Tochter des Bisaltes. Zornig zerreißt Minerva Arachnes Gewebe. Arachne büßt ihre Webarbeit durch die Verwandlung in eine Spinne (S. 169).

Die thebanische Königin Niobe, Mutter mehrerer Kinder, beansprucht mehr Verehrung als Latona, die lediglich zwei Kinder hat: die von Jupiter gezeugten Zwillinge Apollo und Diana. Diese töten die Söhne und Töchter Niobes (S. 171). Die Verzweifelte erstarrt zum Felsen, aus dem eine Quelle strömt. Sowohl Arachne als auch Niobe verkörpern die menschliche Hybris.

Niobes Bestrafung gibt Anlass, an Latonas Macht in der Vorzeit zu erinnern: Damals wurden in Lycien Bauern in Frösche verwandelt. Sie hatten Latona, die mit ihren Säuglingen vor Juno flüchtete, mit Gewalt daran gehindert, an einem Teich ihren Durst zu stillen.

Ein zweiter Bericht handelt von der Bestrafung des Satyrs Marsyas, der Apollo im Flötenspiel zu übertreffen glaubte (S. 173).

Nach diesen Rückblicken wendet sich das Volk gegenwärtigem Unheil zu. In Theben wird der Tod der Kinder des Amphion betrauert, während Niobe gehasst wird. Auch Pelops, der spätere Namensgeber des Peloponnes, tritt auf. Ihn hatte sein Vater Tantalus geschlachtet und den Göttern als Speise vorgesetzt, um ihre Allwissenheit zu prüfen. Sie fügen die Glieder des Knaben wieder zusammen, doch fehlt die linke Schulter; sie wird durch eine Schulter aus Elfenbein ersetzt.

Dieser Teil der Pelops-Sage genügt Ovid als Vorbereitung zur grauenvollen Sage des Tereus, dem sein Sohn Itys als Speise vorgesetzt wird, nachdem er dessen Tante Philomela geschändet hat. Die auf einer Tierfabel beruhende Erzählung ruft bei Ovid die Assoziation von *sex and crime* wach. Sie handelt von Tereus, dem König von Thracien, der als Dank für militärische Unterstützung von Pandion, dem König von Athen, dessen Tochter Procne zur Frau erhält. Doch kaum hat er Procnes Schwester Philomela erblickt, ergreift ihn lüsternes Verlangen. Tereus schließt sie in einem Stall ein, vergewaltigt sie und schneidet ihr die Zunge ab, um sie zum Schweigen zu zwingen. Es gelingt Philomela, die Untat des Tereus auf einem Gewebe ihrer Schwester mitzuteilen, und beide begehen grausame Rache, indem sie die Glieder des Itys, des Sohns von Procne und Tereus, diesem als Mahlzeit vorsetzen. Als Tereus die Schwestern jagt, wird er zum Wiedehopf, Procne zur Nachtigall im Wald und Philomela zur Schwalbe unterm Dach.

Die abschließende Erzählung des 6. Buchs handelt von Boreas, dem in Thrakien beheimateten geflügelten Gott des Nordwinds. Nachdem er vergeblich mit Schmeicheleien um Orithyia, die Tochter des Königs Erechtheus von Athen, geworben hat, greift er zur ihm vertrauten Gewalt und entführt sie. Gemeinsame Söhne sind die Argonauten Calais und Zetes, die mit Jason das Goldene Vlies erobern wollen. Davon handelt der Beginn des 7. Buchs.

Bestrafter Hochmut

> Pallas verstellt sich als Greisin: sie legt an die Schläfen sich falsche / Haare, ergraute, auch stützt ihr ein Stock die zitternden Glieder. / Alsdann beginnt sie zu sprechen: »Nicht lauter verächtliche Gaben / Bringt uns das höhere Alter: es kommt mit den Jahren Erfahrung! / Lass meinen Rat dir gefallen! Du magst in der Arbeit der Wolle / Unter den Menschen den Ruhm dir erwerben, die Beste zu heißen!« (6,26–31)

Die Illustration verbindet als simultane Darstellung den Beginn und das Ende der Erzählung von Arachne, die als Aufforderung zur Anerkennung hierarchischer Strukturen und als Warnung vor dem Jugendwahn immer wieder Aktualität gewonnen hat. Im Hintergrund ist Arachne eine Spinne in ihrem Netz. Sie wird von Pallas alias Minerva aufgesucht, welche die stolze Textilkünstlerin zur Besinnung bringen will. Bereits Arachnes Entgegnung bezeugt ihre hybride Egomanie, die zum sträflichen Wettkampf mit der Göttin führt:

> »Arm an Verstand, so kommst du daher, und geschwächt durch das Alter! / Wirklich, es schadet, zu lange zu leben! Der Tochter, der Schwieger- / Tochter, sofern du sie hast, ihnen predige solches Geschwätze! / Ich – ich besitze des

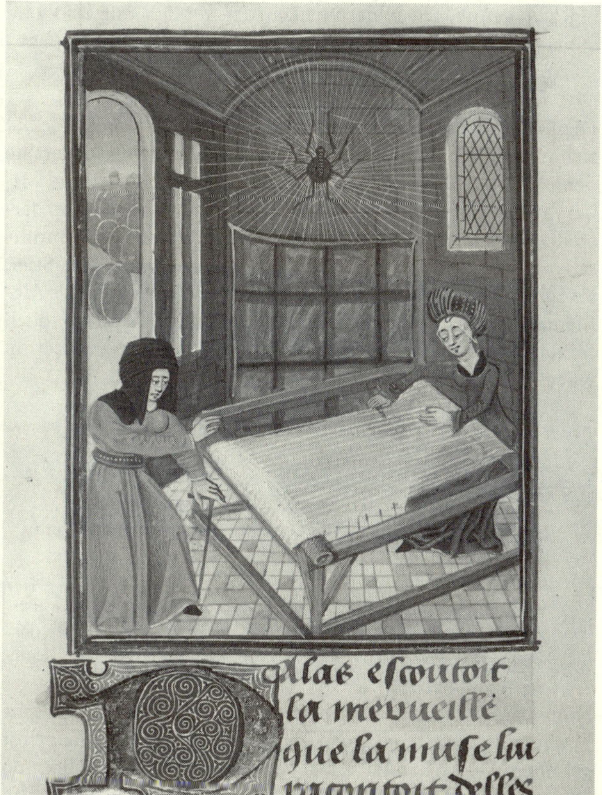

Arachne am Webstuhl und als Spinne, um 1450; Miniatur in einer illuminierten Handschrift der *Metamorphosen*; London, British Library, Ms. Royal 17, E IV, fol. 187 verso.

Rates genug. Du bilde dir nicht ein, / Mich mit Erfolg zu belehren: mein Standpunkt ist immer derselbe!« (6,37–41).

Die Lydierin Arachne ist die Tochter eines Wollfärbers. Sie hat sich in der Weberei hohes Ansehen erworben. Nun fordert sie den Wettkampf mit der Göttin am Webstuhl. Während Minerva die heroische Gruppe der zwölf olympischen Götter darstellt, widmet sich Arachne dem »Sündenregister der Himmlischen«, insbesondere den Truggestalten des Jupiter als Stier, als Schwan der Leda (von ihr ist nur hier die Rede) oder als Alcmenes Gatte Amphitryon. Künstlerisch siegt Arachne, doch Minerva zerstört ihr Werk und verwandelt sie in die weiterhin webende Spinne.

Blasphemischer Mutterstolz

Sechs der Töchter sind tot, verschiedenen Wunden erlegen, / Eine, die letzte, ist übrig: die Mutter beschützt sie mit ganzem / Leibe, mit ganzem Kleid und schreit: »Nur eine, die kleinste, / Lass mir! Von vielen verlang ich die kleinste, nur eine, nur eine!« / Während sie fleht, stürzt jene, für welche sie fleht, und verwaist jetzt / Sinkt sie zwischen die Leichen der Söhne, der Töchter, des Gatten. (6,297–302)

Niobe, die Königin von Theben, empört sich über die kultische Verehrung der Göttin Latona alias Leto, die eigentlich ihr selbst gebühre. Denn Latona habe nur zwei Kinder, Apollo und Diana, sie selbst aber sieben Söhne und sieben Töchter. Im Übrigen glaubt sie, ihr Erscheinungsbild sei dem einer Göttin würdig. Niobes Stolz gründet sich auf ihre Kinder sowie die zukünftigen Schwiegertöchter und Schwiegersöhne. Falls sie ein Kind aus dieser Schar verlieren werde, sei sie noch lange

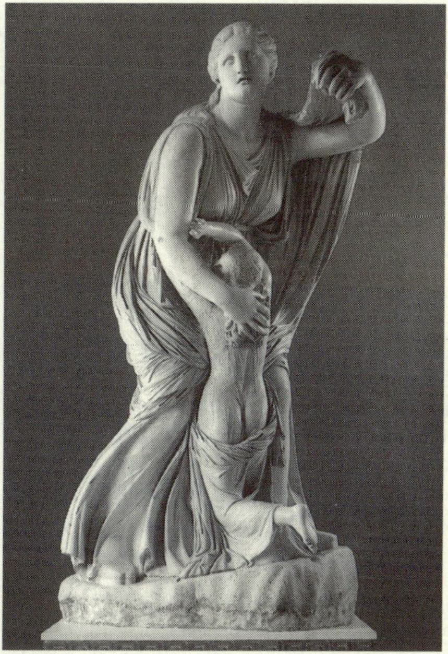

Niobe, aus dem 1. Jh. stammende römische Kopie eines hellenistischen Originals; Marmor, Höhe 228 cm; Florenz, Uffizien.

nicht so entblößt wie Latona, die sich mit ihren beiden Kindern kaum von Kinderlosen unterscheide.

Latona sieht sich geschmäht und ihrer Altäre beraubt. Diese Frevel vergelten ihre Kinder Apollo und Diana mit Pfeil und Bogen, indem sie Niobes vierzehn Kinder töten – für Ovid eine Gelegenheit, Szenen des Sterbens als Katharsis in Verse zu fassen. Ein Beispiel:

Da will eine den Pfeil, der im Leib ihr steckt, aus der Wunde / Zerren: gebeugt über einen der Brüder, erschlafft sie im Tode. / Während die zweite sich anschickt, die Mutter, die arme, zu trösten, / Muss sie plötzlich verstummen, gekrümmt von verborgener Wunde. (6,290–293)

Die Vorgeschichte von Ovids Niobe-Erzählung in den *Metamorphosen* reicht von Ovids (verschollener) Niobe-Tragödie zurück bis zu Versen im letzten Gesang von Homers *Ilias*.

Bestrafte Anmaßung

Während er schreit, wird die Haut ihm über die Glieder gerissen, / Und er ist nur eine Wunde: es rinnt ihm das Blut von dem Körper, / Bloß sind die Sehnen, enthüllt, die Adern vibrieren ihm ohne / Jegliche Haut; man könnte die Eingeweide, die zucken, / Zählen und auch in der Brust die deutlich schimmernden Fasern. (6,387–391)

Nach dem Wettstreit zwischen Arachne und Minerva, der Bestrafung Niobes sowie der lykischen Bauern befasst sich Ovid mit einem musikalischen Wettstreit, zu dem Apollo, der Meister im Lyra-Spiel, vom Satyr Marsyas herausgefordert wurde. Dieser glaubt, im Spiel auf der Rohrflöte, die Minerva weggeworfen hat, zur Vollkommenheit gelangt zu sein. Aber er unterliegt und wird zur Strafe von Apollo gehäutet.

Raffaels Darstellung dieses Martyriums (links Apollo mit der Lyra, rechts Marsyas, dem ein Skythe mit dem Messer die Haut abziehen soll) ist eines der insgesamt sechzehn Wand- und Deckengemälde der Stanza della Segnatura: mit der *Schule von Athen*, der *Disputa*, den *Kardinaltugenden* und dem *Parnass* als Allegorie der Poesie mit dem musizierenden Apoll und den neun Musen. Zugeordnet ist die Schändung des Marsyas

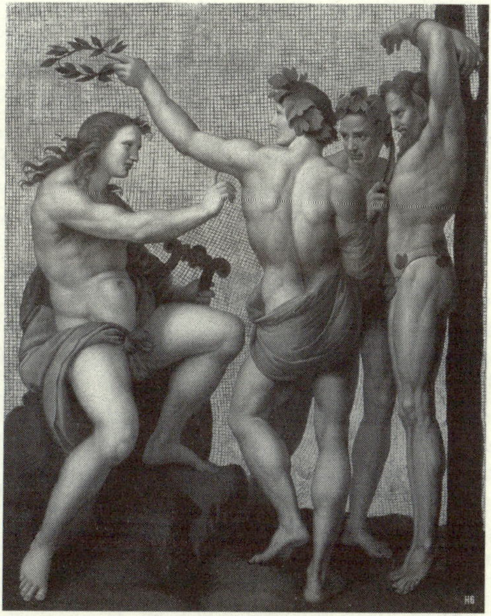

Raffael, *Apollo und Marsyas*, 1508; Fresko;
Rom, Vatikanischer Palast, Stanza della Segnatura.

als ein Thema des Ovid, der eigentlich als Figur in einer Gruppe links neben Apollo, bestehend aus Homer, Vergil und Dante, zu erwarten gewesen wäre.

In den *Metamorphosen* nimmt Ovid den Tod des Marsyas zum Anlass, den Gestaltwandel in der Natur zu schildern: um Marsyas weinen die Faune, die Waldgötter, und aus ihren Tränen entsteht ein Gewässer, das zwischen steilen abschüssigen Ufern als Phrygiens klarster Strom zur wilden See hinstrebt.

Siebtes Buch

Unter Jasons Führung gelangen die Argonauten nach Colchis. Sie verlangen von König Aeëtes das Goldene Vlies. Es wird ihnen zugesagt, sofern sie schwere Aufgaben lösen. Dies wird Jason gelingen, allerdings nur mit Hilfe der zu ihm in Liebe entbrannten Tochter des Königs, Medea, und ihrer Zauberkräfte und Kräuter. In einem Selbstgespräch ringt Medea mit dem Wunsch, ihre Familie und die als barbarisch empfundene Heimat zu verlassen und auf Jasons Dank zu vertrauen (S. 176). Medeas innerer Zwiespalt kommt in einer Weise zum Ausdruck, die Ovids Seelenkenntnis bezeugt. Ihr Konflikt, der sie später zum Kindermord als Rache am Treulosen treibt, ist wohl auch das zentrale Thema in Ovids verschollener Medea-Tragödie.

Medea befähigt also den geliebten Jason, einen Stier zu bezwingen, dafür zu sorgen, dass die aus der Erde auftauchenden Krieger sich gegenseitig töten (analog zu den Kriegern aus den von Cadmus gesäten Drachenzähnen am Beginn des 3. Buchs), den Drachen, der das Goldene Vlies bewacht, einzuschläfern und das Fell zu rauben. Mit ihrer Beute und mit Medea kehren die Argonauten nach Iolcus in Thessalien zurück.

Jasons Vater Aeson ist ein Greis, der dem Tod nahe ist, doch Jason bittet Medea, ihn mittels ihrer Zauberkräfte zu verjüngen. Medea folgt dem Wunsch und tauscht das verbrauchte Blut des Aeson gegen frisches aus.

Als nächste Tat rächt sich Medea an Pelias, einem Gegner Jasons, der einst Aeson entthront und Jason nach Colchis gesandt hatte. Medea überzeugt die Töchter des greisen Pelias, sie könne auch ihn verjüngen, doch müssten die Töchter dafür sein altes Blut aus seinem Körper entfernen. An diesem Mord beteiligt sich Medea und macht sich danach mit ihrem Gefährt aus geflügelten Schlangen aus dem Staub. Sie fliegt über Griechenland mit seinen unzähligen Schauplätzen von Verwandlungen. Medea sieht Latonas Insel Calaurea, deren König und Königin zu Vögeln wurden.

Nach der Vergiftung von Creusa, Jasons neuer Gattin, und der Ermordung der gemeinsamen Kinder (S. 179) kommt Medea nach Athen und heiratet König Aegeus. Dessen Sohn Theseus entgeht der Vergiftung durch Medea; sie entzieht sich seiner Rache, indem sie mit Zauberliedern Nebel aufsteigen lässt, um in diesem zu entschwinden. In Athen preisen Gesänge die Heldentaten des Theseus. Er hat den fürchterlichen Wegelagerer Sinis bezwungen, der Menschen zerriss, indem er sie zwischen zwei zur Erde gebogenen Bäumen befestigte.

Noch stehen Theseus weitere Heldentaten bevor: die Tötung des Minotaurus (8. Buch, S. 185), im selben Buch die Teilnahme an der calydonischen Eberjagd.

Der Schauplatz bleibt zunächst Athen. Hier wurde Androgeus ermordet, der Sohn des kretischen Königs Minos, der nun eine Streitmacht sammelt, um die Athener zu bestrafen. Doch Aeacus, der König der mit Athen verbündeten Insel Aegina, versagt Minos die militärische Gefolgschaft. Darin bestärkt ihn Cephalus mit Botschaften aus Athen, sowie der Verdacht, Minos strebe die Herrschaft über ganz Achaia an.

Es folgen Gespräche des Cephalus mit Aeacus und dessen Söhnen, zunächst über die einst von Juno über Aegina verhängte Pest, denn die Insel trägt den Namen einer Geliebten Jupiters. Damals träumte Aeacus von Ameisen und erkannte darin Jupiters Verheißung einer Erneuerung der Bevölkerung.

Den Abschluss bildet der Bericht über den von Cephalus, einem Geliebten der Aurora, verschuldeten Tod seiner Gattin Procris (darin eingebettet die Verwandlung von Jagdhund und Fuchs). Einst wurde Cephalus, der Gatte der wunderschönen Procris, von Aurora entführt, erhielt aber seine Freiheit zurück, verbunden mit der Sorge, ob Procris ihm während seiner Abwesenheit treu bleibe. Er stellt sie auf die Probe, und auf dieses Misstrauen reagiert Procris mit Enthaltsamkeit. Dies schürt seine Liebesglut, die ihn nun an eine imaginäre Geliebte mit Namen Aura bindet. Cephalus wird belauscht, als er diese anhimmelt, und Procris erfährt davon. Um sich Gewissheit zu verschaffen, belauscht sie den im Wald nach der Jagd ruhenden Cephalus. Dieser deutet das Geräusch, das Procris verursacht, als Annäherung eines Tiers und schleudert seinen Speer. Tödlich getroffen, stirbt Procris in seinen Armen. Ihre Miene ist im Sterben gelöst, denn ihre Eifersucht auf Aura war unbegründet.

Im Zwiespalt von Liebe und Vernunft

> Und wie ein winziger Funke, der tief in der Asche versteckt war, / Wenn ihm die Winde die Nahrung verleihen, aufs Neue hervorwächst / Und, gewaltig entfacht, in früherer Stärke emporloht, / So die Liebe Medeas: sie schien schon schwach und erloschen, / Aber sie loderte frisch beim Anblick des herrlichen Jünglings. / Denn er war wirklich noch schöner als sonst, gerade an jenem / Tage, der Sohn des Aeson: man mochte die Liebe verzeihen! / Und sie schaut! Wie wenn sie ihn jetzt erst sähe, so hält sie / Fest die Augen gebannt auf sein Antlitz: sie kann sie nicht lösen; / Denn sie vermeint, das Gesicht eines Gottes zu schauen, die Tolle! (7,78–88)

Ein Bestandteil der nach dem Schiff Argo benannten Argonautensage ist die Beziehung zwischen Jason, dem Anführer der Argonauten aus Jolcus in Thessalien, und Medea, der Tochter des Königs von Colchis (der heutigen Krim). Hier befindet sich das Goldene Vlies des als Sternbild Aries an den Himmel versetzten Widders. Dieses Fell zu rauben gelingt Jason mit Hilfe der zauberkundigen Medea. Ihre Selbstgespräche gehören zu

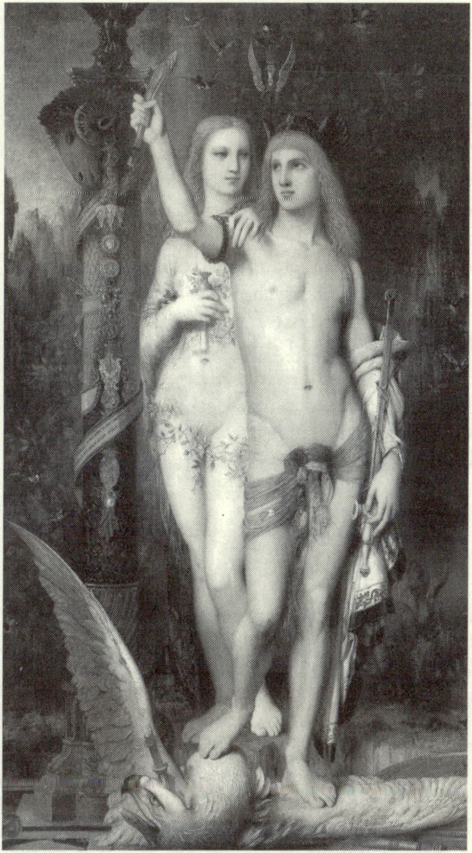

Gustave Moreau, *Jason und Medea*, 1865; Öl auf Leinwand, 204 × 115,5 cm; Paris, Musée du Louvre.

Ovids intensivsten Auseinandersetzungen mit der weiblichen Psyche. Bereits die erste Begegnung mit Jason hat Medeas Liebe zu dem Fremden entzündet, und nun kämpft sie mit dem Widerstreit zwischen Liebe und Vernunft.

Zu Jasons Heldentaten gehört der Kampf mit Kriegern, die – wie einst vor der Gründung von Theben – aus Drachenzähnen wachsen: »Und es wachsen die Zähne und werden zu neuen Gebilden. / Wie in dem Leibe der Mutter das Kind zur Gestalt eines Menschen« (7,124 f.).

Das Doppelbildnis, das der Symbolist Gustave Moreau in enger Anlehnung an Ovids psychologische Gestaltung geschaffen hat, gönnt Jason die Pose des selbstsicheren jugendlichen Helden, dem die schmiegsame Nähe seiner Begleiterin schmeichelt. Indem Medea ihre Linke auf seine Schulter legt, deutet sie ihren Wunsch an, von ihm Besitz zu ergreifen, und zögert zugleich, sich ihm als Liebende auszuliefern. Ungeachtet dessen gehört Medea zu der Beute, mit der Jason nach Thessalien zurückkehrt.

Die Rache der Zauberin

> Doch als die neue Vermählte mit colchischen Giften verbrannt ist, / Und man die Flammen des Schlosses auf beiden Meeren gesehn hat, / Netzt sie das gräuliche Schwert mit dem Blute der Söhne; die Mutter / Kann nach der schrecklichen Rache vor Iasons Waffen entweichen. (7,394–397)

Nachdem Jason mit dem Goldenen Vlies und mit Medea nach Jolcus zurückgekehrt ist, bittet er seine zauberkundige, barbarische Gefährtin um Hilfe für seinen altersschwachen, vom Bruder Pelias entmachteten Vater Aeson. Mit nächtlichen Zeremonien, magischen Gesängen und der Opferung eines Tieres gelingt eine Bluttransfusion, die Aeson verjüngt. Doch

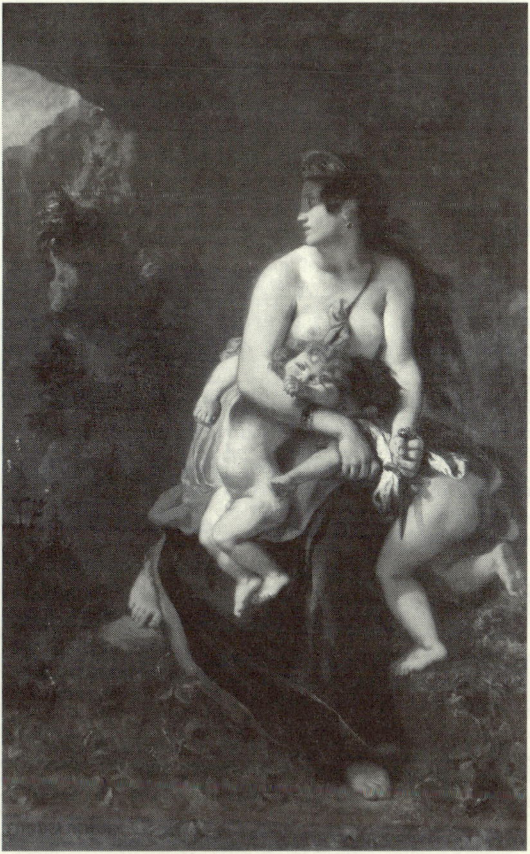

Eugène Delacroix, *Rasende Medea*, 1836; Öl auf Leinwand, 46 × 38 cm; Lille, Palais des Beaux-Arts.

Jason wird der Zauberin und Mutter seiner beiden Söhne überdrüssig. Er heiratet in Korinth die Tochter des Königs Kreon. Medeas standesgemäße Nachfolgerin Glauke oder Creusa wird Opfer eines brennenden Gewandes (Medea hat es ihr geschickt), dessen Flammen auch Kreons Palast zerstören. An Jason rächt sich Medea, indem sie die gemeinsamen Söhne tötet.

Ovids Beschäftigung mit Medea beginnt um 20 v. Chr., als er die Briefsammlung *Heroides* verfasst. Zu ihr gehört ein Brief der vereinsamten Medea an Jason. Seneca spricht vom »irren Ruf einer Tigerin«, die weder Liebe noch Wut bändigen kann. Diese Ambivalenz bringen auch die Darstellungen der »Rasenden Medea« zum Ausdruck, die den expressiven französischen Romantiker Delacroix wiederholt beschäftigt hat (erste Erwähnung in seinem Tagebuch 1824). Hier wendet sich Medea, die mit ihren Kindern in eine Höhle geflüchtet ist, nach Verfolgern um und hält ihre Waffe bereit, um dem Unheil durch den Todesstoß zuvorzukommen. Das ikonographische Gegenstück ist die Allegorie der Caritas bzw. der Mutter Erde mit zwei Kindern an der Brust.

Achtes Buch

Der Blick richtet sich wieder auf den Rachefeldzug des Minos. Er belagert Megara, das von Nisus regiert wird. Dessen Tochter Scylla betrachtet von einem Turm der Königsburg herab das feindliche Heerlager und verfällt in rasende Liebe zu Minos. In einem Selbstgespräch ringt Scylla um ihre Entscheidung zwischen Pflicht und Selbstbestimmung, zwischen Heimatliebe und Feindesliebe im Interesse des heimlich Begehrten. Sie fasst den Entschluss, dem von ihr begehrten Minos die Stadt auszuliefern. Dafür raubt sie ihrem Vater im Schlaf das Haar und tötet ihn, schleicht sich dann ins feindliche Lager und übergibt Minos als Zeichen ihrer Liebe das purpurne Haar des Nisus. Minos ist entsetzt, verschmäht sie und flieht nach der Eroberung Megaras. Scylla verhöhnt ihn als Ehemann der Pasiphaë, die ihn mit einem Stier betrogen hat, und stürzt sich ins Meer. Sie wird in einen Vogel verwandelt, den Nisus in Gestalt eines Fischadlers zerfleischt.

Nachdem Pasiphaës Sohn Minotaurus herangewachsen ist, schließt Minos ihn in einem von Daedalus konstruierten Labyrinth ein. Theseus tötet das Ungeheuer und findet mit Hilfe von Ariadne, der Tochter des Minos, den Weg zurück ins Freie (S. 185).

Theseus entführt Ariadne, lässt sie aber auf Naxos zurück. Hier vereinigt sich der aus Indien zurückkehrende Bacchus mit ihr (S. 187).

Um mit seinem Sohn Icarus vom meerumschlungenen Kreta zu fliehen, verbindet Daedalus mit Wachs Federn an seinen Armen zu Flügeln. Gemeinsam erheben sich Vater und Sohn über Wasser und Land (S. 189); doch Icarus nähert sich der Sonne, und das Wachs seiner Flügel schmilzt. Icarus stürzt ins Meer, und Daedalus wird auf Sizilien von König Cocalus aufgenommen. Zuvor hat Daedalus den Sohn in einem Grabhügel auf der Insel Icaria bei Samos beigesetzt. Dabei gab ein Vogel Zeichen der Genugtuung zu erkennen. Dies war Perdix, der in ein Rebhuhn verwandelte Neffe des Daedalus. Einst ein Erfinder, wurde er von seinem neiderfüllten Onkel in Athen von der Akropolis gestürzt. Minerva verwandelte ihn in das Rebhuhn, das am Boden lebt.

In Calydon im Nordwesten Griechenlands wütet ein riesiger Eber. Durch ihn rächt sich Diana für die Missachtung seitens der Menschen. Helden der nun stattfindenden calydonischen Jagd, an der auch Theseus teilnimmt, sind Meleagros (Meleager) und seine Geliebte Atalante (S. 198). Doch als Meleagros die beiden Brüder seiner Mutter tötet, opfert sie den Sohn und nimmt sich das Leben. Durch dieses Unheil ist Dianas Zorn besänftigt, und sie verwandelt Meleagros' verzweifelte Schwestern in Vögel.

Der Fluss Achelous, dessen Hochwasser die Heimkehr des Theseus nach Athen verzögert, schildert seinem Gast, wie seine Geliebte, schwanger und vom Vater deshalb ertränkt, durch Neptun in die Insel Perimele verwandelt wurde. Dem folgen die Erzählungen von Philemon und Baucis (S. 194 f.), die trotz ihrer Armut und im Gegensatz zu ihren wohlhabenden Nachbarn Jupiter und Mercur gastfreundlich bewirten. Zu den Gästen des Flussgottes Achelous gehört auch der namentlich nicht genannte Sohn des in der Unterwelt gemeinsam mit Sisyphus büßenden Frevlers Ixion. Sein Nachkomme lästert über die Erzählung vom Gestaltwandel, den die Götter angeblich bewirken können. Die Erzählung von Philemon und Baucis widerlegt nun den Spötter. Denn den Gestaltwandel erleben Philemon und Baucis bei ihrem gleichzeitigen Tod. Im Sterben werden sie von Jupiter und Mercur in Bäume verwandelt, die fortan eheliche Treue symbolisieren.

Der letzte Teil des 8. Buchs handelt von Formen des Gestaltwandels, dessen Vielfalt der Meeresgott Proteus verkörpert.

Neptun verwandelt Mestra, die Tochter des Erysichthon, in einen Angler, um sie vor ihrem hungrigen Vater zu schützen, der sie verkaufen will, und Achelous erinnert an seine einstige Vielgestalt, doch jetzt fehlt ihm eines seiner Hörner. Dies ist Gegenstand des beginnenden 9. Buchs.

Liebeswahn

> Du, der gesiegt hat durch meine Verschuldung, wie darfst du dieselbe / Schuld noch verfolgen? Es ist ein Verbrechen für Heimat und Vater, / Dir soll's Wohltat bedeuten! Gewiss, sie verdient dich als Gatten, / Die dich betrog und dazu den finsteren Stier mit dem Holzbild / Und ein Doppelwesen gebar! Ach, dringen die Klagen / Dir zu Ohren? Verwehen die Winde die nichtigen Worte, / Undankbarer, die Winde, die jetzt die Kiele dir treiben? (8,129–135)

Diese Verse beschreiben die Klage der Prinzessin Scylla, Tochter des Königs Nisus von Megara, über den Undank des Minos, dem sie ihre Heimatstadt ausgeliefert hat. Scylla verhöhnt auch dessen untreue Gattin Pasiphaë. Diese verbarg sich in einer von Daedalus gezimmerten Kuh-Attrappe, um sich von einem Stier des Neptun schwängern zu lassen. Sie gebar daraufhin Minotaurus.

Den Anfang der Geschichte bildet die Belagerung von Megara durch Minos, den von Jupiter gezeugten Sohn der Europa, nun König über Kreta. Ihn beobachtet Scylla von einem Turm aus und wird von heftigem Begehren ergriffen. Im Selbstgespräch fragt sie sich, ob sie den Krieg bedauern soll, durch den Minos zum Feind wurde, oder ob sie sich freuen soll, denn nur der Krieg führte sie mit ihm zusammen. Scylla wünscht, von Minos als Geisel genommen zu werden und den Krieg beenden zu können. Aber dies soll ohne seine Waffen geschehen. Dann wird er siegen, ohne Blut zu vergießen und ohne das

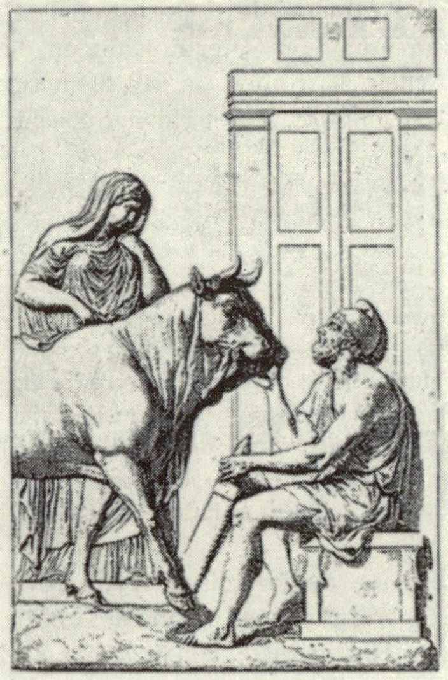

Daedalus und die Kuh der Pasiphaë; Kupferstich nach einem Relief aus dem 2. Jh. v. Chr. im Palazzo Spada in Rom.

eigene Leben aufs Spiel zu setzen. Und sie wird nicht mehr befürchten müssen, dass jemand ihn aus Versehen verwundet. Scyllas Entschluss ist gefasst: Sie wird sich selbst und die Stadt ausliefern sowie jeglichem Widerstand gegen ihre pazifistische Liebesutopie zuvorkommen, indem sie ihren Vater tötet.

Nachdem Minos die ihm geöffnete Stadt eingenommen hat, treibt den »Undankbaren« die Abscheu vor der Vatermörderin zur Flucht. Und die in einen Vogel verwandelte Scylla wird, während sie Minos einzuholen versucht, von ihrem Vater zerfleischt, der die Gestalt eines Fischadlers angenommen hat.

> Hier verschloss man die Doppelgestalt eines Stieres und Jünglings. / Zweimal ernährte sich schon von actaeischem Blut das Scheusal. / Nach neun Jahren bezwang man den Unhold. Es war, als die dritte / Schar der Erlosten erschien; man fand an dem Faden der Jungfrau / Wieder die schwierige Tür, die kein anderer zweimal durchschritten. (8,169–173)

Bei der Rückkehr des Minos nach Kreta wird der Ehebruch der Königin Pasiphaë, von dem bereits Ovids *Ars amatoria* handelt, offenkundig, nämlich in Gestalt ihres Sohnes Minotaurus, von Neptuns Stier gezeugt. Der entsetzte Minos be-

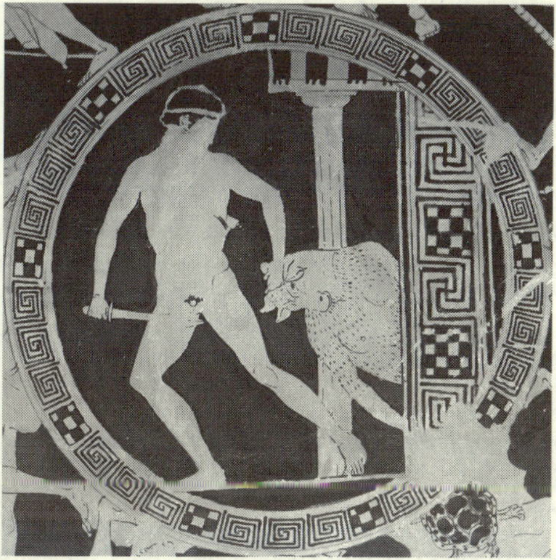

Theseus tötet den Minotaurus, Innenbild einer attischen rotfigurigen Trinkschale, 440–430 v. Chr.; London, British Museum.

schließt, dieses Mischwesen aus Mensch und Tier aus seinem Palast zu entfernen und in einem verzweigten Bauwerk einzusperren, das von dem für seinen Erfindungsgeist berühmten Daedalus erbaut wird. Die Struktur dieses Labyrinths vergleicht Ovid mit dem »mäandrierenden« Fluss Maeander im westlichen Kleinasien: wie Maeander mit »seinen klaren Wellen spielt und in zweideutigem Lauf hin- und herfließt, sich selbst begegnend die kommenden Wellen erblickt und bald zur Quelle, bald zum offenen Meer hin seinen Lauf lenkt, so füllt Daedalus unzählige Wege mit Irrsal – kaum konnte er selbst zur Schwelle zurückfinden; so trügerisch ist das Bauwerk« (8,162–168).

Das griechische Vasenbild aus dem 5. Jh. zeigt die (bei Ovid erste) Heldentat des Theseus alias Aegide, Sohn des Königs Aegeus auf Attika. Theseus dringt in das Labyrinth ein und tötet das Monstrum, dem Athen durch Losentscheid Menschenopfer bringen musste. Die kretische Prinzessin Ariadne, die Tochter des Minos und der Pasiphaë, war Zeugin der Befreiung von ihrem gefräßigen Halbbruder. Ihr verdankt Theseus die Rückkehr zum Tor des Labyrinths, das zuvor niemand jemals ein zweites Mal durchschreiten konnte. Theseus ist dem Faden gefolgt, den Ariadne am Eingang befestigt hatte.

Die Erhöhung der Ariadne

> Alsbald entführt der Aegide die Tochter des Minos; nach Dia / Setzt er die Segel und lässt die Genossin an jenem Gestade / Grausam zurück. Doch Liber gewährt der Verlassnen und kläglich / Jammernden Liebe und Hilfe. (8,174–177)

Nachdem der Athener Theseus, der Aegide, mit Hilfe des Fadens der Ariadne das Labyrinth unbeschadet verlassen hat, entführt er Ariadne auf die Insel Dia alias Naxos und verlässt

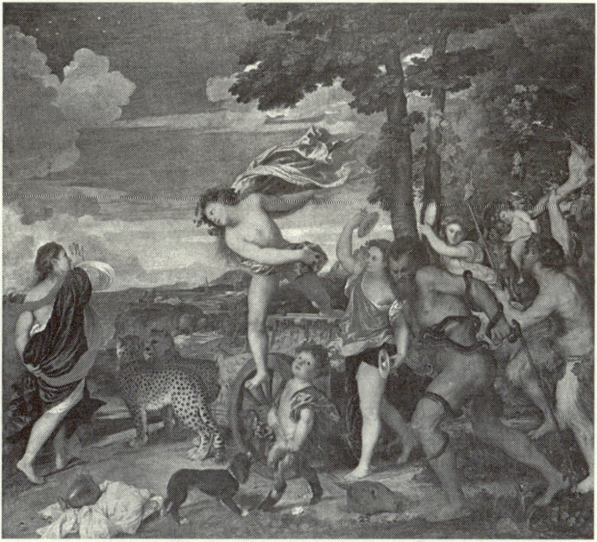

Tizian, *Bacchus und Ariadne*, 1523; Öl auf Leinwand, 175 × 190 cm; London, National Gallery.

sie. An seine Stelle tritt Liber alias Bacchus. Dieser ehrt Ariadne durch ein neues Gestirn: Er nimmt ihr die Krone vom Haupt und wirft diese in den Himmel. Im Flug verwandeln sich die Edelsteine in strahlende Feuer und stehen an dem Ort still, der sich in der Mitte zwischen dem »Knienden« und dem »Schlangenträger« befindet. Die Gestalt der Krone bleibt erhalten.

Eine zweite Version der Sage von Ariadne auf Naxos lautet: Zuerst verlässt auch Bacchus die schändlich betrogene Tochter des Minos und reist nach Indien. Zurückgekehrt, schließt er

Ariadne erneut in seine Arme. Dass Tizian diese zweite Begegnung als Thema gewählt hat, gibt das Gefolge des Bacchus zu erkennen. Er ist nun der im Orient gereifte Herr der ekstatisch zum Klang ihrer Zimbeln tanzenden Mänaden und der lüsternen bocksbeinigen Satyrn. Einer von diesen Gesellen ist von einer Schlange umwunden. Zwei Leoparden dienen Bacchus als Zugtiere. Tizians Gemälde variiert das Thema »Triumph des Bacchus«, dem sich auch das auf S. 67 abgebildete römische Mosaik widmet.

Das Vorbild der Vögel

> Daedalus war unterdessen vom Meer umschlossen. Er hasste / Creta und seine so lange Verbannung: ergriffen von Heimweh, / Rief er: »Er mag mir die Erde, er mag mir die Wellen versperren, / Aber der Himmel ist sicher mir offen: hier wollen wir fliehen! / Alles mag Minos besitzen, die Luft besitzt er mitnichten.« / Sprach's und versenkte den Geist in verborgene Künste, er neuert / Kühn die Natur. Denn er legt, mit der kleinsten beginnend, in Reihen / Federn und lässt auf die kürzeren stets die längeren folgen, / Just wie Gräser am Abhang; es baut sich die ländliche Flöte / Ebenso mählich empor aus Halmen verschiedener Länge. / Dann verbindet er sie mit Faden und Wachs in der Mitte / Und zuunterst und biegt sie in leichtester Krümmung: die Schwingen / Wirklicher Vögel gestaltet er nach. Es steht bei dem Vater/ Icarus, ahnungslos dass er tändelt mit seinem Verderben. (8,183–196)

Der geniale Daedalus aus Athen hat im Auftrag der kretischen Königin Pasiphaë und des Königs Minos seine bewundernswürdigen Fähigkeiten als Konstrukteur unter Beweis gestellt: Die Attrappe einer brünstigen Kuh und ein Bauwerk, aus dem es kein Entrinnen geben soll, sind seine Schöpfungen. Doch nun empfindet er die Insel Kreta, auf der er einst Zuflucht fand,

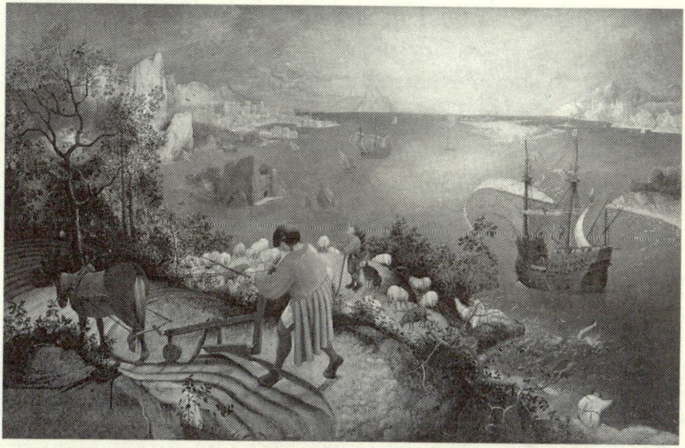

Pieter Bruegel d. Ä., *Landschaft mit dem Sturz des Icarus*, um 1555; Öl auf Leinwand, 73,5 × 112 cm; Brüssel, Musées Royaux des Beaux-Arts.

als Gefängnis. Daedalus ist sich bewusst, dass Minos ihm und seinem Sohn Icarus die Wege über das Land und das Meer versperren kann, doch die Luft bleibt der Gewalt des Königs entzogen.

Daedalus orientiert sich an den Vögeln und imitiert die Natur: Er legt Federn der Größe nach geordnet nebeneinander, bindet die Kiele in der Mitte mit Leinen und unten mit Wachs zusammen und krümmt sie leicht nach dem Vorbild der Vogelflügel.

Das oben wiedergegebene Gemälde von Pieter Bruegel hat den Charakter einer Weltlandschaft mit den Elementen Erde und Wasser, Gebirge, Tal und Küste aus der Vogelperspektive. Literarisch vorgegeben ist der Kontrast zwischen dem in die Freiheit gerichteten Himmelsflug des Daedalus mit ausgebreiteten Schwingen und dem Sturz des Icarus ins aufspritzende Wasser.

Von Ovid stammen auch die Figuren links im Vordergrund: Ein Angler am Ufer, ein Hirte mit Schafen und ein Bauer, der mit seinem vom Pferd gezogenen Pflug unbeirrt seine bildeinwärts gerichtete Bahn zieht. Einer, der mit seiner Angel »Fische fing, oder ein Hirte, der sich auf seinen Stab, oder ein Ackersmann, der sich auf seinen Pflug stützte«, sah Daedalus und Icarus und »war erstaunt, dass sie den Äther durchmessen konnten, hielt sie für Götter«.

Ovids Erzählung von der Flucht des Daedalus von Kreta beginnt mit der eingangs zitierten Sehnsucht nach der Heimat. Aber aus welchem Grund musste Daedalus Athen verlassen? Die Erklärung hängt mit einem Rebhuhn zusammen, das in Erscheinung tritt, als Daedalus seinen ins Meer gestürzten Sohn bestattet. In dieses Rebhuhn hat Minerva den zu Boden stürzenden Perdix verwandelt. Dieser war ein Neffe des bereits als Kunsthandwerker berühmten Daedalus, der seinen jungen Verwandten in die Lehre genommen und bald festgestellt hatte, dass Perdix ihn zu überflügeln drohte. Maßloser Zorn bewog Daedalus, den hoffnungsvollen Neffen von der Akropolis hinabzustoßen, doch im Flug rettete ihn Minerva und verwandelte ihn. Daedalus wurde in die Verbannung geschickt und von Athens Gegner Minos in Dienst genommen.

Ovids Erzählung endet mit der Ankunft des Daedalus auf Sizilien. Hier schützt König Cocalus ihn vor dem Verfolger Minos.

> Während er schafft und ermahnt, benetzen ihm Tränen die greisen / Augen, es beben die Hände des Vaters. Er küsst seinen Knaben / – Nie wieder wird er es tun –, und jetzt, von den Federn gehoben, / Fliegt er voran, voll Angst um den Sohn, dem Vogel vergleichbar, / Der aus dem Nest in der Höhe die zarte Brut in die Lüfte / Führt: er ermahnt ihn zu folgen und lehrt ihn die schädlichen Künste, / Selber schwingt er die Flügel und schaut nach den Schwingen des Knaben. (8,210–216)

Diese mit Fürsorge verbundene enge Beziehung eines Vaters zu seinem Sohn schildert Ovid bereits in der Einleitung zum 2. Buch der *Ars amatoria*: vergleichbar mit dem Vater Daedalus ist dort und im 8. Buch der *Metamorphosen* der Sonnengott Helios in der Vaterrolle. Beiden Söhnen wird jeweils die Willkür, mit der sie den Rat des Vaters außer Acht lassen, zum Verhängnis. Diese Gemeinsamkeit betont die auf S. 80 wiedergegebene Miniatur mit den am Boden liegenden Leichnamen des Icarus und des Phaëthon, über denen Ganymed vom Adler zum liebenden Jupiter gebracht wird.

Sowohl Phaëthon als auch Icarus setzen sich über das Gebot hinweg, sich in der Mitte zu halten. In der *Ars amatoria* rät Daedalus seinem Sohn: »Folge mir auf den Federn, die ich dir gebe; ich werde vorausfliegen; sei nur darauf bedacht, mir zu folgen, unter meiner Führung wirst du sicher sein« (*Ars amatoria* 2,57 f.).

Doch »als der Knabe an dem kühnen Flug Freude bekam, seinen Führer verließ und, vom Drang nach dem Himmel ergriffen, seinen Weg höher nahm«, da »macht die Nähe der zehrenden Sonne das duftende Wachs, die Fessel der Federn, weich. Hingeschmolzen war das Wachs; er rudert mit den nackten Armen, bekommt ohne sein Flugwerk keine Luft mehr zu fassen, und der Mund, der noch den Namen des Vaters

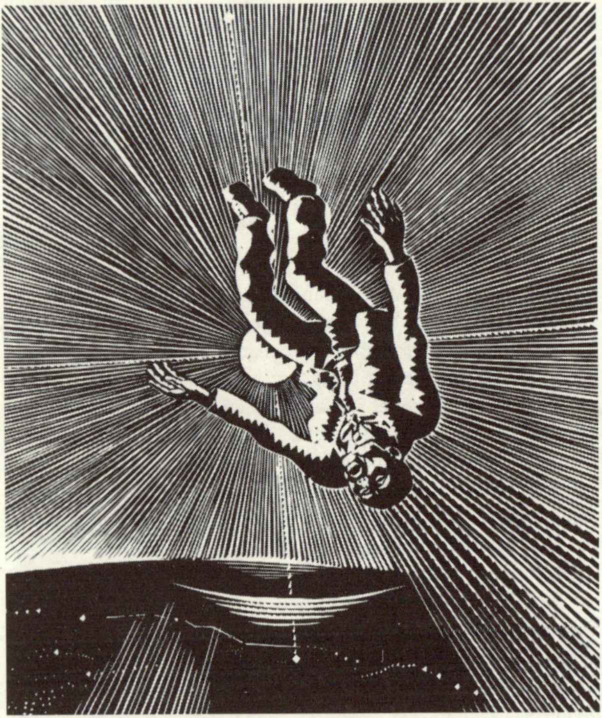

Wolfgang Mattheuer, *Hin ist er*, 1977; Holzschnitt, 49 × 43 cm.

hinausschreit, wird vom blauen Wasser verschlungen; es bekam von Icarus den Namen« (8,223–230).

Zur Wirkungsgeschichte der Sage gehört einerseits die Deutung des Daedalus als Prototyp des Erfinders, Konstrukteurs und Künstlers, der die Natur »kühn neuert«, und als Ahnherr von Universalgenies wie Leonardo da Vinci. Andererseits haftet an seiner Familiengeschichte (Tod des Perdix und des Icarus) der Zweifel am bedingungslosen, insbesondere technischen Fortschrittsglauben.

Welche Schlüsse zog Wolfgang Mattheuer aus der Geschichte des Icarus? Er war in den 1960er Jahren ein Vertreter der »Leipziger Schule«, die historische Themen und mythologische Figuren für die zeitgenössische Kunst zu erschließen suchte. Zu Mattheuers Icarus-Zyklus gehören Holzschnitte mit offenkundigen politischen Bezügen *Hin ist er* (1977), *Seltsamer Zwischenfall* (1980), *Flugversuche* (1985) und *Ikarus erhebt sich* (1990).

Ein Agnostiker wird widerlegt

> Jetzt verstummte der Strom, und es hatte das Wunderereignis / Alle bewegt. Nur der Sohn des Ixion, ein wilder Geselle / Und ein Verächter der Götter, verlachte den Glauben. »Erfindung / Ist es«, so rief er; »du hältst, Achelous, die Götter für allzu / Mächtig, wenn wirklich du meinst, sie geben und nehmen Gestalten.« / Alle erstarrten und billigten solcherlei Worte mitnichten. (8,611–616)

Während einer Überschwemmung befinden wir uns in der aus Bimsstein und Tuff erbauten, mit Moos, Muscheln und Purpurschnecken ausgestatteten Behausung des Flussgottes Achelous, bei dem mehrere Reisende Zuflucht gefunden haben. Zu ihnen gehören Theseus und seine Gefährten wie der greise Lelex, außerdem der (namenlose) Sohn des im Hades büßenden Ixion. Ihnen erzählt Achelous das Wunder von der Verwandlung seiner Geliebten in die Insel Perimele. Die Geliebte wurde von ihrem Vater von einem Felsen ins Meer gestoßen; Neptun half bei der Verwandlung zur Insel. Achelous

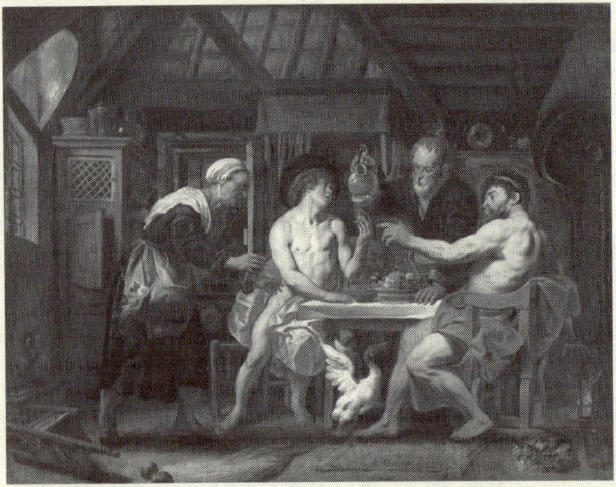

Jacob Jordaens, *Jupiter und Mercur bei Philemon und Baucis*, um 1645; Öl auf Leinwand, 109,5 × 140 cm; Raleigh (North Carolina), Museum of Art.

fing sie damals auf, als sie ins Meer stürzte, und betete: »›Du Träger des Dreizacks, / Zweiter Beherrscher der Welt, der die schweifenden Wogen erlöst hat, / Hilf doch bitte der Frau, die der Grimm des Vaters versenkte! / Gib ihr, Neptun, einen Ort, oder möge sie selber ein Ort sein!‹ / Während ich sprach, umschloss ihre schwimmenden Glieder ein neues / Land: eine wuchtige Insel erwuchs durch Verwandlung des Mädchens« (8,595–610).

Der Spott des ungläubigen Ixion-Nachkommen auf die »Erfindungen« (*ficta*, von Michael von Albrecht als »Märlein« übersetzt) gibt Lelex Anlass, den Agnostiker durch die Geschichte von Philemon und Baucis zu widerlegen. Nach der Überlieferung wurden die Liebenden in eine Linde und eine Eiche, die auf einem Hügel in Phrygien stehen, verwandelt.

Hier wanderten einst Jupiter und Mercur in Menschengestalt. Vergeblich baten sie, von Haus zu Haus gehend, um Aufnahme und Unterkunft. Nur das greise Ehepaar Philemon und Baucis öffnete ihnen die Tür. Kaum hatten die Fremden die ärmliche Hütte betreten, lud Philemon sie ein, sich zu erholen, und bat ihnen einen Sitz an, über den die geschäftige Baucis ein grobes Tuch warf. Im Herd schob sie dann die warme Asche zur Seite, schürte das Feuer mit neuem Holz und kochte für die Fremden. Schließlich ließen sich die Götter zum Mahl nieder. Den Tisch deckte Baucis mit zitternden Händen, stützte den wackligen Tisch mit einer Scherbe ab und wischte die Tischplatte mit duftender grüner Minze ab.

Das textgetreue Gemälde des Holländers Jacob Jordaens zeigt als wichtiges Detail des Interieurs ein Huhn. Diese tierische Hüterin der Hütte wollten deren Besitzer für die Gäste schlachten. Aber das flinke Federvieh macht die langsamen Alten müde und sucht schließlich Schutz bei den Gästen, die verbieten, das Huhn zu schlachten, und sich offenbaren: »Götter sind wir, und eure gottlose Nachbarschaft wird die verdiente Strafe empfangen. Ihr aber sollt von diesem Unheil verschont bleiben. Verlasst nur euer Haus und begleitet uns hinauf auf die Bergeshöhe« (8,689–693). Die Gastgeber gehorchen und schleppen sich mühsam Schritt für Schritt den Berg hinauf. Kurz vor dem Gipfel wenden sie sich um und sehen, dass alles im Sumpf versunken ist. Nur ihre Hütte steht noch. Sie staunen und beweinen das Schicksal ihrer Nachbarn. Unterdessen verwandelt sich ihre alte Hütte in einen prächtigen Tempel mit Säulen und golden gänzendem Dach. Der Fußboden bedeckt sich mit Marmor, und Philemon wünscht sich: »Eure Priester zu sein und euren Tempel zu hüten, darum bitten wir. Und da

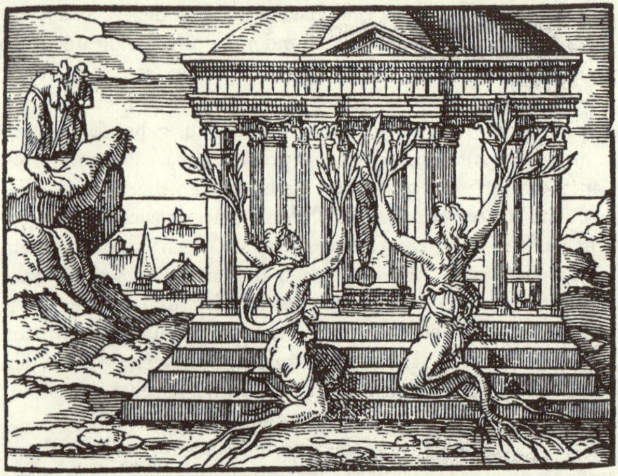

Virgil Solis, *Die Metamorphose von Philemon und Baucis,* 1563; Kupferstich. Der Abschluss der Erzählung in der Prosaübersetzung von Albrechts: »Sie waren die Hüter des Tempels, solange ihnen Leben geschenkt war. Als sie einmal, vom hohen Alter entkräftet, vor den heiligen Stufen standen und sich die Geschichte des Ortes erzählten, sah Baucis, wie Philemon sich belaubte, und der alte Philemon, wie Baucis sich belaubte. Und als schon über beider Gesicht der Wipfel hinwuchs, sprachen sie miteinander, solange es ihnen noch vergönnt war. ›Leb wohl, mein Gemahl!‹, sagten sie zugleich, und zugleich verschwanden die Lippen beider im Geäst. Bis heute zeigt der einheimische Thyner die nebeneinander stehenden Baumstämme, die aus zwei Leibern entstanden sind« (8,711–720).

wir all unsere Jahre in Eintracht gelebt haben, möge beide dieselbe Stunde hinraffen. Nie möge ich meiner Gattin Grab sehen und auch selbst nicht von ihr bestattet werden müssen« (8,707–710).

Geteilte Ehre

> Staunend sehn sie die riesige Bestie: sie liegt an der Erde, / Weithin gestreckt; doch noch immer erscheint die Berührung gefährlich, / Aber ein jeder versucht, seine Waffe im Blute zu färben. / Doch nun setzte der Sieger den Fuß auf den grässlichen Schädel, / Und dann rief er: »Du Mädchen von Nonacris, nimm die Trophäen; / Ich verfüge darüber: mit dir will die Ehre ich teilen!« (8,422–427)

Die Erzählung von Meleagros (Meleager), Sohn des Königs von Calydon, und der Jägerin Atalante (nicht zu verwechseln mit der Athletin Atalante, von der Venus im 10. Buch ihrem Geliebten Adonis erzählt) steht im Zusammenhang der calydonischen Eberjagd. Sie geht auf die Rache der Diana zurück, deren Opferkult im mittelgriechischen Calydon versäumt wurde. Nun soll ein gewaltiger Eber die Felder und Weinberge der Calydonier verwüsten. Während der Eber wütet, verbirgt sich das Volk hinter Stadtmauern. Meleagros aber sammelt eine Schar junger und auf Ruhm bedachter Jagdgenossen um sich. Zu ihnen gehört die als Kind vom Vater ausgesetzte, von Jägern aufgezogene und als Jägerin ausgebildete Atalante, in die sich Meleagros verliebt.

Atalante verwundet das Ungeheuer als Erste, und fast noch mehr als sie selbst freut sich Meleagros über ihren erfolgreichen Schuss. Er sichert Atalante zu, sie werde die für ihre Tapferkeit verdiente Ehrung erhalten. Doch die Männer, schamrot geworden, murren und fühlen sich um die Trophäe betrogen. Sie werfen ihre Spieße wütend nach dem Eber, der schließlich erlegt wird. Am Ende hält Meleagros sein Wort und überlässt Atalante den Kopf des erlegten Tieres als Trophäe.

Rubens zeigt die zur Venus gewandelte Atalante und Meleagros als Liebespaar. Dies ist wohl das Werk der geflügelten Amorette zu ihren Füßen. Als Gegenfigur deutet rechts oben

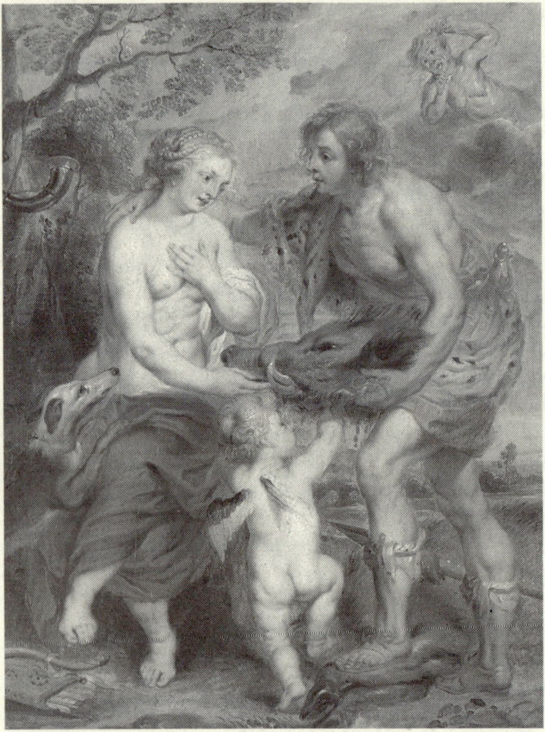

Peter Paul Rubens, *Meleager und Atalante*, um 1635; Öl auf Leinwand, 199 × 153 cm; München, Alte Pinakothek.

eine der drei Parzen darauf hin, dass Meleagros sterben wird, sobald ein bestimmtes Holzscheit erlischt. Das haben die Schicksalsgöttinnen geweissagt.

Neuntes Buch

Das 9. Buch knüpft thematisch direkt an das 8. Buch an: Der Stromgott Achelous berichtet seinem Gast Theseus von der einst trotz seines Gestaltwandels erlittenen Niederlage im Kampf mit Hercules. Beide warben damals um Deïanira (S. 201).

Als Hercules mit seiner Gattin zum reißenden Fluss Euenus kommt, erbietet sich der Centaur Nessus, Deïanira ans andere Ufer zu tragen, entführt sie aber. Doch Hercules rettet Deïanira.

Der sterbende Nessus rächt sich, indem er Deïanira ein vergiftetes Gewand schenkt, das angeblich Liebeszauberkraft besitze. Dieses Gewand schickt sie lange Zeit später dem inzwischen in aller Welt gerühmten Helden Hercules, der eine neue Liebschaft haben soll (S. 207). Arglos legt Hercules das Gewand an, dessen Gift ihm entsetzliche körperliche Qualen zufügt. Wütend schleudert Hercules Lichas, den ahnungslosen Überbringer des Gewands, vom hohen Oeta ins Euboeische Meer, in dem Lichas eine felsige Insel bildet. Dort errichtet Hercules einen Scheiterhaufen, auf dem er sein Dasein auf Erden vollendet; Jupiter erhebt den Sohn in einer Wolke zum Himmel (S. 209).

Die gealterte Alcmene, einst von Jupiter in Gestalt des Amphitryon mit Hercules geschwängert, berichtet ihrer Schwiegertochter Iole über die damals durch Juno verzögerte Entbindung und über Alcmenes treue Dienerin Galanthis, die Juno verhöhnte. Galanthis wurde zum Wiesel, das seine Jungen »durch den Mund gebiert«. Iole erzählt ihr im Gegenzug die Geschichte der Verwandlung ihrer Stiefschwester Dryope in einen Baum: An einem See stand ein Lotusbaum, in den sich die Nymphe Loti auf der Flucht vor dem unzüchtigen Priapus verwandelt hatte. Ohne dies zu wissen, pflückte Dryope für ihr Söhnchen, das sie auf dem Arm trug, Blüten des Lotusbaums. Diese Verletzung brachte die Blüten zum Bluten. Dryope war schuldlos schuldig geworden, und als sie entsetzt fliehen wollte, wuchs sie am Boden fest, und Rinde hüllte nach und nach ihren Körper ein.

In der Versammlung der Götter räumt Jupiter sein Unvermögen ein, die vom Schicksal (*fatum*) festgesetzte Lebensdauer durch Verjüngung zu ändern, etwa zugunsten seines inzwischen greisenhaften Sohns Minos.

Ein Beispiel für die unerlaubte sinnliche Geschwisterliebe ist Byblis, die Tochter des Miletus. Sie fragt sich: Weshalb ist Geschwisterliebe und -ehe ein Vorrecht der Himmlischen? Nachdem sich Byblis dem Bruder als leidenschaftlich Begehrende offenbart hat (ihr Brief gehört zu Ovids Meisterwerken, was die Darstellung weiblicher Emotionen betrifft), flieht Caunus entsetzt und gründet fernab eine neue Stadt. Byblis wird wahnsinnig, krallt sich zuletzt an die Erde und wird zu einer Quelle.

Auf Kreta erklärt der arme Ligdus seiner schwangeren Frau Telethusa, falls sie nicht einen Sohn, sondern ein Mädchen zur Welt bringe, müsse es sterben. Die heimlich geborene Tochter gibt Telethusa als Sohn aus. Nur die Amme kennt die Wahrheit. Nach dreizehn Jahren verlobt der getäuschte Vater den bzw. die Iphis mit Janthe, und sie verlieben sich. Während Janthe die Ehe herbeisehnt, verzweifelt Iphis in Erwartung einer Hochzeitsfeier mit zwei Bräuten. Doch dank Isis, die einst im Traum die Gebärende getröstet hat, wird Iphis im Tempel der Göttin ein Knabe und heiratet Janthe. Zu den Gästen der Hochzeitsfeier gehören Venus, Juno und der Hochzeitsgott Hymenaeus. Mit seiner Reise von Kreta nach Thracien, der Heimat des Orpheus und der Eurydice, beginnt das 10. Buch.

Das zerbrochene Horn

> Als ich auch so unterliege, da bleibt mir als dritte Gestaltung / Die eines trotzigen Stiers: als Stier erneure den Kampf ich. / Aber er packt mit den Armen zur Linken dem Farren die Wamme; / Jetzt will ich rennen: er folgt mir, mich zerrend, er drückt mir die harten / Hörner und spießt sie zu Boden und streckt mich tief in den Sand hin. / Aber noch mehr: wie die schreckliche Faust mich hält an dem starren / Horne, zerbricht es; er reißt es hinweg, und die Stirn ist verstümmelt. (9,80–86)

Das 9. Buch handelt im ersten Teil von Hercules. Der Flussgott Achelous berichtet seinem Gast Theseus, weshalb auf seiner Stirn eines der beiden Hörner fehlt. Er sei in einem erbitterten Kampf verletzt worden, den er einst mit Hercules geführt habe, als beide um Deïanira warben, Tochter des Königs Oeneus von Calydon und Schwester des Meleagros. Ein Streitpunkt der beiden war (wie bei Bacchus und bei Perseus) die Genealogie, insbesondere ob Jupiter tatsächlich der Vater von Hercules sei. Achelous stellte seinen Rivalen vor die Wahl, entweder seine göttliche Herkunft als Märchen einzugestehen oder aber zuzugeben, dass seine mit Amphitryon verheiratete Mutter Alcmene Ehebruch begangen habe und Hercules in Schande gezeugt worden sei. Und wie Achelous es erwartet hatte, nahm der erboste Hercules den Kampf auf, der einer direkten Konfrontation von zwei Stieren glich, die um die prächtigste Kuh im ganzen Bergwald kämpfen und deren Herden nicht wissen, wem der Sieg und die Herrschaft zufallen werden.

Trotz seines mehrfachen Gestaltwandels erleidet Achelous die von Cornelis Corneliszoon dargestellte Niederlage im Kampf mit Hercules. Der niederländische Maler widmete sich mehrfach der barocken Dynamik von Kampfszenen und der

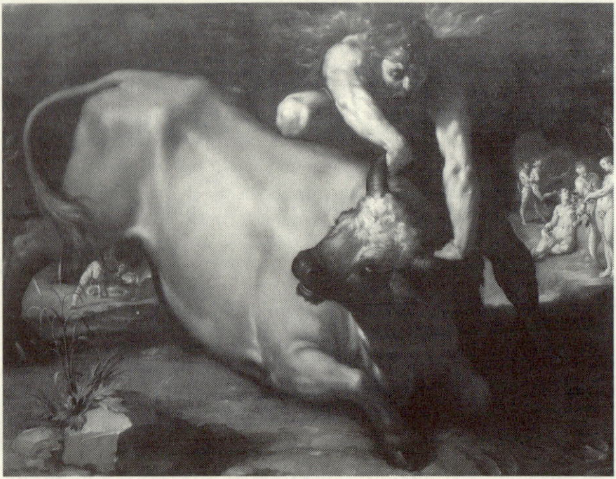

Cornelis Corneliszoon van Haarlem, *Hercules und Achelaius* [Achelous], 1590; Öl auf Leinwand, 192 × 244 cm; Staatliche Museen zu Berlin, Gemäldegalerie.

mit ihnen verbundenen Kraftanstrengung von Menschen und Tieren.

Am Ende der Erzählung von Achelous veredeln Najaden dessen abgebrochenes Horn mit Blumen und Früchten und verwandeln es in ein segensreiches Füllhorn.

Ein Schlangentöter

> Da ich der Schwächere bin, probier ich die eigenen Künste / Und entgleite dem Helden, als längliche Schlange gestaltet. / Wie ich indes den Körper verdrehe, zu Kreisen ihn wölbend, / Und die gespaltene Zunge bewege mit wildem Gezische, / Lacht der tirynthische Held und ruft, meine Künste verspottend: / »Schlangenbändiger bin ich bereits in der Wiege gewesen!« (9,62–67)

Ein Detail des Kampfes mit Hercules, über das Achelous widerwillig berichtet, ist die Verwandlung des Flussgotts in eine Schlange. Dass Hercules diesen Gestaltwandel verspottet, bezieht sich auf seinen bereits als Kleinkind vollbrachten Sieg über zwei Schlangen, die ihm Juno in die Wiege gelegt hatte, um ihn zu töten. Denn Juno trachtete dem von Jupiter mit Alcmene gezeugten Jungen nach dem Leben. Der Stolz ihres Mannes auf den neuen Nachkommen war ihr unerträglich, und bereits Homer erzählt im 19. Gesang der *Ilias* von ihrer Bereitschaft, Zeus hinters Licht zu führen: »Hat sie doch auch schon Zeus verblendet, von dem sie doch sagen, / Dass er der beste sei von Menschen und Göttern; doch konnte / Hera diesen, als Weib, mit listigem Sinne betrügen / An dem Tage, an welchem des Herakles mächtige Stärke / Sollte gebären Alkmene im gutummauerten Theben« (*Ilias* 19,95–99).

Zu den griechischen Quellen des Kampfs mit den (bei Homer noch fehlenden) Schlangen gehören Texte von Pindar, Theokrit und Apollodor.

Ein Beispiel für die antike bildkünstlerische Beschäftigung mit der ersten Heldentat des Heros ist die als römische Kopie überlieferte hellenistische Skulptur: Das Kind stützt sich auf die Knie und hält mit dem gestreckten rechten Arm eine der Schlangen in die Höhe, während der linke Arm die zweite Schlange am Boden fixiert. Die gewaltige Kraftanstrengung

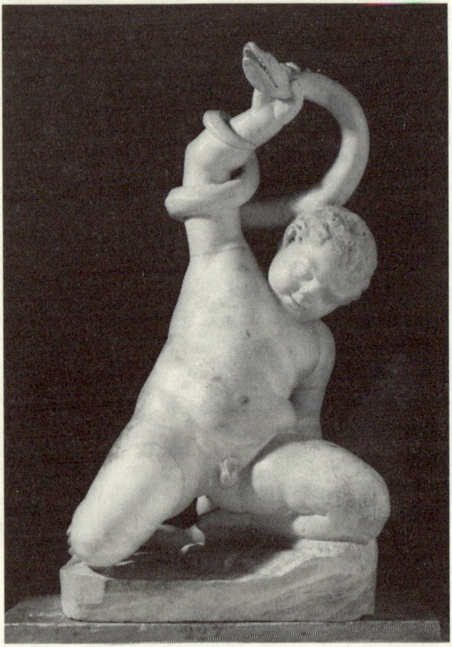

Hercules als Kind im Kampf mit zwei Schlangen, römische Kopie eines Originals aus der 2. Hälfte des 3. Jh.s v. Chr.; Marmor, Höhe 75 cm; Florenz, Uffizien.

des dargestellten Jungen wird in seiner zur Seite gebogenen Körperhaltung sichtbar. Mit den gespreizten Knien stützt sich der Knabe fest am Boden ab. Die illustrative Skulptur gewann als Symbol des Widerstands gegen eine Übermacht Allgemeingültigkeit.

Die Rache des Entführers

> Wie er gesagt, so getan: er durchbohrt des Fliehenden Rücken / Jäh mit dem Pfeil: es ragt das gekrümmte Geschoss aus der Brust ihm. / Als er heraus es reißt, ergießt sich das Blut aus den beiden / Wunden hervor, vermischt mit dem Schleim des lernaeischen Giftes. / Nessus sammelt das Blut. »Ich werde nicht ungerächt sterben«, / Sagt er zu sich und reicht als Geschenk sein Gewand mit dem warmen / Blute getränkt, der Geraubten, als könne es Liebe erzeugen. (9,127–133)

Als spiralförmige, allseitig ausdrucksvolle *figura serpentinata* im Stil des Manierismus komponierte der aus Italien nach Augsburg berufene Niederländer Hubert Gerhard die Figurengruppe *Hercules, Deïanira und Nessus*: Über dem am Boden liegenden Centauren Nessus schrauben sich Hercules und seine aus der Gewalt des Vierbeiners befreite Frau Deïanira in die Höhe. Doch dem Triumph des Hercules folgt dessen von Nessus vorbereitete Niederlage. Ihm wird ein angeblich als Liebeszauber wirkendes Gewand zum Verhängnis. Es ist mit tödlichem lernaeischen Gift getränkt, benannt nach der Behausung Lerna, in der die Schlange Hydra auf der Peloponnes lebt. Der Sieg über Hydra, der jeweils die abgeschlagenen Köpfe doppelt nachwuchsen, gehört zu den Heldentaten, die Hercules beim Kampf mit Achelous anführt.

In den *Metamorphosen* folgt auf die Nessus-Episode ein zeitlicher Sprung. Inzwischen hat sich Hercules Iole zugewendet, in die er sich auf Euboea verliebt hat. Dies erfährt Deïanira durch die »geschwätzige Fama, / Welche so gern zum Wahren das Falsche gesellt und durch Lügen / Wächst, so klein sie auch war, zu dir, o Deïanira, / Eilt sie und meldet, für Iole glühe Amphitryons Sprössling. / Wirklich, die Liebende glaubt es« (9,137 f.). Und die Betrogene hofft nun auf die angebliche Liebeszauberkraft, die das Gewand des Nessus haben soll.

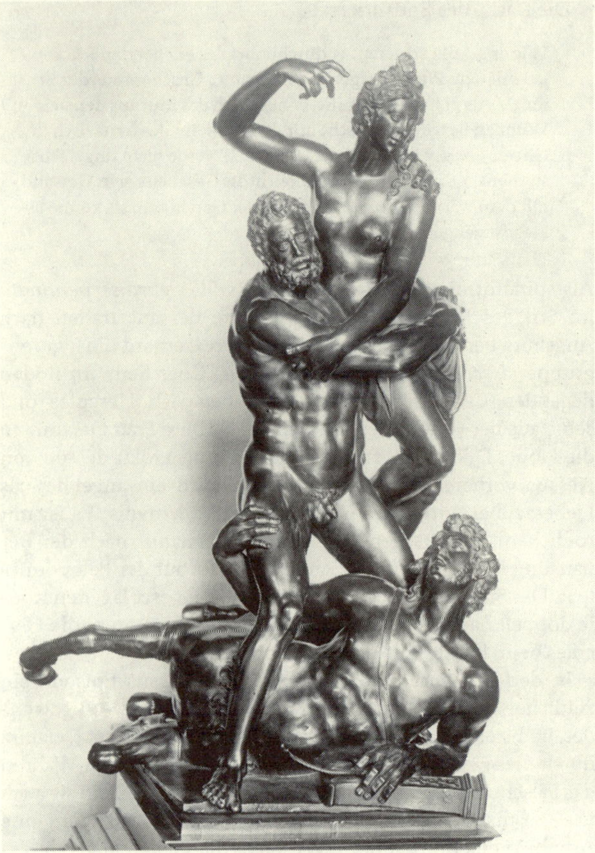

Hubert Gerhard, *Hercules, Deïanira und Nessus*, 1604 (?); Bronze; Wien, Kunsthistorisches Museum.

Tod als Erlösung

> Doch nicht genug: es schlürfen die gierigen Flammen die Därme; / Ganz überströmt von bläulichem Schweiß ist der Körper, die Sehnen / Knistern, versengt vom Brand, das Mark in den Knochen wird flüssig / Von dem verborgenen Schleim, und die Hände zum Himmel erhebend: / »Weide dich, Tochter Saturns«, so schreit er, »an meinem Verderben! / Weide dich, Grausame, schau diese Pest aus der Höhe! Das wilde / Herz ersättige dir! Oder wenn auch ein Feind noch Erbarmen / Findet – denn Feind bin ich dir! – so nimm mir das Leben: es leidet / Grässliche Qualen, es ist mir verhasst, zur Mühsal gegeben!« (9,172–180)

Deïanira gibt dem Diener Lichas den Auftrag, das von Nessus angepriesene Liebeszauber-Gewand dem untreuen Hercules zu überbringen. Dieser legt das Tuch ahnungslos an, doch der vergiftete Stoff brennt sich in seinen Körper ein und peinigt ihn mit entsetzlichen Qualen. Sie sind die Rache des getöteten Centaurs und Frauenräubers, werden aber von Hercules als Strafe der Juno gedeutet, die ihn bereits nach seiner Geburt mit Hilfe von Schlangen umbringen wollte. Die Verzweiflung des Hercules richtet sich gegen den ahnungslosen Überbringer des Unheils.

Das Frühwerk des Klassizisten Canova gibt dem Beginn der Metamorphose des Lichas packend Gestalt. In Ovids Schilderung versucht Lichas sich zu entschuldigen, und während er noch redet, wirbelt ihn Hercules mehrfach im Kreis herum und schleudert ihn ins Euboeische Meer. Und während Lichas noch in der Luft schwebt, erstarrt er, und aller Flüssigkeiten beraubt, wird er in Stein verwandelt. Hierbei beruft sich Ovid auf Berichte aus der Frühzeit, und auch heute ragt aus dem tiefen Schlund des Euboeischen Meers ein kleiner Fels empor und bewahrt die Umrisse einer menschlichen Gestalt.

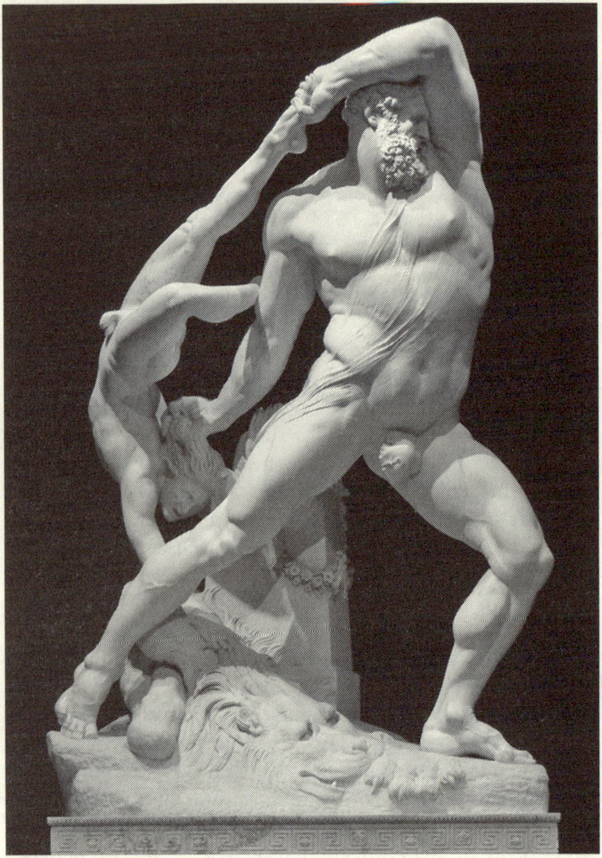

Antonio Canova, *Hercules und Lichas*, 1795–1815; Marmor, Höhe 335 cm; Rom, Galleria d'Arte Moderna.

Vaterfreuden

> Aber die Götter erzittern um ihn, den Befreier der Erde. / Jupiter merkt es wohl, der Saturnier; mit fröhlicher Miene / Spricht er zu ihnen: »Mir ist die Angst, die ihr hegt, eine Wonne! / Götter des Himmels, wie wünsch ich mir Glück, wie seh ich es dankbar, / Dass das Volk, dem Gebieter und Vater ich heiße, nicht stumpf ist, / Dass mein Sohn in Sicherheit ruht auch in euerer Freundschaft / Mag er das freilich den eignen gewaltigen Taten verdanken, / Fühl ich mich dennoch verpflichtet. Nicht braucht ihr Getreuen in eitler / Furcht euch zu quälen: die Oetaflammen, ihr dürft sie verachten! / Hat er doch alles besiegt, er wird auch die Feuer besiegen, / Welche ihr seht. Nur sein mütterlich Teil wird die Macht des Vulcanus / Spüren; doch was er von mir sich gewonnen, ist ewig, vom Tode / Frei, ihm niemals verfallen: kein Feuer wird je es bezwingen. / Dieses empfang ich am himmlischen Ort, nachdem es auf Erden / Seine Verrichtung erfüllt.« (9,241–255)

Zu den von Jupiter summarisch angeführten gewaltigen Taten seines Sohnes gehören dessen »Zwölf Arbeiten« im Dienst des Eurystheus, König in Mykene und Tiryns. Als »Befreier der Erde« erwies sich Hercules dabei durch die Beseitigung der Berge von Kot, den die Herden des Augias auf der Peloponnes auftürmten. Darstellungen der »Zwölf Arbeiten« zeigen beispielsweise zwölf Metopen vom Tempel in Olympia, der dem Vater des Hercules geweiht war. Auf der Metope, die der Reinigung der Ställe des Augias gewidmet ist, steht Athene alias Minerva dem Helden bei.

Die Aufnahme des Hercules nach seiner Selbstverbrennung auf dem thessalischen Gebirge Oeta in den Kreis der Unsterblichen ist die erste Apotheose in den *Metamorphosen*. Bei diesen Himmelfahrten werden stets die vergängliche Natur und das ewig Währende unterschieden, weshalb der Gestaltwandel zum ewigen Wesen die höchste Weise des Gestaltwan-

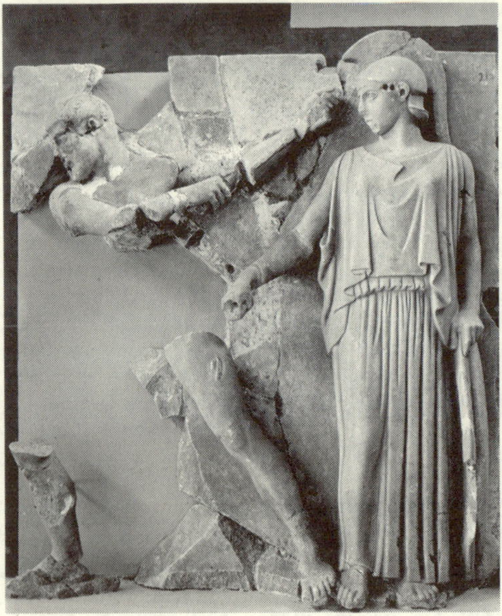

Hercules reinigt die Ställe des Augias, um 400 v. Chr.; Marmorrelief, Metope des Zeustempels in Olympia.

dels ist. Im vorletzten Buch folgen die Apotheosen des Aeneas, des Romulus und der Hersilie, im letzten Buch die Apotheose des Caesar und die Ankündigung der Vergöttlichung des Augustus.

Zehntes Buch

Als der Hochzeitsgott Hymenaeus von der Hochzeit von Iphis und Ianthe nach Thracien zurückkehrt, vernimmt er die Klage des Orpheus über den Tod seiner von einer Schlange gebissenen Gattin Eurydice. Der göttliche Sänger, Sohn Apollos und der Muse Calliope, gelangt über den Styx in die Unterwelt. Er weiß zwar nicht, ob der Gott Amor auch hier bekannt ist, vermutet aber, dass Amor den Räuber Pluto und die von ihm geraubte Persephone vereint. Kennzeichnend ist Ovids Vorbehalt, »sofern die alte Sage von dem Raum nicht erlogen ist«. Orpheus erhält die Erlaubnis, Eurydice auf die Erde zurückzubringen, doch darf er sie dabei nicht anschauen (S. 213). Als er sich dann nach ihr umwendet, kehrt sie ins Totenreich zurück und stirbt erneut.

Orpheus entsagt der Frauenliebe und empfiehlt den Thracern die Knabenliebe (S. 215), die er von nun an besingt: Ein schöner Jüngling war der von Apollo geliebte Cyparissus. Er wurde schuldig am Tod seines eigenen prächtigen Hirschs, und der Wunsch nach ewiger Trauer wird durch seine Verwandlung in eine Zypresse erfüllt. Sie gehört zu den Bäumen, die sich um Orpheus versammeln, der von Ganymed (Exkurs 1, S. 77 ff.) und Hyacinthus singt. Zu diesem sogenannten »Katalog der Bäume« Ovids gehören die Eiche, ein Hain von Pappeln, der Lorbeer, die Tanne, Ulme, Eberesche, Pinie und die Zypresse, in die Cyparissus verwandelt wurde. Nun singt Orpheus vom Tod des Hyacinthus, den Apollo versehentlich durch einen Wurf mit der Diskusscheibe getötet hat. Apollo fasst ein Leitthema des gesamten Epos in die (rhetorische) Frage: Kann man Liebe als Schuld bezeichnen? Denn ihm ist bewusst, dass er Hyacinthus im Spiel nicht getötet hätte, wenn er nicht mit ihm zusammen gewesen wäre (10,200).

Oder anders gefragt, was bewirkt Liebe? Auf Zypern spielt

die Geschichte des Bildhauers Pygmalion. Abgeschreckt durch das zügellose Treiben der Propoetiden, welche die Göttlichkeit der Venus leugneten und in Steine verwandelt wurden, blieb Pygmalion ehelos. Doch schuf er sein weibliches Wunschbild aus Elfenbein, und es wurde seine von Venus belebte Gattin (S. 217).

Auch dies gehört zum Spektrum der Liebe: Sie bringt frevelhafte Geschwisterliebe hervor, etwa bei Byblis, die ihren Bruder begehrt, und lesbische Liebe, die durch die Geschlechtsumwandlung der Iphis in den gleichnamigen Knaben behoben wird (9. Buch). Nun folgt die Blutschande Myrrhas mit ihrem Vater Cinyras. Sie ist sich bewusst, dass im Unterschied zu den Tieren bei den Menschen die Begattung der Nachkommen durch die Eltern ein Frevel ist. »Was die Natur zulässt«, glaubt Myrrha, »verwehrt das neidische Recht.« Verzweifelt will sie sich das Leben nehmen. Davor wird sie von ihrer Amme bewahrt, die sie als unbekannte Schönheit eines Nachts mit dem ahnungslosen Vater verkuppelt. Erst nach mehrfachem Beischlaf im Dunkeln erkennt er Myrrha und will sie töten. Sie flieht aus Arabien und wird ein Baum, der Myrrhe spendet. Noch vor der vollständigen Verwandlung entwächst der Knabe Adonis dem Baum. Als Jüngling wird er der Geliebte der Venus (S. 219).

Sie erzählt Adonis davon, dass sie Hippomenes dabei half, im Wettlauf mit Atalanta zu siegen (S. 221), wobei Ovid vorgibt, darauf zu achten, dass die Erzählung nicht langsamer ist als der Wettlauf (10,679), so dass sich Erzählzeit und erzählte Zeit entsprechen. Da Hippomenes es unterließ, Venus mit einer Opfergabe zu danken, verwandelte die erzürnte Göttin das in einem heiligen Hain vereinte Paar in Löwen, die sich nach antiker Zoologie nicht paaren können.

Venus verbindet ihre Erzählung mit der Warnung vor wilden Tieren. Doch Adonis fällt einem Eber zum Opfer. Aus seinem Blut entstehen die nach ihm benannten Adonisröschen (S. 222). Hier endet wohl die zweite der drei Buchrollen der *Metamorphosen*.

Liebe besiegt, Liebe bringt den Tod

> Tränen benetzten die Augen der Eumeniden zum ersten / Mal, so erzählt man: es rührt sie das Lied. Die fürstliche Gattin / Und der Beherrscher der Tiefe vermögen es nicht, ihm die Bitte / Abzuschlagen, und rufen Eurydice. Unter den neuen / Schatten ist jene und schreitet mit schleppendem Fuß, die Verletzte. / Sie empfängt er, der Held vom Rhodopeberg, und die Weisung, / Dass er die Augen nicht rückwärts wende, bevor des Avernus / Tal er verlassen; sonst werde die Gabe die Geltung verlieren. (10,45–52)

Der Sänger Orpheus verkörpert zum einen schrankenlose Liebe, die ihn sogar befähigt, ins Reich des Todes vorzudringen, um seine durch Schlangenbiss getötete Gattin Eurydice zu befreien. Denn »Amor war stärker. Der Gott ist bekannt in den himmlischen Sphären. / Ob er's auch hier ist, bezweifl' ich; und dennoch, ich glaube, man kennt ihn: / Wenn sie nicht lügt, die Sage vom einstigen Raube: auch euch hat / Amor verbunden« (10,26–29). Orpheus erinnert in seinem Gesang, der die euphemistisch als wohlgesinnt (eumenidisch) bezeichneten Erinnyen (Rachegöttinnen) zu Tränen rührt, an Plutos Raub der Persephone (5. Buch).

Bei der Rückkehr zur Oberwelt missachtet Orpheus aus Liebe ein Verbot: »Nicht mehr fern ist die Grenze der oberen Welt: da befürchtet / Er, der Liebende, dass sie ermattet; er sehnt sich nach ihrem / Anblick und schaut sich um: schon ist die Geliebte entglitten. / Und sie breitet die Arme: sie will ihn halten, sich halten / Lassen und greift, die Unselige, nichts als entweichende Lüfte. / Mag sie sterben zum zweiten Mal: sie

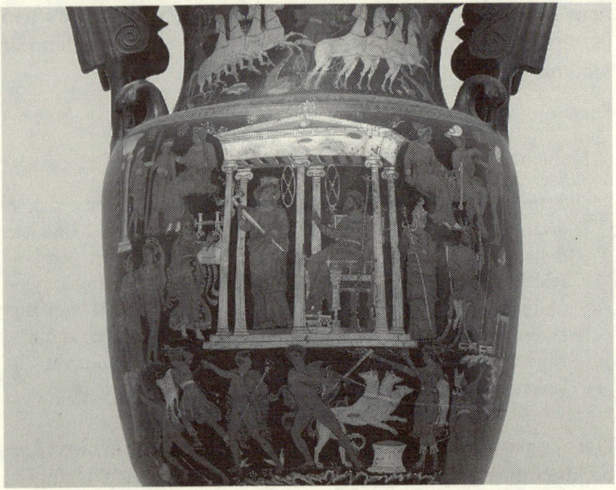

Das Reich des Pluto, um 330 v. Chr., Krater aus Apulien; München, Antikensammlung.

hat für den Gatten / Keinerlei Tadel; was soll sie denn tadeln, als dass er sie liebe? / Nur ein letztes ›Lebwohl‹, das kaum seine Ohren vernehmen, / Spricht sie, dann trägt es sie wieder davon nach dem nämlichen Orte« (10,55–63).

In der Mittelzone zeigt das Vasenbild Pluto und Persephone in ihrem Palast. Sie gestatten Orpheus (mit Harfe) und Eurydice die Rückkehr in die Oberwelt. Zum Bildprogramm gehört der Höllenhund Cerberus, denn »Orpheus steht wie betäubt ob dem doppelten Mord an der Gattin: / Gleich wie der Mensch, der entsetzt die drei Hälse des Hundes erblickte« (10,64 f.).

Die Gesänge des Orpheus

> Er auch lehrte die Völker der Thracier, die Liebe den zarten / Knaben zu schenken, in frühester Jugend die Wonne des kurzen / Frühlings zu kosten und so sich die Blüten, die ersten, zu pflücken. (10,83–85)

Nach dem erneuten Verlust seiner Eurydice will Orpheus ein zweites Mal in die Unterwelt, doch der Fährmann Charon verweigert die Überfahrt über den Styx, und Orpheus sitzt sieben Tage trauernd am Ufer. Selbst nach drei Jahren, die er in den thracischen Gebirgen Rhodope und Haemus auf dem Balkan zugebracht hat, versagt er sich »Jegliche Liebe der Frauen: sei's, weil es ihm übel ergangen, / Oder weil er's gelobt. Doch glühten gar viele in Liebe, / Sich mit dem Sänger zu einen; sie trauerten, weil er sie abwies« (10,80–82).

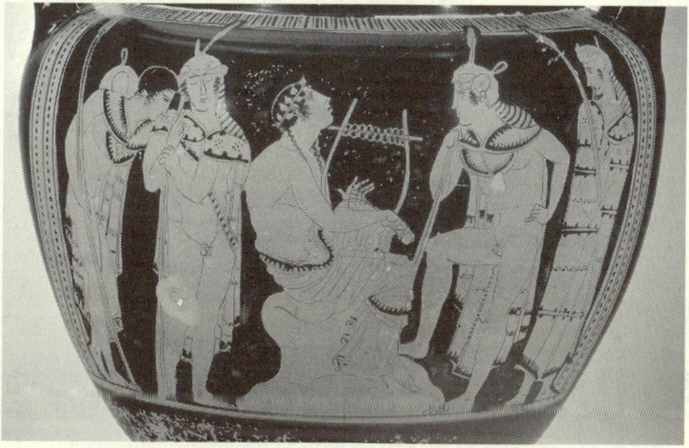

Orpheus bei den Thracern, um 440 v. Chr.; Mischkessel des Orpheus-Malers aus Gela (Sizilien), Höhe 51 cm; Staatliche Museen zu Berlin, Antikensammlung.

Sowohl die eingangs zitierten Verse als auch das Vasenbild des »Orpheus-Malers« und die folgenden Gesänge des Orpheus handeln von der Knabenliebe, zunächst des Jupiter zu Ganymed (Exkurs 1, S. 77 ff.). Orpheus singt im Schatten von Bäumen, die seine Gesänge angelockt haben. Zu ihnen gehört die kegelförmige Zypresse, in die einst Apollos Geliebter Cyparissus verwandelt wurde.

Der dritte Gesang handelt von Apollos Liebe zum spartanischen Jüngling Hyacinthus, der sich in die nach ihm benannte Blume verwandelt. Ihn tötete ein im Spiel von Apollo geschleuderter Diskus. Apollo bekennt sich zur Schuld am Tod des Geliebten, sofern man »als Schuld es betrachten [würde], zu lieben!« (10,200).

Letzteres gilt für die Schamlosigkeit der Frauen in Amathus auf Cypern. Sie »waren die Ersten, so fügt es der Göttin / Zorn – man erzählt es –, die Reize des Leibes zu prostituieren. / Und als die Scham gewichen, verhärtet das Blut im Gesichte, / Sind sie – gering ist der Wechsel – zu Kieseln, zu harten, geworden« (10,239–242).

Ein liebendes Bildwerk

> Während er staunt, voll Zweifel sich freut, sich zu täuschen befürchtet, / Tastet er wieder und wieder, der Liebende, nach der Geliebten. / Wirklich, sie lebt! es klopfen, befühlt vom Daumen, die Pulse. (10,287–289)

Der auf Cypern lebende Bildhauer Pygmalion empört sich über die »Laster des Weibergeschlechts« (10,244) und bleibt ledig. »Aber er bildet indessen geschickt ein erstaunliches Kunstwerk, / Weiß wie Schnee, ein elfenbeinernes Weib, wie Natur es / Nie zu erzeugen vermag, und … verliebt sich ins eigne Gebilde. / Sieh die Gestalt einer wirklichen Jungfrau: man dächte,

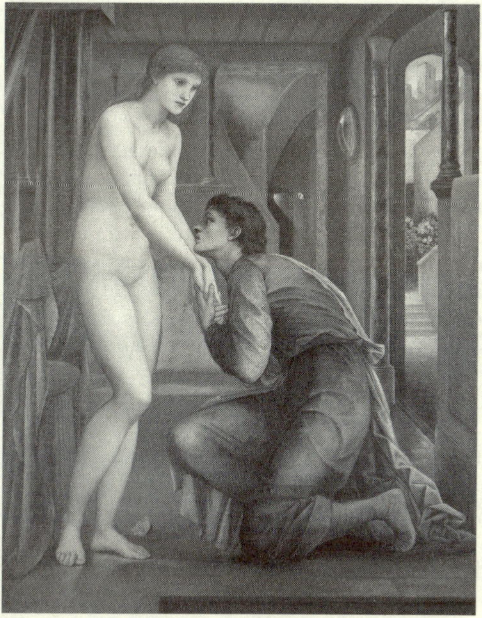

Edward Burne-Jones, *Pygmalion*, 1869–79; Öl auf Leinwand, 99,3 × 75 cm; Birmingham, The City Museum and Art Gallery.

sie lebe, / Wolle sich plötzlich bewegen, sofern es die Scham nicht verwehrte. / Dass es nur Kunst war, verdeckte die Kunst. Pygmalion staunte, / Und das Feuer des künstlichen Leibes durchflammte die Brust ihm« (10,247–253). Nach und nach überzeugt sich Pygmalion: »Häufig betasten die Hände das Werk, zu erproben. Ist's wirklich / Elfenbein oder lebt es? Er gibt nicht zu, dass es Kunst ist. / Und er küsst sie und glaubt sich geküsst, er plaudert, umarmt sie, / Meint mit den Fingern die Weiche des Leibes zu spüren und fürchtet, / Dass, wenn die Glieder er drücke, sie bläuliche Flecken entstellen« (10,254–258).

Die seit jeher virulente Frage nach der Beziehung zwischen Kunst und Wirklichkeit, Kunst und Leben, führt hier zu einer Gleichsetzung, die Venus zu verdanken ist. Sie nimmt an der Hochzeit teil, und nach neun Monaten wird Paphos geboren. Diese gebiert später Cinyras als Sohn, und dessen Tochter wird Myrrha sein, die mit ihrem Vater in Blutschande verbunden ist. Er zeugt den Sohn Adonis, und hier kommt wieder Venus ins Spiel: Sie wird ihn lieben. Abgebildet ist ein Gemälde aus dem Pygmalion-Zyklus des Präraffaeliten Burne-Jones. Stichworte zum literarischen Gestaltwandel befinden sich auf den Seiten 50–60.

Venus im irdischen Glück

> Auch des Himmels entbehrt sie: ihr Himmel, er heißt nun Adonis. (10,532)

Die Flüchtigkeit der Zeit erlaubt eine komprimierte Erzählweise. Mit dieser Bemerkung beginnt Ovid die Geschichte von Venus und Adonis. Den Anfang macht dessen Geburt aus dem Stamm des Baums, in den seine vom Vater schwangere Mutter Myrrha verwandelt wurde. Über Adonis erfahren wir: »Vom Großvater erzeugt, noch jüngst im Baume geborgen, / Jüngst zum Lichte geboren, soeben ein reizendes Kindlein, / Ist schon ein Jüngling geworden, ein Mann – sich selbst überstrahlt er! / Venus beginnt ihn zu lieben: so rächt er der Mutter Verführung« (10,521–524).

Nun sorgt sich Venus, dem Geliebten Adonis könne die Jagdleidenschaft zum Verhängnis werden: »Dass du sie fürchtest, ermahnt sie auch dich, o Adonis, sofern sie / Irgend durch

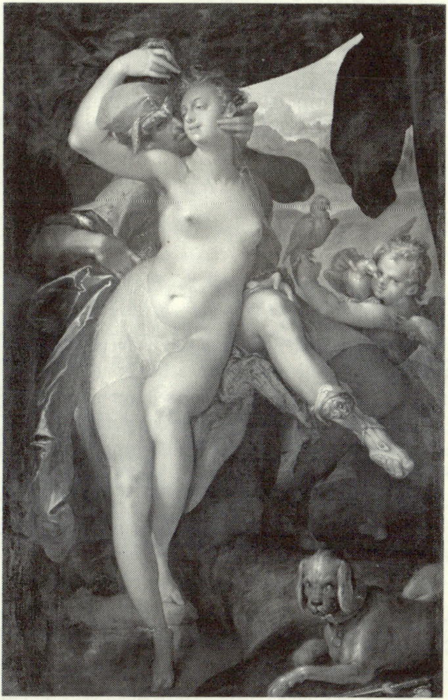

Bartholomäus Spranger, *Venus und Adonis*, 1597; Öl auf Leinwand, 163 × 104,3 cm; Wien, Kunsthistorisches Museum.

Mahnung zu nützen vermochte. ›Sei tapfer‹, so spricht sie, / ›Gegen das flüchtige Wild! Gegen Kühne ist Kühnheit gefährlich. / Sei doch ja nicht, Geliebter, verwegen auf meine Gefahr hin! / Reize nicht Tiere zum Kampf, die Natur mit Waffen bewehrt hat!‹« (10,542–546)

Allerdings hat die Liebe der Venus auch eine physische Wurzel: Als Cupido seine Mutter küsste, ritzte einer seiner Pfeile ihre rechte Hand.

Der sinnlich-irdischen Himmelsliebe der Venus hat Bartholomäus Spranger ein frontales Aktbild gewidmet. Der häufig mit erotischen Themen beschäftigte Manierist gehörte zu den Prager Hofkünstlern des seinerseits manieristischen Kaisers Rudolf II.

Äpfel der Versuchung

> Und noch weit ist das Ziel: jetzt endlich entsendet Neptunus' / Sprössling den einen der Früchte des Baumes, den ersten von dreien. / Staunend sieht es das Mädchen: den schimmernden Apfel begehrend, / Biegt es zur Seite und holt sich vom Boden die rollende Goldfrucht. / Aber Hippomenes hastet vorbei: es erdonnert der Beifall. (10,664–668)

Wie so oft, so erweitert Ovid auch hier eine Geschichte durch die Einfügung einer Erzählung. Während einer gemeinsamen Ruhepause berichtet Venus ihrem Geliebten Adonis von Atalanta und deren Freier Hippomenes, einem Nachkommen des Neptun: Atalanta hadert mit der Gewissheit, der heldenmütige Hippomenes müsse wie alle Freier, die ihr im Wettlauf unterlegen sind, sterben. Doch Venus greift ein, indem sie Hippomenes drei goldene Äpfel anvertraut, mit denen er Atalanta in Versuchung führen kann, im Lauf innezuhalten (wobei die Erzählerin Venus weiß, »es darf die Erzählung nicht langsamer sein, als der Wettlauf / War –«; 10,679 f.). Dies geschieht drei Mal. Hippomenes sollte damit die wunderschöne Atalanta als Gemahlin erhalten. Doch es kam anders. Venus vermisste den Dank des Paares und verwandelte es in zwei Löwen. Die Göttin beklagt sich rückblickend und begründet

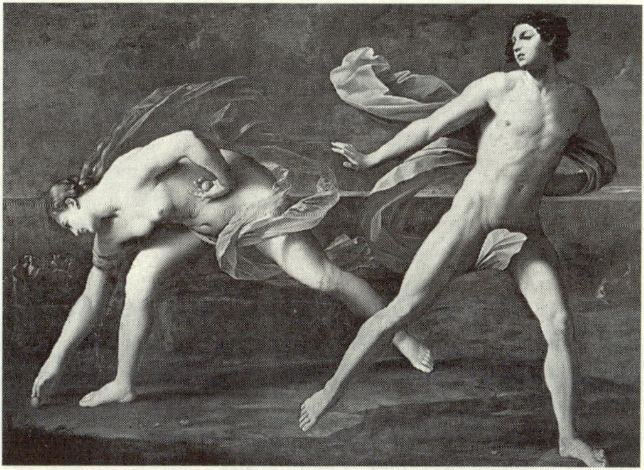

Guido Reni, *Atalante und Hippomenes*, um 1615/25; Öl auf Leinwand, 206 × 297 cm; Neapel, Museo Nazionale di Capodimonte.

zugleich die Strafe der Verwandlung: »Hab ich, Adonis, nicht Dank mir verdient? Die Ehre des Weihrauchs, / War er sie mir nicht schuldig? Den Dank, den hat er vergessen! / Weihrauch gewährt er mir nicht! Da steigt mir plötzlich der Zorn auf; / Ob der Verachtung gekränkt, statuier ich ein Beispiel, dass künftig / Niemand gering von mir denke: die Strafe soll beide ereilen« (10,681–685).

Die Strafe der Verwandlung hat Venus außerdem durch Liebesfreuden »zur Unzeit« begründet. Als das Paar zu einem versteckten Tempel kommt, da »ergreift die Begier den Hippomenes, dass er zur Unzeit / Hier sich der Liebe erfreue – ich hatte den Wunsch ihm entzündet« (10,689 f.).

Folgen des Eigensinns

> Da vernimmt sie von fern des Sterbenden Stöhnen: die Vögel / Lenkt sie, die weißen, dorthin. Und als sie ihn sieht aus dem hohen / Himmel bewusstlos liegen, den Leib in dem eigenen Blute, / Springt sie hinab; sie rauft sich das Haar und die Binde des Busens, / Schlägt sich die Brust mit ihren dazu nicht tauglichen Händen. / Und nachdem sie das Schicksal gescholten: »Und dennoch«, so ruft sie, / »Wird dir nicht alles gehören: es bleibt meines Leides Gedächtnis / Immer, Adonis. Das jährlich erneuerte Bild deines Todes / Wird sich vollziehen, nachformend den Jammer, der jetzt mich erschüttert. / Doch dein Blut wird zur Blüte sich wandeln.« (10,719–728)

Venus verliert den geliebten Adonis, der trotz ihrer inständigen Warnungen (»Gegen Kühne ist Kühnheit gefährlich«; 10,544) eigensinnig seiner Jagdleidenschaft frönt, und so geschieht das Unglück: »Zufall fügt, dass die Hunde in seinem Versteck einen Eber / Sicher erspüren und hetzen, und wie aus dem Wald er hervorbricht, / Trifft ihn der Jüngling, des Cinyras Sohn, mit seitlichem Schusse. / Alsbald reißt das trotzige Tier den Speer, der vom eignen / Blute gefärbt ist, heraus mit gebogenem Rüssel; dem Jäger / Folgt es, der zittert und Unterschlupf sucht. Es treibt ihm die Hauer / Tief in die Leisten: da liegt er sterbend auf gelblichem Sande« (10,710–716).

Die Incipit-Miniatur zum 10. Buch im *Ovide moralisé* verknüpft mit der Gestalt des Cupido die Verletzung der Mutter, die den Sohn von sich stieß, doch die Liebe zu Adonis war entzündet: »sie war tiefer verletzt, als sie ahnte« (10,528). Statt des von Venus betrauerten Adonis zeigt die Miniatur auf dem Wasser die Adonisröschen, in die der Geliebte verwandelt wird. Am Ufer flattern Tauben, die Liebesvögel, Attribute der Venus. Rechts oben erscheinen drei Erynnien. Ihnen ist auch Venus unterworfen.

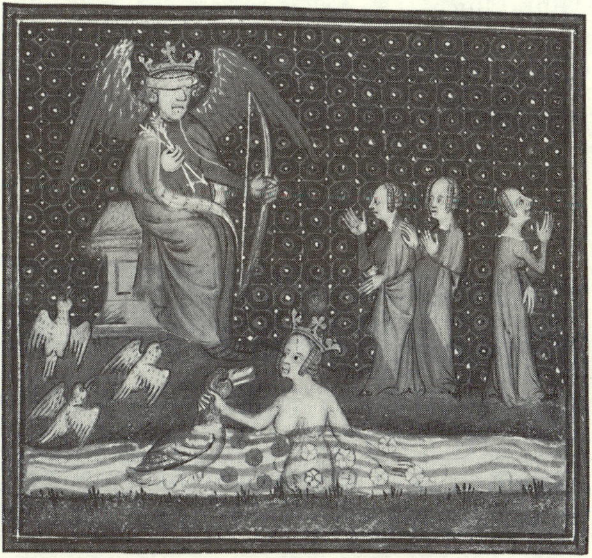

Amor, Venus und Adonisröschen, Ende 14. Jh.; Miniatur in einer Pariser Ausgabe *Les Metamorphoses d'Ovide*, Tempera auf Pergament, Blattformat 40 × 29 cm; Rom, Biblioteca Apostolica Vaticana, Reg. lat. 1480. fol. 218 recto.

Elftes Buch

Orpheus, dessen Gesang Menschen und Tiere, Bäume und Steine bezaubert (S. 227), wird von Mänaden ermordet (S. 229). Im Totenreich begegnet Orpheus erneut Eurydice, und nun kann er sich ihr gefahrlos zuwenden. Auf Erden verwandelt Bacchus die Frevlerinnen in Bäume.

Bacchus vermisst seinen Pflegevater, den Satyr Silenus. Ihn haben phrygische Bauern gefangen genommen und König Midas übergeben, der Silenus zu Bacchus bringt (S. 230). Als Dank wird Midas der Wunsch erfüllt, dass alles, was er berührt, zu Gold wird. Da auch alle Speisen, die Midas berührt, zu Gold werden und er somit zu verhungern droht, bittet er um Erlösung von dieser Gabe. Bacchus kommt diesem Wunsch nach, und Midas zieht sich in die Einsamkeit zurück (S. 232). Dort wird er Zeuge eines musikalischen Wettstreits zwischen Apollo und Pan. Als er den Flötenspieler Pan für den Sieger hält, versieht ihn Apollo zur Strafe mit Eselsohren. Diese Schande vertraut ein Diener des nun eine Mütze tragenden Midas einer zuvor ausgehobenen und anschließend wieder zugeschütteten Grube an. Darauf wächst Röhricht, das die vergrabenen Worte flüstert.

Nun richtet sich der Blick auf die Mauern von Troja, an deren Errichtung sich Apollo und Neptun beteiligen. Der Lohn wird ihnen vom König Laomedon, dem Vater des Priamus, vorenthalten. Neptun verwüstet Trojas Umgebung, und als weitere Strafe soll die trojanische Königstochter Hesione einem Meeresungeheuer ausgeliefert werden. Hercules befreit die an einen Felsen Gekettete, doch auch er bleibt ohne Lohn. Dagegen erhält sein Kampfgefährte Telamon Hesione zur Frau.

Ovid ließ sein Epos nicht von der Chronik der Ereignisse beherrschen, obwohl die *Metamorphosen* eine Weltgeschichte bilden. So kann Hercules also nun im 11. Buch die trojanische

Königstochter Hesione retten, obwohl Ovid im 9. Buch seinen Tod und seine Apotheose schildert. Im Übrigen wiederholt Hercules mit Hesiones Rettung die Befreiung Andromedas durch Perseus im 4. Buch. Beide Helden sind Söhne Jupiters.

Telamons Bruder ist Peleus. Dieser erobert die von Jupiter verehrte Meeresgöttin Thetis (S. 234) und zeugt mit ihr Achill. Nachdem er seinen Bruder Phocus ermordet hat und deswegen aus seinem Land vertrieben wurde, findet Peleus Zuflucht bei Ceyx, dem König von Trachis am Oeta. Auch dieser betrauert einen Bruder: den in einen Habicht verwandelten Daedalion. Dessen Tochter war Chione. Sie brachte die Zwillinge Autolycus und Philammon zur Welt, mit Mercur und Apollo als Väter. Als Chione sich über Diana erhebt, tötet die Göttin sie, und als sich Daedalion vom Parnass stürzt, wird er zum Raubvogel.

Eingefügt ist der Bericht über das Wüten eines riesigen Wolfs, dem die Rinder des Peleus zum Opfer fallen. Zwar gelingt es der Gattin des Peleus, der Meeresgöttin Tethys, das Gemetzel zu beenden, dessen Folgen Peleus vom Leuchtturm aus betrachtet, denn der Wolf ist nun versteinert, doch der Brudermörder Peleus muss nun auch diese Zuflucht verlassen. Seine Irrfahrt führt ihn zu den Magnesiern in Thessalien, wo ihn der Haemonier Acastus entsühnt.

Ceyx macht sich auf den Weg zum Orakel in Delphi, doch sein Schiff wird in einem Seesturm zertrümmert. Seiner Gattin Alcyone erscheint der Ertrunkene dank dem Traumgott Morpheus im Traum. Am folgenden Tag entdeckt Alcyone den angeschwemmten Leichnam des Gatten. Als sie sich von der am Ufer aufgetürmten Mole stürzt, wird sie zum Vogel, der sich mit dem als Vogel zu neuem Leben erwachten Gatten paart. Als Eisvögel symbolisieren Ceyx und Alcyone unvergängliche Gattenliebe.

Erneut richtet sich der Blick nach Troja. Denn ein Vogel, der einsam übers Meer fliegt und sich immer wieder in die Fluten stürzt, ist der in einen Taucher verwandelte Aesacus, ein Sohn des trojanischen Königs Priamus. Er hatte sich, so wird erzählt, am Meeresufer in die Nymphe Hespie verliebt, doch als sie vor ihm floh, tötete sie der Biss einer Giftschlange. Aesacus gab sich die Schuld und stürzte sich von einem Felsen ins Meer. Die Meeresgöttin Tethys verlieh ihm Flügel, und als Taucher blieb Aesacus am Leben.

Die Magie der Musik

> Während der thracische Sänger mit solcherlei Liedern die wilden / Tiere bezaubert, die Wälder und Felsen, so dass sie ihm folgen, / Sieh, von dem Hügel dort oben erblicken ciconische junge / Rasende Weiber, die Brust mit Fellen bekleidet, den Orpheus, / Wie in die Saiten der Laute er greift zum Gesange der Lieder. (11,1–5)

Der Beginn des 11. Buchs variiert die im 10. Buch enthaltene Schilderung der Gewächse, die den musizierenden Orpheus auf einem Hügel umgeben. Dazu gehören »Eichen mit mächtigem Laubschmuck, / Linden, die weichen, und Buchen, der Ehe entsagender Lorbeer, / Auch die zerbrechlichen Haseln, die Esche, geeignet für Speere, / Tanne, so glatt im Stamm, Steineiche, belastet von Früchten, / Dann die Platane, die heitre, der Ahorn verschiedener Färbung, / Weiden, an Flüssen daheim, und wasserliebender Lotos, / Immer mit Grün umkleideter Buchs, Tamarisken, die feinen, / Myrte mit doppelter Farbe, der Schneeball mit bläulichen Beeren. / Du auch kamst, schlingfüßiger Efeu, herbei und zugleich die / Rankenden Reben und Ulmen, von Reben umkleidet, die Manna- / Eschen und Kiefern, der Erdbeerbaum, überladen mit roten / Früch-

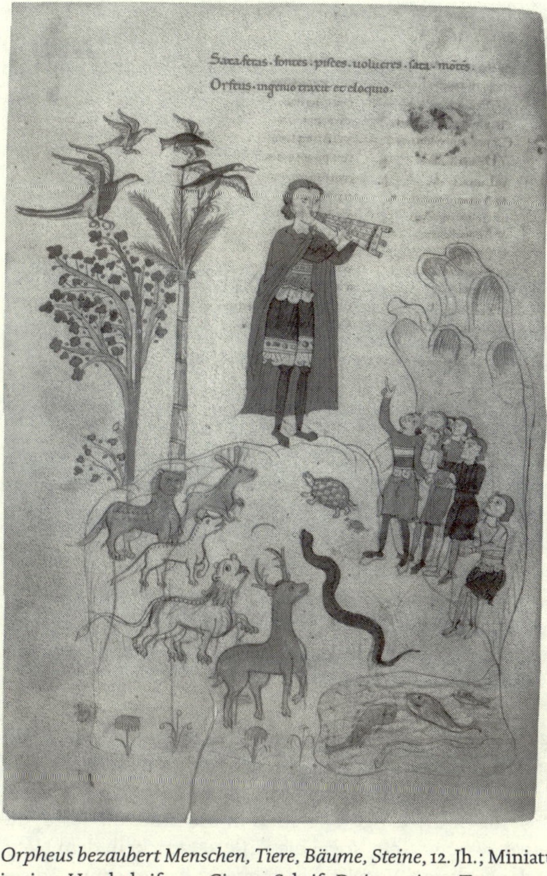

Orpheus bezaubert Menschen, Tiere, Bäume, Steine, 12. Jh.; Miniatur in einer Handschrift von Ciceros Schrift *De inventione*; Tempera auf Pergament, Blattformat 22,6 × 14 cm; Ottob. lat. 1190, fol. 68 verso.

ten, geschmeidige Palmen, die Preise des Siegers, die Fichte« (10,91–102).

Nun gesellen sich zu den Tieren, Bäumen, Pflanzen und Felsen auch ciconische (thrakische) »wilde Weiber«, denen Orpheus zum Opfer fallen wird.

Die Einfügung der Bildseite in die Handschrift eines Werkes von Cicero bringt die Überzeugung zum Ausdruck, die Redekunst erziele die gleiche Wirkung wie Musik.

Zweimalige Vergeltung

> Eine davon schreit auf – sie schüttelt das Haar in den leichten / Lüften: »Dort ist er, der uns missachtet!«, und sendet die Lanze / In das Gesicht des Tönebegabten, des Sohnes Apollos. / Aber sie ritzt ihn nur, die blätterumwundene Spitze. (11,6–9)

Von seiner »Missachtung« der Frauen ist bereits die Rede gewesen, nachdem Orpheus seine geliebte Eurydice zum zweiten Mal verloren hat. Wobei offenblieb, ob sein Verhalten ein Ausdruck von Kummer war oder ob ihn ein ewiges Treuegelübde band. Die rasenden Frauen, die nun mit efeuumwundenen Thyrsosstäben als Schlagwaffen ausgerüstet sind und Orpheus ermorden, gehören eigentlich zum Gefolge des Bacchus. Dieser fordert daraufhin nun seinerseits Vergeltung für die Ermordung des Sängers:

> Alsbald fesselt er alle edonischen Frauen im Walde, / Welche den Frevel gesehn, am Grund mit gewundener Wurzel. / Denn wo jede Verfolgerin stand, dort zog er die Zehen / Ihr in die Länge und stieß in die Erde, die feste, die Spitzen. / So wie ein Vogel die Füße verstrickt in dem Netz, das der schlaue / Vogelsteller versteckt hat: er spürt, wie es plötzlich ihn festhält, / Schlägt mit den Flügeln und zappelt

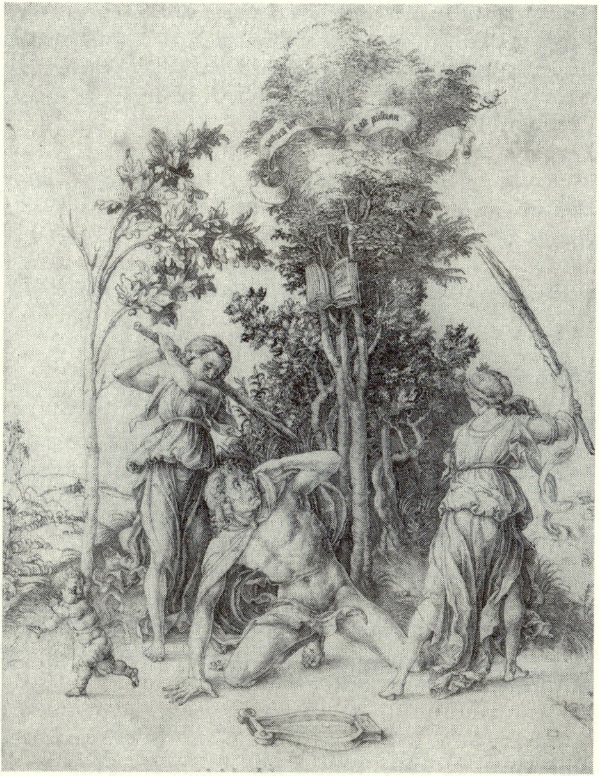

Albrecht Dürer, *Der Tod des Orpheus*, 1493; Feder auf Papier, 28,6 × 22,5 cm; Hamburg, Kunsthalle.

und schnürt immer fester die Fesseln: / Also versucht eine jede der Frauen, sowie sie am Grunde / Haftet und hangt, voll Schrecken zu fliehn, vergeblich: das zähe / Wurzelwerk hält sie; so sehr sie sich bäumt, doch bleibt sie gefangen. (11,69–78)

Dürers Zeichnung weist auf die Beschäftigung des Nürnberger Humanisten mit Ovids *Metamorphosen* hin. Zu dieser Werkgruppe gehören Holzschnitte mit dem *Sturz des Ikarus* und mit den Zwillingen *Apollo und Diana*, im weiteren Sinne auch ein *Herkules* als Allegorie der Eifersucht und eine *Satyrfamilie*.

Midas macht sich verdient

> Aber Silenus ist fern: es fingen ihn phrygische Bauern, / Während er schwankte vom Wein und vom Alter. Mit Kränzen umwunden, / Ward er vor Midas geführt, den König, dem einstens der Thracier / Orpheus mitsamt dem Crecropier Eumolpus die Weihen erteilte. (11,90–93)

Die grotesken Geschichten von König Midas folgen der Tragödie der Ermordung des Orpheus. Die Frauen werden für ihre Tat bestraft, ihre Beine, Arme und auch die Brüste verhärten sich zu Holz: »Holz sind die Schultern, und meinst du, die weit sich breitenden Arme / Seien nun wirklich Äste, so würdest du schwerlich dich täuschen. / Doch das genügt ihm nicht: die Gefilde sind Bacchus verleidet, / Und er eilt mit besserem Schwarm zu des lieben Timolus / Reben und nach dem Pactolus: der führte ja freilich zu jenen / Zeiten nicht Gold, kein köstlicher Sand erregte Begierde. / Ihn umtummelt die Schar, die vertraute, Bacchantinnen, Satyrn« (11,82–89).

Nach der Verwandlung der Zeuginnen des Frevels in Bäume reist Bacchus mit seinem Gefolge aus Bacchantinnen und Sa-

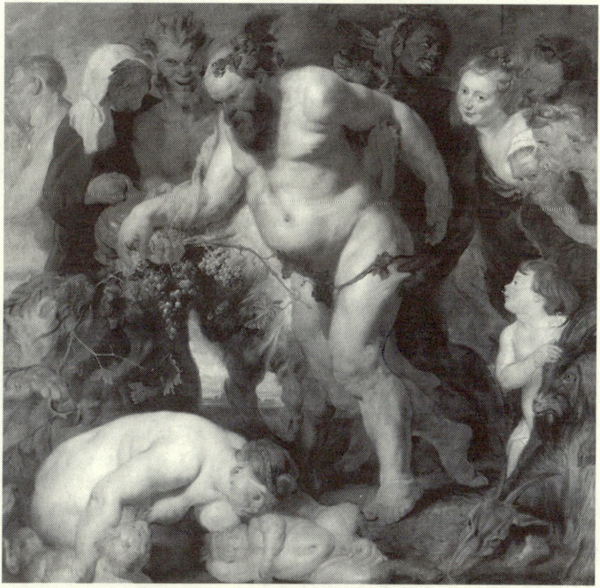

Peter Paul Rubens, *Trunkener Silen* (Werkstatt-Kopie), 1618; Kassel, Museum Schloss Wilhelmshöhe.

tyrn nach Indien, allerdings ohne seinen einstigen Pflegevater, den Satyr Silenus. Er »ist fern« und fällt phrygischen Bauern in die Hände.

Ovid beschränkt sich auf die Feststellung, Silenus sei ein betrunkener Greis. Dagegen erzählt eine ältere Überlieferung, Seilinos alias Silenus verfüge über die Kunst der Wahrsagung, und Midas habe ihn zu diesem Zweck an eine weinhaltige Quelle gelockt. Für Rubens bot das Thema *Trunkener Silen* eine Gelegenheit, durch den Kontrast zwischen dem gebeugten bocksbeinigen Satyr und seinem Gefolge die körperlichen Wandlungen darzustellen. Offensichtlich stieß das Thema Körperlichkeit auf reges Interesse, denn die Kasseler Version ist eine Kopie der Rubens-Werkstatt.

Eine Reinigung

> Mild ist göttliches Wesen: es heilt den reuigen Sünder / Bacchus und löst das Geschenk von der bindenden Pflicht des Vertrages. / »Geh«, so spricht er, »damit dich das Gold nicht länger umstrickt hält, / Das du so übel gewünscht, zum Strom, der nahe dem großen / Sardes fließt! Dann schreite den gleitenden Wellen entgegen / Über die Höhe des Ufers, bis dass du zum Ursprung gelangest! / Wo der schäumende Quell am kräftigsten sprudelt, da halte / Unter das Haupt und wasche den Leib und tilge den Frevel!« (11,134–141)

Midas befolgt die Anweisung seines göttlichen Wohltäters und erlöst sich durch das Bad im Fluss bei der lydischen Hauptstadt Sardes von der inzwischen tödlichen Gabe, alles in Gold zu verwandeln, was er berührt. Nun sind die Wellen des Flusses die Empfänger jener Gabe, von der sich Midas befreit. Vergleichbar ist das Reinigungsbad des erkrankten Aramäers Naami auf Anweisung des Propheten Elischa im Jordan. »Da stieg er ab und taufte sich im Jordan siebenmal, wie der Mann Gottes geredet hatte; und sein Fleisch ward wieder erstattet [gesund] wie das Fleisch eines jungen Knaben, und er ward rein« (2. Kön. 5,14).

Poussins Gemälde zeigt den dankenden Midas, der im Hintergrund in den Fluss steigt, im Vordergrund vor Bacchus kniet. Dessen Attribut ist der links ruhende Frauenakt, ein Bildzitat aus Tizians *Bacchanal*.

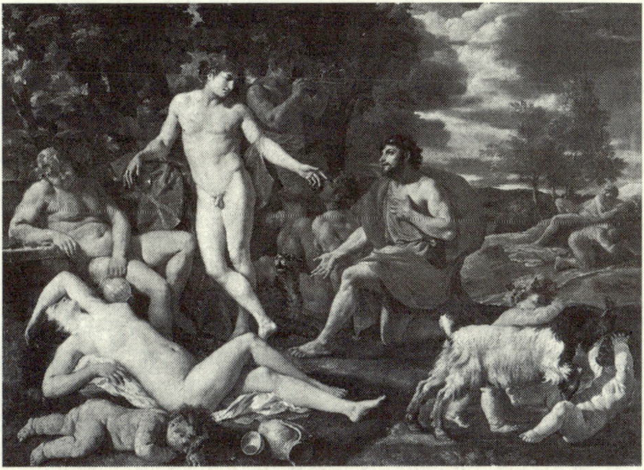

Nicolas Poussin, *Midas und Bacchus*, vor 1631; Öl auf Leinwand, 98 × 153 cm; München, Alte Pinakothek.

Midas verlässt den Ort, an dem er Todesangst ausgestanden hat, aber »der Fürst blieb töricht, und nochmals sollte der Herrscher, / Wie schon früher, durch läppische Torheit Schaden erleiden« (11,148 f.). Der zweite Schaden, den Midas erleidet, betrifft seine Ohren, die Apollo ihm zu spitzen Eselsohren in die Länge zieht. Dies ist die Strafe für die »Torheit«, bei einem musikalischen Wettstreit zwischen dem Musengott und dem Flötisten Pan Letzteren zum Sieger zu erklären. Midas verbirgt seine Schmach unter einer Mütze, nur sein Friseur kennt das Geheimnis. Ovid genießt es, dem Leser eine köstliche Lösung für das Dilemma des Friseurs zu präsentieren, der hin und her gerissen ist zwischen dem Gebot der Verschwiegenheit und seinem Bedürfnis, von den Eselsohren zu erzählen: Er gräbt ein Loch in die Erde, flüstert die Geschehnisse in die Grube und schüttet das Erdloch anschließend wieder zu, das den »Verrat seiner Stimme« (11,188) birgt. An genau dieser Stelle wächst ein dichter Hain mit Schilf. Und vom Südwind bewegt, tönen die verschütteten Worte aus dem Schilf: »bekannt sind die Ohren des Fürsten« (11,193).

Jupiters Verzicht

> Jupiter also, auf dass in der Welt es nichts Größeres gäbe / Als ihn selbst, vermied die Vermählung mit Thetis, der Meermaid, / Wenn er auch brennendes Feuer der Liebe im Busen verspürte. / Doch er gebot seinem Enkel, dem Aeacussohne, an seine / Stelle zu treten, dem Mädchen der See zur Umarmung zu nahen. (1,224–228)

Das Gemälde, mit dem der Klassizist Ingres sein Studium an der französischen Akademie in Rom abschloss, steht mit dem Text sowohl von Homer als auch von Ovid in Verbindung. Gemeinsam ist, dass der starr thronende Göttervater die Meeresgöttin Thetis abweist, die seine Hilfe erbittet.

Die *Ilias* beginnt mit dem Streit zwischen Achill und Agamemnon um die von Achill als Geliebte in Besitz genommene Gefangene Briseis. Achills Mutter Thetis unterstützt den Wunsch ihres Sohnes, die Griechen dafür zu bestrafen, dass sie sich in diesem Streit auf die Seite Agamemnons stellen. Der gekränkte Achill verweigert daher, sich an den Kämpfen um Troja zu beteiligen. Zeus weist Thetis ab, um seine Neutralität im griechisch-trojanischen Krieg zu behalten, zumal da Juno auf der Seite der Griechen steht.

Ovid berichtet in einer Rückblende der Ereignisse von Jupiters Sorge, die begehrte Vereinigung mit Thetis könne einen Rivalen erzeugen. Denn ein Orakel des greisen Proteus besagte, sie werde die Mutter eines Knaben sein, der als Mann die

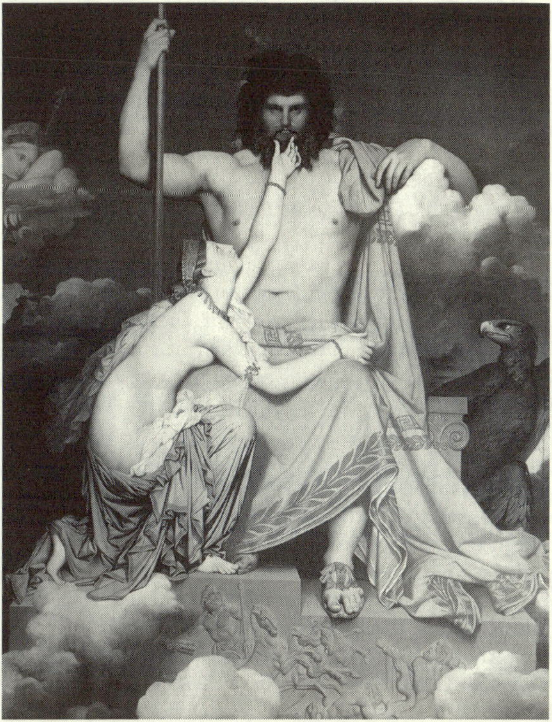

Jean-Auguste-Dominique Ingres, *Jupiter und Thetis*, 1811;
Öl auf Leinwand, 327 × 260 cm; Aix-en-Provence, Musée Granet.

Taten des Vaters übertreffen werde. Um das zu verhindern, führt Jupiter Thetis seinen Enkel Peleus, Sohn des Aeacus, als Gatten zu.

Zwölftes Buch

Ohne zu wissen, dass Aesacus in einen Vogel verwandelt wurde (Ende des 11. Buchs), begehen Priamus und Hector in Troja eine Totenfeier für den verschollenen Sohn und Bruder. Auch Hectors Bruder Paris fehlt, denn er entführt soeben die schöne Helena aus Sparta (S. 239).

Den Rachefeldzug der Griechen hält ein Sturm auf. In Aulis deutet der Seher Calchas den Tod von neun Vögeln durch eine schließlich versteinerte Schlange als Vorzeichen des neunjährigen Kriegs gegen Troja. Um Diana zu besänftigen, soll eine Jungfrau geopfert werden. Dies geschieht, doch die Göttin vertauscht die dazu ausgewählte Iphigenie mit einer Hirschkuh (S. 241). Bevor sich die Erzählung nun dem Krieg um Troja zuwendet, werden das Wesen der Fama und ihre Wohnstätte zum Thema:

> Leichtes Gesindel erfüllt die Hallen: ein Kommen und Gehen! / Tausend Gerüchte durchschwärmen die Räume; es mischen erfundne / Sich mit den wahren: es schwirrt ein verwirrtes Gemengsel von Worten! / Diese durchdringen die Lüfte, die leeren, mit Schwätzen, und jene / Tragen Erzähltes davon: es wächst das Maß des Erlognen. / Irgendein Neuer erfindet noch andres zu dem, was er hörte. / Dort ist verwegener Irrtum zu Hause und gläubiger Leichtsinn, / Nichtige Lust wohnt dort und entsetzlich erschütternde Ängste, / Jählings erregter Tumult und Geflüster, man weiß nicht, von wannen. / Sie, die Herrin, erblickt, was im Himmel, im Meer und auf Erden / Irgend geschieht: ihr Forschen durchdringt das gewaltige Weltall. (12,53–63)

Durch die allsehende Fama sind die Trojaner über die heransegelnden Griechen unterrichtet. Sowohl die Verteidiger als auch die Angreifer erleiden hohe Verluste. Zu den Triumphen des Achill gehört der Sieg über Cygnus, einen durch Waffen nicht verwundbaren Sohn Neptuns. Von Achill im Nahkampf erwürgt, wird Cygnus zum Schwan.

Nach diesem Sieg tritt eine Kampfpause ein. Die Griechen veranstalten ein Gelage und erinnern sich an Heldentaten. Dabei erzählt der greise Nestor von den Siegen des Caeneus, der früher als Caenis, Tochter des Lapithenkönigs Elatus, eine begehrte Schönheit war. Nachdem Neptun Caenis vergewaltigt hatte, erfüllte er ihren Wunsch, fortan ein Mann zu sein, um nicht erneut missbraucht werden zu können.

Caeneus hat wesentlichen Anteil am Kampf der Lapithen gegen die Centauren, an dem auch Theseus und Nestor beteiligt sind. Ausgelöst wird der Kampf durch die Hochzeit des Lapithen Pirithous mit Hippodame. Sie wird auch von den Centauren in Anspruch genommen, und einer von ihnen, Eurytus, raubt sie. Es entsteht ein Kampf, dessen grausame Details Ovid ähnlich ausführlich schildert wie im 5. Buch den Kampf aus Anlass der Hochzeit von Perseus und Andromeda. Hier wie dort wird das »heitere Mahl zu Getümmel urplötzlich gewandelt«. Ein Beispiel: »Amycus, Sohn des Ophion, begann aus dem Innern als Erster, / Ohne zu zaudern, die Weihegeschenke zu reißen: er packte / Jäh einen Leuchter, der dicht mit flimmernden Lichtern besetzt war. / Hoch ihn hebend, vergleichbar dem Opferer, welcher den weißen / Nacken des Stiers mit geschwungenem Beil zu zerhauen sich anschickt, / Schmettert er ihn auf die Stirn des Celadon, eines Lapithen: / Knochengemengsel verbleibt in dem nicht mehr kenntlichen Antlitz. / Fortgespickt sind die Augen, zerspellt die Knochen des Kiefers, / Rückwärts getrieben die Nase: sie haftet inmitten des Gaumens« (12,245–253). Nestor berichtet schließlich, Caeneus sei von den Centauren durch eine Last von Bäumen, die ihn zu Boden drückte, getötet worden und habe die Gestalt eines

Vogels angenommen. Getadelt wird Nestor von Tlepolemus, da er die Taten von dessen Vater Hercules verschweigt. Nestor lässt sich, indem er diese Heldentaten übergeht, zu denen auch Siege über Centauren gehören, von seinem Hass auf Hercules leiten, denn dieser hat seine Brüder getötet, auch den in einen Adler verwandelten Periclymenus.

Das 12. Buch endet mit dem Tod des Achill im zehnten Jahr des Krieges; zuletzt hatte Achill Hector getötet.

Was Achill aber vor allem zum Verhängnis wird, ist Neptuns Zorn über die Verwandlung seines heldenhaften Sohns Cygnus in einen Schwan. Neptun erinnert Apollo an die gemeinsam errichteten Mauern Trojas, die zerstört werden, und an die Tausenden getöteten Trojaner. Apollo erscheint im Heer der Trojaner und lenkt den Pfeil des Paris auf die sprichwörtliche Achillesferse. So rächt Paris seine Brüder.

Eine Gabe der Venus

> Paris fehlte jedoch bei dem traurigen Dienste, derselbe, / Welcher hernach mit der Frau, der geraubten Gemahlin, den langen / Krieg in das Vaterland brachte. Es folgten die tausend verschwornen / Schiffe, darauf des pelasgischen Volkes Gemeinschaft. Man hätte / Nicht die Rache verschoben, doch machten die grimmigen Winde / Unüberschreitbar das Meer, und im fischeergiebigen Aulis / Hemmte Boeotiens Erde die Flotte, die segelbereite. (12,4–10)

Das 14. Buch beschäftigt sich mit den Spuren des Aeneas und der Geschichte in Italien. Dafür bildet der Trojanische Krieg die Vorgeschichte.

Das 12. Buch beginnt mit der Trauerfeier für den verschollenen trojanischen Prinzen Aesacus, an der dessen Bruder Paris nicht teilnimmt, da er in Sparta seinen von Venus zugesagten Lohn holt. (Die Vorgeschichte unterschlägt Ovid, nämlich das

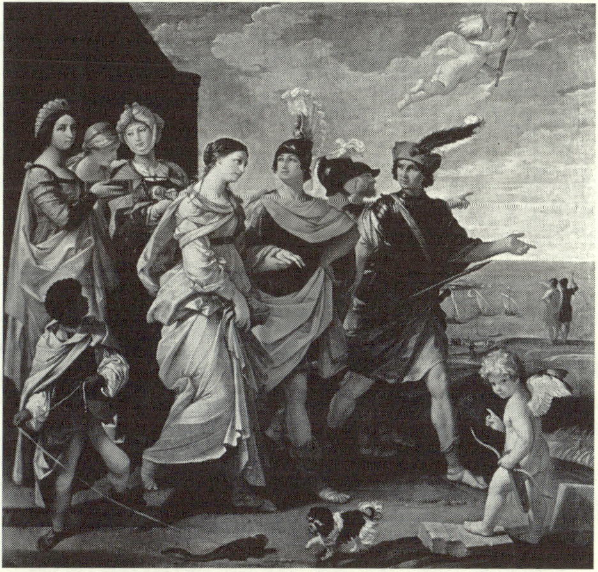

Guido Reni, *Die Entführung der Helena*, 1631; Öl auf Leinwand, 253 × 265 cm; Paris, Musée du Louvre.

»Urteil des Paris« im Schönheitswettbewerb zwischen Juno, Minerva und Venus. Als Preis für sein Urteil zugunsten der Venus bekommt Paris die mit Menelaos verheiratete Königin Helena, die schönste Frau der Welt, zugesprochen. Entführen muss er sie selbst.)

Eine Überlieferung handelt davon, Aphrodite alias Venus habe Helena überredet, sich mit Paris zu verbinden. Auf Guido Renis Gemälde richtet daher Cupido den Liebespfeil auf Helena, die ihrem Entführer widerstandslos folgt.

Helenas Einstellung ändert sich, Homer zufolge, in Troja. Im 3. Gesang der *Ilias* findet ein Zweikampf zwischen Menelaos und Paris statt, in den Aphrodite eingreift, indem sie Paris in Nebel hüllt. Als ihn Helena der Feigheit bezichtigt, wehrt Paris sich und bittet, ihn nicht durch schmähende Worte zu kränken: »Jetzt zwar hat Menelaos mich niedergekämpft mit Athene, / Jenen ein andermal ich; denn uns auch helfen die Götter. / Aber wohlan, so lasse gelagert an Liebe uns freuen. / Nie noch umhüllte Liebesverlangen so sehr mir die Sinne, / Auch nicht, als ich zuerst aus dem lieblichen Land Lakedämon / Abfuhr, dich entführend auf meerdurchfahrenden Schiffen, / Auf der Kránaë-Insel uns einend in Liebe und Lager, / So wie ich jetzt dich liebe und süßes Verlangen mich ankommt« (*Ilias* 3,439–446).

Bei Ovid richtet sich der Blick auf Paris erst wieder, als Achill durch den von Neptun ins Ziel gelenkten Pfeil des trojanischen Prinzen Paris stirbt. Und Neptun höhnt: »Du, der Besieger so mächtiger Helden, Achilles, / Bist nun besiegt von dem feigen Entführer der griechischen Gattin!« (12,608–610)

Diana wird versöhnt

> Blut einer Jungfrau brauche es, um einer göttlichen Jungfrau / Zorn zu versöhnen. Das Staatsinteresse besiegte die Liebe, / Fürstliche Pflicht das Vatergefühl: Iphigenie, die keusche, / Stand am Altar, zu spenden ihr Blut, und es weinten die Diener. / Jetzt ist die Göttin besiegt, mit Gewölk überzieht sie die Augen: / Während des Kultes, des Opfergetümmels, der Worte der Beter / Tauscht sie – man sagt's – die Mycenerin um: eine Hindin ersetzt sie. (12,28–34)

Ein Sturm hemmt den Rachefeldzug der Griechen nach Troja, das wohl von Neptun, dem Erbauer seiner Mauern (11. Buch),

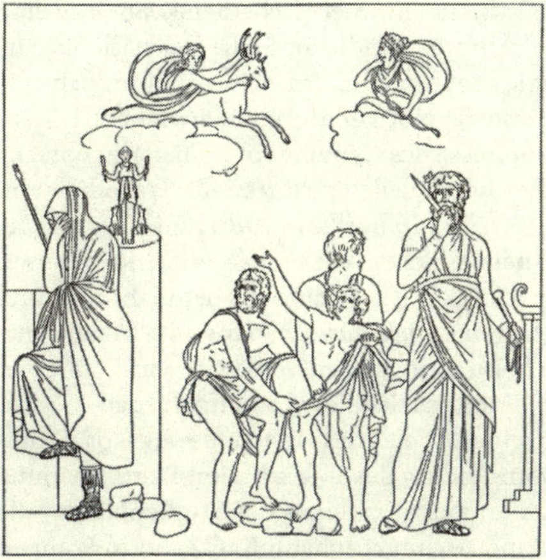

Die Opferung der Iphigenie, Zeichnung nach einer pompejanischen Wandmalerei aus dem 1. Jh. n. Chr.; heute Neapel, Museo Archeologico Nazionale.

beschützt wird. In Aulis an der boeotischen Küste warten sie auf die Gelegenheit zur Weiterfahrt. Zuvor kommt zweimal der Seher Calchas, den das Wandgemälde aus Pompeji am rechten Rand zeigt, zur Geltung.

Als die Griechen für Jupiter ein Opfer vorbereiten, sehen sie eine Schlange, die im Wipfel eines Baumes acht junge Vögel und ihre Mutter tötet und danach versteinert. Calchas deutet den Tod der Vögel als die neun Jahre, die der Krieg gegen Troja dauern wird. Die zweite Weissagung des Calchas betrifft die Besänftigung der Diana durch Opferung einer Jungfrau. Das Gemälde zeigt, wie Iphigenie wohl von Achill und Odysseus alias Ulixes zum Altar getragen wird, während sich ihr Vater

Agamemnon verhüllt. Am Himmel erscheinen Diana und eine Nymphe mit einer Hirschkuh, die an Stelle der nach Trachis versetzten Iphigenie geopfert wird. Im 13. Buch rühmt sich Ulixes, Agamemnon von der Notwendigkeit überzeugt zu haben, seine Tochter im Interesse des Gemeinwohls Diana zu opfern.

Zu Ovids griechischen Quellen gehörten die Tragödien von Euripides (um 400 v. Chr.) *Iphigenie in Aulis* und *Iphigenie bei den Taurern.* Zur neuzeitlichen Wirkungsgeschichte gehören eine Tragödie von Jean Baptiste Racine aus dem Jahr 1674 und Goethes Drama *Iphigenie auf Tauris* (1779 Fassung in rhythmisierter Prosa; die Fassung in Versen von 1786 wurde in einer Bearbeitung durch Friedrich Schiller 1802 aufgeführt).

Abgebildet ist eine Kopie des Iphigenie-Freskos, eines Wandgemäldes vom Anfang des 1. Jh.s n. Chr. Die Zeichnung im klassizistischen Linienstil ist eines der Studienblätter, die der spätere Maler und Architekt Johann Karl Zahn in Pompeji um 1825 angefertigt hat. Goethe war, wie Zahn berichtet, begierig, die Ausbeute der Aufenthalte in Pompeji kennenzulernen, und konstatierte: »Ja, ja, das Antike muss jedem Künstler das Vorbild bleiben.«

Dreizehntes Buch

Nach der Einäscherung des Achill entsteht unter den Griechen ein Streit um den Besitz seiner Waffen. Unter Agamemnons Vorsitz fechten Ajax und Ulixes ein Rededuell aus, in dem sie ihre Taten im Krieg schildern. Ajax nimmt für sich in Anspruch, die Flotte der Griechen vor der Zerstörung bewahrt zu haben, er glaubt außerdem als Vetter des Achill ein natürliches Anrecht auf dessen Waffen zu haben (S. 245) und Ulixes an Kampfkraft und Mut überlegen zu sein. Das Reden allerdings, so Ajax, liege ihm so fern wie seinem Widersacher das Handeln. Er denunziert Ulixes als Feigling.

Dieser verbindet seine Redekunst mit wirkungsvollen Gesten: Zuerst blickt er bescheiden zu Boden, schaut dann zu den Fürsten auf, und als er den Tod des Achill als Anlass für den Rechtstreit um dessen Waffen nennt, treten ihm Tränen in die Augen. Zu seinen Verdiensten zählt Ulixes, dass er dafür gesorgt habe, dass Achill überhaupt am Kampf um Troja teilgenommen hat. Denn auf Wunsch der Mutter Thetis, die eben dies verhindern wollte, trug Achill Mädchenkleider. Doch diese Maskerade wurde aufgehoben, als Ulixes Waffen unter die für Frauen bestimmten Waren gemischt hatte, welche er als vermeintlicher Kleiderhändler anbot. Diese versteckten Waffen begeisterten Achill. Dessen Heldentaten im Krieg um Troja, schließt Ulixes, seien somit ihm zu verdanken. Dies entspricht der Selbsteinschätzung des Ulixes, der sich als Steuermann und Feldherr über den Ruderern und Soldaten stehend sieht. Männer wie Ajax seien nur durch ihren Körper nützlich, behauptet er.

Die umstrittenen Trophäen werden Ulixes zugesprochen, und der gedemütigte Ajax nimmt sich das Leben (S. 250). Aus dem Blut des Ajax entsteht eine purpurne Blume, ähnlich wie beim Tod des Hyacinthus (10. Buch). Von weiteren Abenteuern des Ulixes und einiger seiner Gefährten nach der Eroberung Trojas ist im nächsten Buch die Rede.

Die Eroberung Trojas ist mit Grausamkeiten der Griechen verbunden. Zu ihrer Beute gehören Trojanerinnen samt Hecuba, der Witwe des Priamus. Sie werden von Ulixes als Sklavinnen Penelopes vorerst zum Thracerkönig Polymestor gebracht, der den trojanischen Prinzen Polydorus als Pflegesohn aufgenommen, nach Trojas Niedergang aber ermordet und ins Meer geworfen hat. Ihn tötet Hecuba und verwandelt sich in einen heulenden Hund. Zuvor wurde ihre Tochter Polyxena am Altar geopfert, um den Geist des Achill versöhnlich zu stimmen. Hecubas Schmerz rührt auch Jupiter und Juno. Aurora dagegen ist von ihrer eigenen Trauer über den Tod ihres von Achill erschlagenen Sohns Memnon befangen. Der morgendliche Tau rührt von Auroras nie versiegenden Tränen her.

Zu den überlebenden Trojanern gehört Aeneas, der Sohn der Venus. Er flieht mit dem Vater Anchises und dem Sohn Ascanius aus der brennenden Stadt (S. 253). Mit seinen Gefährten segelt Aeneas nach Delos. Der Priesterkönig Anius beklagt die Verwandlung seiner Töchter in Tauben. Die Weiterfahrt führt schließlich nach Sizilien.

An der Meerenge zwischen der Insel und Italien gefährden die beiden Ungeheuer Charybdis und Scylla die Schifffahrt. Scylla ist am Unterleib von wilden Hunden umgeben, Charybdis verschlingt Schiffe und speit sie wieder aus. Ursprünglich war Scylla, »wenn nicht alles gelogen ist, was die Dichter uns überliefern« (*si non omnia vates ficta reliquerunt*, 13,733; Übers. M. von Albrecht), eine mit Meeresnymphen befreundete Jungfrau. Ihr klagte einst Galatea ihr Leid. Denn der Zyklop Polyphem hatte sich in sie vernarrt und ihren Geliebten Acis getötet (S. 255). Acis verwandelte sich in den gleichnamigen Strom.

Als sich Scylla – so der Bericht der Galatea – am Strand niederlegt, wird sie von einer aus dem Meer auftauchenden Gestalt mit einem Fischschwanz als Unterleib erschreckt. Es ist der von Liebe ergriffene Glaucus. Er erzählt Scylla die Geschichte seiner Verwandlung vom Fischer in einen Meeresgott, weil er ein am Meeresstrand gedeihendes Gras gekaut hatte. Wozu Glaucus durch sein Entzücken an Scylla getrieben wird, berichtet der Anfang des 14. Buchs.

Wettstreit der Schmähungen

> Du, von des Sisyphus Blut, an Lug und Trug ihm so ähnlich, / Drängst dich hinein in das fremde Geschlecht der Aeacusenkel? / Oder verweigert man mir die Waffen, weil ich zu Beginn schon / Hier bei den Waffen erschien und keines Spiones bedurfte? / Dieser gewinnt den Prozess, der als Letzter die Waffen ergriffen / Und versuchte, dem Dienst zu entfliehn durch erheuchelten Wahnsinn, / Bis der geschicktere Naupliussohn, sich selber zum Schaden, / Ihn als Feigling entlarvte, zum Krieg sie schleppte, die Memme? (13,32–39)

Das drittletzte Buch beginnt mit dem rhetorisch ausgefochtenen Wettkampf des Aias alias Ajax und des Odysseus alias Ulixes. Beide erheben Anspruch auf die Waffen des Achill. Ihn tötete ein von Neptun, dem Vater des von Achill getöteten Cygnus, gelenkter Pfeil des Paris.

In der Versammlung der Griechen erhebt sich zunächst Ajax, der Held, der zum Zorn neigt. Er ruft Jupiter als Zeugen dafür an, dass Ulixes es wage, sich mit dem höchsten Gott zu vergleichen, indem er behaupte, von diesem abzustammen. Ajax schmäht den Rivalen in zweierlei Hinsicht: Er stamme vielmehr vom Frevler Sisyphus ab und habe zudem Wahnsinn vorgetäuscht, um sich dem Kriegsdienst zu entziehen.

Ovid verwendet Motive aus der widersprüchlichen Überlieferung, um einen gewaltigen Spannungsbogen herzustellen,

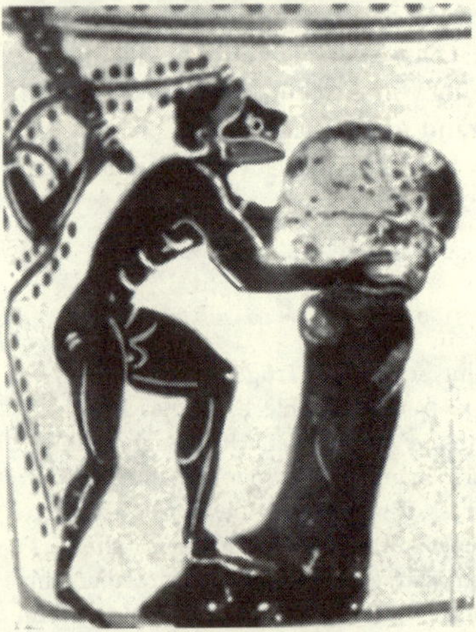

Sisyphos, attische Vasenmalerei, um 500 v. Chr.;
San Antonio (Texas), Museum of Art.

der schließlich mit der Selbsttötung des zunächst glänzenden Ajax endet. Ein frühes Beispiel für den sich anbahnenden Niedergang des sich auf Schmähungen stützenden Anklägers Ajax ist die von Ulixes mühelos entkräftete Behauptung, er stamme von dem in der Unterwelt büßenden Sisyphus ab, der seine Mutter Antikleia vor ihrer Heirat mit Laërtes geschwängert habe. Ulixes erklärt in seiner Gegenrede: »Mir ist Laertes der Vater, ihn zeugte Arcesius, diesen / Jupiter; kein verbannter Verbrecher ist hier zu entdecken!« (13,144 f.) Am Ende gelingt es Ulixes, rhetorisch buchstäblich den Spieß umzudrehen und den anfänglichen Eindruck von Ajax als schlichtem, aber glaubwürdigem Zeugen in den eines ungeschickten Denunzianten zu wandeln, dessen Vorwürfe auch die zu Gericht sitzenden Heerführer trifft: »Wundern wir uns doch nicht, dass er mich mit Tölpelgeschimpfe / Ganz übergießt! Er beschuldigt auch euch, dass ihr billig euch schämet!« (13,306 f.)

Das Gemüt des Rhetors

> O ich Armer, wie weh es mir tut, der Zeit zu gedenken / – Aber ich muss! –, der Zeit, da Achilles, die Mauer der Griechen, / Niedersank! Doch konnten nicht Tränen, nicht Trauer, nicht Angst mich / Hindern, den Leib des Toten vom Grund in die Höhe zu heben: / Ich trug hier auf den Schultern, auf diesen Schultern Achilles' / Leib und zugleich die Waffen, die jetzt ich zu tragen begehre. (13,280–285)

In seiner Gegenrede zieht Ulixes alle Register wirkungsvoller Emotionalität; doch legt er auch wirkungsvolle Pausen ein: Als er vom »bitteren Geschick« spricht, das Achill »entrissen hat, wischt sich Ulixes die Augen, als müsse er« – so kommentiert Ovid – »Tränen vergießen« (13,131–133). Und mit dem Ausdruck des Selbstmitleids statt des Mitgefühls beginnt Ulixes den eingangs zitierten Bericht über seine Bergung des Körpers von Achill. Allerdings wird das hier abgebildete Vasenbild meist als Darstellung des Ajax gedeutet, entsprechend der griechischen Überlieferung, von der sich Ovid absetzt. Denn in den *Metamorphosen* ist es Ulixes, der nach eigener Darstellung den Leichnam des Achill mitsamt den Waffen vom Schlachtfeld trägt und damit die zentralen Vorwürfe des Ajax widerlegt: »Denn ich besitze die Kraft, so gewaltige Lasten zu schleppen, / Sicher den Geist, um die Ehre zu spüren, die ihr mir erweiset!« (13,286 f.). Er argumentiert schließlich, dass diese Waffen keine gewöhnlichen seien, sondern »himmlische Gaben« und »Werke der edelsten Kunst«. Ajax verlange also Waf-

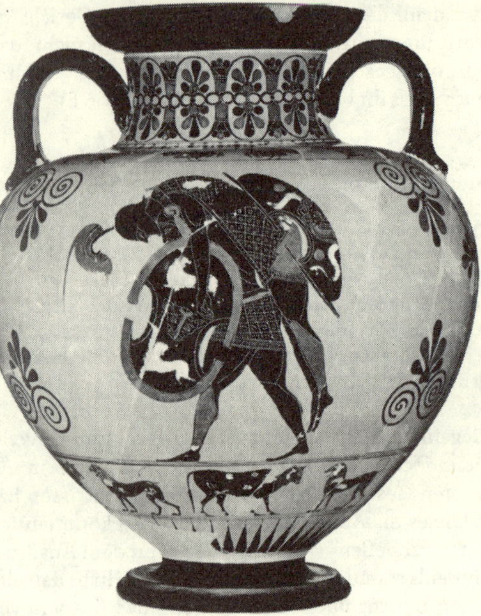

Ulixes trägt Achills Leichnam vom Kampffeld, um 570 v. Chr.; attischer Krater des Kleitias; Florenz, Museo Archeologico.

fen, »die er niemals verstehen wird« (13,295). Ulixes tritt hier sehr überzeugend auf, entgegen Ovids kritischer Haltung dieser Figur gegenüber an anderen Stellen. Hier besteht Übereinstimmung mit Homers Vorliebe für Odysseus.

Ein Beispiel ist die bereits in der *Ilias* enthaltene Freundschaft des Odysseus mit Diomedes, auf die auch Ovids Ulixes stolz ist.

Eine Niederlage als Sieg

> Deutlich zeigte sich hier der Beredsamkeit Wirkung: die Fürsten / Wurden gewonnen; die Waffen des Tapfern erhielt der Beredte! (13,382 f.)

Dies ist die bittere Einsicht des Ajax, der sich von Ulixes anhören musste: »›Du vermagst allein mit dem Leibe zu nützen, / Ich mit dem Geiste; genau wie der Steuermann über dem Rudrer / Steht, und in der Armee der Feldherr über dem Krieger, / So bin ich dir überlegen; denn wichtiger ist in des Menschen / Körper die Brust als die Faust: in der Brust ruht jegliche Stärke. / Ihr dagegen, ihr Fürsten, den Preis gebt euerem Wächter!‹« (13,365–370)

Der letzte Sieg, der Ajax noch bleibt, ist der Selbstmord als Bekräftigung seiner Autonomie: »Kränkung besiegt ihn, den niemals Besiegten: das Schwert aus der Scheide / Reißt er: ›Das ist mein Besitz! Will Ulixes auch das mir entwenden? / Ich bin das Ziel meiner Waffe, die oft vom Blute der Phryger / Troff: jetzt soll sie triefen vom blutigen Mord ihres Herren, / Auf dass niemand den Aiax zu schlagen vermöge als Aiax!‹ / Sprach's und stieß in die Brust, die nie sonst Wunden erlitten, / Wo sie dem Eisen sich bot, sich hinein die tödliche Waffe« (13,386–392).

Dieses Thema zeichnet bereits ein für Ovid vorbildliches Frühwerk des Sophokles aus, das um 453 entstandene Drama *Aias*. Auch hier erhebt Aias Anspruch auf Achills Waffen, doch Agamemnon und Menelaos übergeben sie Odysseus. Um die griechischen Heerführer vor der blutigen Rache des Aias zu schützen, schlägt Athene diesen mit Wahn, und statt seiner Beleidiger tötet Aias eine Schafherde. Nach seiner Gesundung nimmt er sich das Leben. Seine Abschiedsworte bei Sophokles:

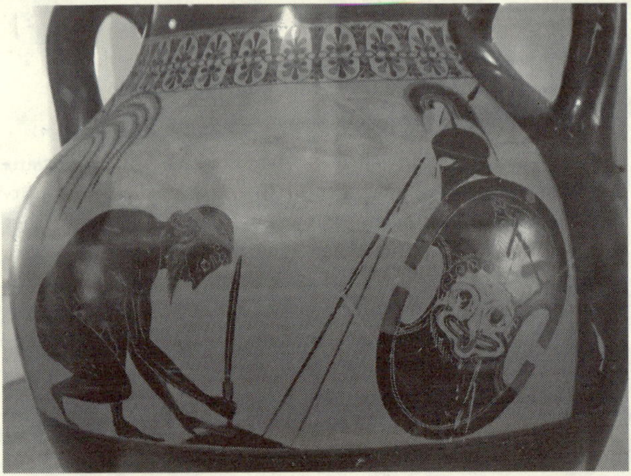

Der Tod des Aias, um 540 v. Chr.; Vasenbild des Exekias auf einer Amphore; Boulonge-sur-Mer, Museum.

Dich aber, hellen Tages Glanz, der mir noch strahlt, / und Helios, den Wagenlenker, sprech ich an, / zum allerletzten Mal und niemals wieder späterhin. / O Sonnenlicht, o heimatlichen Landes heil'ger Grund / von Salamis, o väterlichen Herdes Sitz, / Athen, gerühmte Stadt, mit deinem Brudervolk, / ihr Quellen und ihr Flüsse hier, und die trojanischen / Gefilde sprech ich an, lebt wohl, die ihr mir Nahrung gabt! / Dies Wort spricht Aias euch als letzten Gruß, / das andre will ich denen drunten sagen im Hades. (Sophokles, *Aias* 856–865)

> Da entsteigt urplötzlich der Erde, die weithin sich spaltet, / Groß und gewaltig, wie einst, da er lebte, Achilles. Gefährlich / Scheint er zu zürnen: die düstere Miene gemahnt an die Stunde, / Als er, der wilde, mit feindlichem Schwert Agamemnon bedrohte. / »Gehen wollt ihr, Archiver«, so ruft er, »und meiner vergessen? / Sank euer Dank für das, was ich tat, mit mir in die Grube? / Nicht so! Sondern damit mein Grab seine Ehre gewinne, / Sollt ihr die Seele Achills durch Polyxenas Schlachtung versöhnen!« (13,441–448)

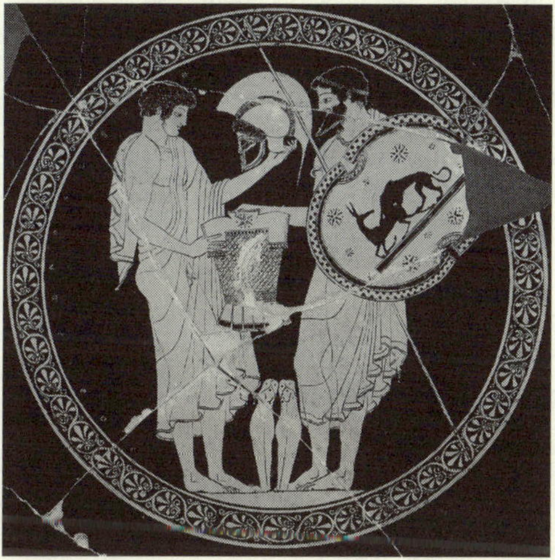

Ulixes übergibt die ihm zuerkannten Waffen Achills an dessen Sohn Neoptolemus, um 490 v. Chr.; Innenseite einer Prunkschale des Töpfers Python und des Malers Duris, Durchmesser 33,8 cm; Wien, Kunsthistorisches Museum, Antikensammlung.

Dieses Menschenopfer soll Achills Sohn Neoptolemus darbringen. Ihn, dem Ulixes die Waffen des Vaters überreicht hatte, sah Polyxena »stehn, das Schwert in der Rechten, / Und musste sie dulden, die Augen, die dreist in ihr Antlitz sich bohrten« (13,455–456).

Mit den an der phrygischen Küste zum Abtransport in die Sklaverei zusammengetriebenen Troerinnen ist ihre einstige Königin Hecuba Zeugin dieser »Schlachtung«, und Hecubas Klage handelt zunächst auch von Achill. Sie hat durch ihn ihre Kinder verloren und nach Achills Tod gehofft, nie wieder Verderben erleben zu müssen, das von dem rasenden Krieger ausgeht. Und nun wird sie fassungslos Zeugin, wie Achill sogar nach seinem Tod noch machtvoll die Opferung von Polyxena auf seinem Grab verlangt.

Vergeblich sucht Agamemnon den Tod Polyxenas zu verhindern. Tote hätten kein Recht auf junge, lebende Frauen. Polyxena erträgt ihr furchtbares Schicksal klaglos.

Trojanische Nachkommen der Venus

> Dass mit den Mauern die Hoffnung von Troja entschwinde, das Schicksal / Duldet es nicht: es trägt der cytherische Held auf den Schultern / Heiliges Gut und – heil'ge, ehrwürdige Bürde! – den Vater. / Diesen Besitz und den lieben Ascanius wählt sich der Fromme / Aus den riesigen Schätzen und fährt mit der flüchtigen Flotte / Über das Meer von Antandros davon. Der Thracier verruchte / Küsten, sie bleiben zurück, und die Erde, die jüngst Polydorus' / Blut überströmte. Mit günstigen Winden und freundlicher Strömung / Kommt er zur Stadt des Apoll, begleitet von seinen Gefährten. (13,623–631)

Der »cytherische Held« ist Aeneas, benannt nach der heiligen Insel Cythera südlich der Peloponnes, die seiner Mutter Venus

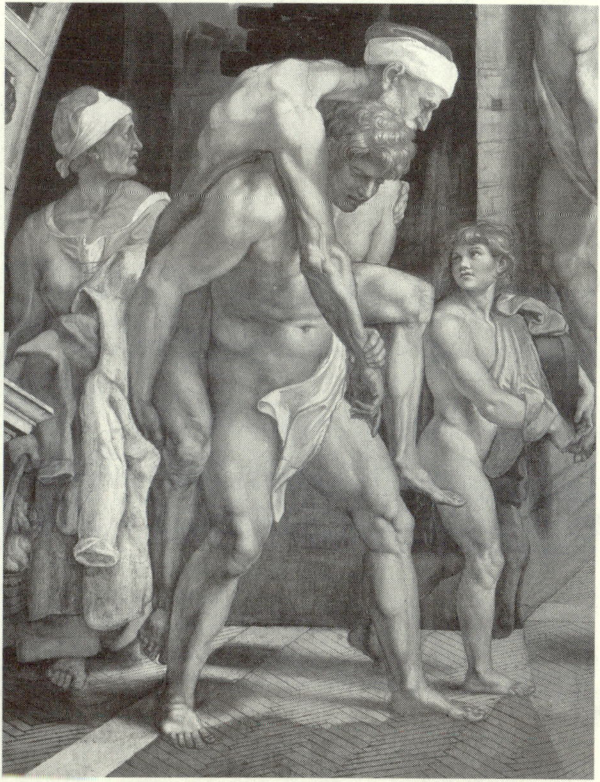

Giulio Romano (Raffael-Werkstatt), *Aeneas-Gruppe*, auf dem Fresko *Brand des Stadtteils Borgo in Rom*, 1514; Rom, Vatikan, Palazzo Papale, Stanza dell' Incendio di Borgo.

(Cytherea) gehört. Aeneas ist mit seinem Vater Anchises und seinem Sohn Ascanius (Iulus) aus dem brennenden Troja nach Westen geflüchtet. Die erste Station seiner Flotte ist die Insel Delos, der vom Priesterkönig Anius regierte Geburtsort des Apollo und seiner Zwillingsschwester Diana. Darauf folgt Kreta. Er vermeidet die phrygische Küste, an der Hecuba den Leichnam ihres vom thracischen Pflegevater ermordeten Sohnes Polydorus findet. Auch Aeneas' Amme begleitet die Männer. Die Flucht der Familie ist Thema des Freskos in der nach diesem Werk benannten *Stanza dell' Incendio di Borgo*. Dieser *Brand des Stadtteils Borgo in Rom* ersetzt hier das brennende Troja; und laut dem *Liber Pontificalis* erloschen die Flammen, als Papst Leo IV. dem Borgo seinen Segen erteilte.

Groteske Liebesklage

> Weit in die See, keilförmig gestaltet, mit länglicher Spitze, / Ragt eine Höhe, so hier wie dort von den Wellen umflutet. / Diese ersteigt der Cyclop und setzt in der Mitte sich nieder, / Und dem Grimmigen folgen von selbst die wolligen Schafe. (13,778–781)

Dies sind Worte aus Galateas Erzählung von der Begierde des Polyphem, den der Symbolist Odilon Redon auf dem phallusförmigen Felsen des Riesen präsentiert hat. Galatea fährt fort und beschreibt, wie Polyphem seine aus hundert Rohren zusammengefügte Flöte hervorholt und zu spielen beginnt. Dann vernimmt sie die Worte des in sie verliebten Riesen.

> »O Galatea, die weiß du bist wie der weiße Liguster, / Blühender noch als die Wiese, so schlank wie die ragende Erle, / Glänzend wie Glas, mutwillig und lose wie zarteste Böcklein, / Blanker als Muscheln, vom rastlos wogenden Meer geglättet, / Wohlig erquickend wie Sonne im Winter, wie

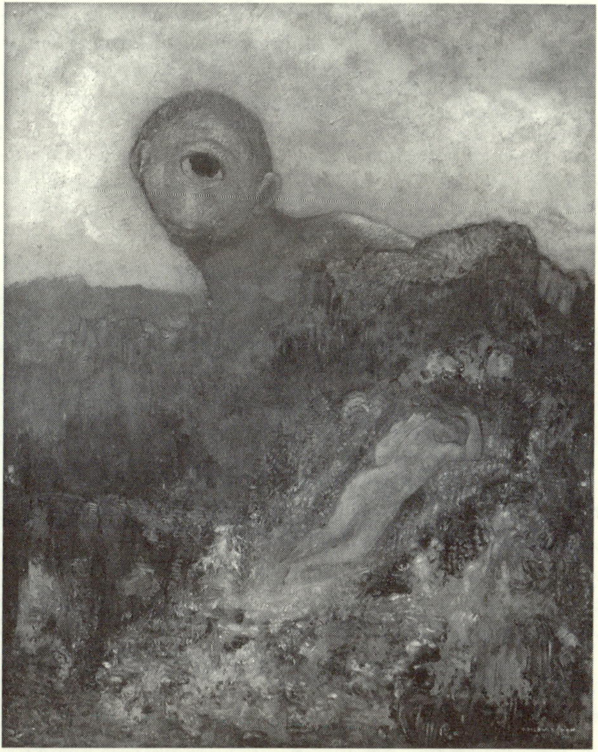

Odilon Redon, *Der Zyklop (Polyphem und Galatea)*, 1898; Öl auf Holz, 64 × 51 cm; Otterlo, Kröller-Müller-Museum.

> Schatten im Sommer, / Edler als Obst, so stattlich und schön wie die hohe Platane, / Schimmernd wie Eis und süßer als Trauben, gereift in der Sonne, / Weich wie Gefieder des Schwans, wie Milch, die lange gestanden […].« (13,789–796)

Mit seiner Parodie einer Liebesklage orientierte sich Ovid womöglich an dem Gedicht *Der Cyclop oder Galatea* des Philoxenos von Cythera (um 390). Dieser hatte den Prototyp des Tyrannen in der Antike, Dionysios I. von Syrakus, mit seinen Versen verspottet, indem er ihn in der Rolle des groben und liebeshungrigen Cyclopen darstellte.

Vierzehntes Buch

Glaucus sucht die kräuterkundige Zauberin Circe auf ihrer Insel an Italiens Küste auf (S. 261). Circe soll Glaucus' Liebesqualen lindern, doch Circe betrachtet Glaucus' Angebetete Scylla als Rivalin und vergiftet das Wasser, in dem sie badet. Unter Wasser verstümmeln zudem Hunde Scyllas Unterleib, so dass sie zur Felsklippe wird.

Kaum haben die Schiffe des Aeneas diese Klippe und den Schlund der Charybdis (wie zuvor Ulixes) überwunden, werden sie durch einen Sturm an die libysche Küste getrieben. Hier begegnen sich Aeneas und Dido (S. 259).

In Campanien betritt Aeneas die Grotte der Sibylle. Einst hatte sie die Vereinigung mit Apollo verweigert, weshalb der Gott ihr dreihundert weitere Jahre auferlegt hatte, bis niemand mehr vermuten würde, dass sie einmal geliebt wurde. Sibylle geleitet Aeneas in die Unterwelt, wo ihm sein Vater Anchises die Mühen des bevorstehenden Kriegs weissagt.

Bei seiner Rückkehr in die Oberwelt begegnet Aeneas einem Gefährten des Ulixes, der sich am campanischen Strand niedergelassen hat. Dieser Macareus berichtet von seinen gemeinsamen Abenteuern mit Ulixes, etwa bei dem geblendeten Polyphem und bei Circe, die ihre Gäste in Schweine verwandelte. Die Rückverwandlung erreichte Ulixes, indem er Circe die Ehe versprach. Von einer Dienerin der Circe erfuhr Macareus, dass ihre Herrin, als sie von König Picus abgewiesen worden war, diesen in einen Specht verwandelt hatte.

Aeneas und seine Gefährten erreichen die Mündung des Tiber. Seine Gattin wird Lavinia, die Tochter des Königs Latinus. Sie war aber Turnus, dem König der Rutuler in Latium, versprochen gewesen, und es kommt zum Krieg. Vergeblich bittet Turnus den Griechen Diomedes, der sich nach der Zerstörung von Troja in Unteritalien angesiedelt hat, um Waffenhilfe.

Nun steckt Turnus die Flotte des Aeneas in Brand. Juno löscht das Feuer, indem sie die Schiffe in Meeresnymphen verwandelt. Venus führt ihren Sohn zum Sieg. Aus dem Schutt der einst mächtigen latinischen Stadt Ardea steigt der gleichnamige Vogel auf, ein Reiher, und Venus überzeugt die Götter, allen voran Jupiter, dass Aeneas für den Himmel reif sei (S. 262). Alles, was dem Tod verfallen ist, wird im latinischen Küstenfluss Numicius von ihm abgewaschen, und Aeneas erhält durch seine Apotheose Heimatrecht in Tempeln und an Altären.

Die Reihe der Könige in Latium beginnt mit Ascanius. Über das palatinische (römische) Volk herrscht schließlich in Latium König Alba Proca. Zu seiner Zeit gewann Vertumnus die Liebe der Pomona (S. 265). Als Greis erzählt Vertumnus die grausame Geschichte einer verschmähten Liebe: Der verzweifelte Iphis erhängte sich in der Haustür der hartherzigen Anaxarete.

Alba ist auch der Regierungssitz des Romulus, und am Palilia-Fest zu Ehren der altitalischen Hirtengöttin Pales am 21. April wird Rom gegründet. Wie einst Aeneas wird auch Romulus reif für den Himmel – nicht als Stadtgründer, sondern aufgrund der friedlichen Beendigung des Krieges zwischen Römern und Sabinern. Romulus gibt beiden Völkern die gleichen Rechte, und Mars erklärt Jupiter, die römische Macht sei nun gefestigt.

Auch Hersilia, die Gattin des Romulus, wird in den Himmel aufgenommen. Dafür sorgt Juno. Sie weist ihre Botin Iris an, auf ihrem Regenbogen zur Erde zu gleiten und Hersilia ein Wiedersehen mit ihrem Mann zu verkünden. Auf dem Romulus-Hügel fällt ein Stern vom Himmel zur Erde. Er entzündet Hersilias Haar, und mit dem Stern schwebt sie in die Lüfte. Als Göttin Hora ist sie mit Romulus verbunden.

> Schon ist hier und am gierigen Schlund der Charybdis der Troer / Flotte vorübergefahren, schon ist sie der Küste Ausoniens / Nah: da treibt sie der Sturm zurück an die libysche Küste. / Dort empfing die Fürstin von Sidon Aeneas im Herzen / Und im Palast. Doch ertrug sie das Scheiden des phrygischen Gatten / Nicht: auf dem Scheiterhaufen, errichtet, als gält' es ein Opfer, / Stürzte sie sich in das Schwert; die Getäuschte, nun täuschte sie alle. (14,75–81)

Ovid widmet der Liebe der aus Sidon in Phoenizien stammenden Königin von Karthago zu Aeneas und ihrem späteren

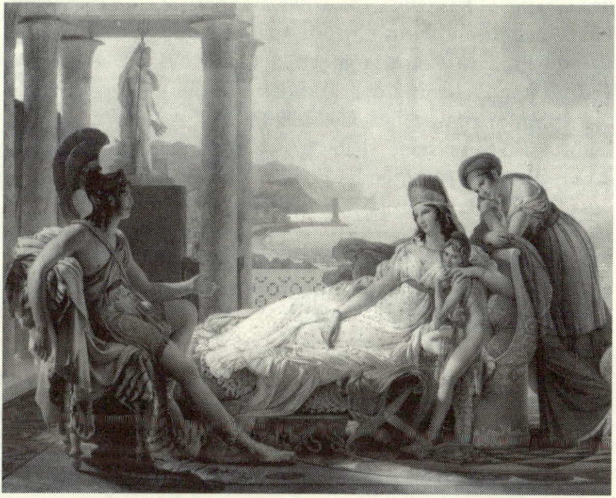

Pierre Narcisse Guérin, *Aeneas berichtet Dido vom Untergang Trojas*, 1815; Öl auf Leinwand, 295 × 389 cm; Paris, Musée du Louvre.

Selbstmord lediglich vier Verszeilen. Vergil dagegen beschäftigt sich in der *Aeneis* mit Dido und den von Ausonien im südlichen Italien abgetriebenen und an der libyschen Küste Gestrandeten in vier Büchern. Bei Vergil steht allerdings nicht die Liebesgeschichte von Aeneas und Dido im Mittelpunkt, sondern der Untergang Trojas. Mit seinen Erzählungen erfüllt Aeneas einen dringenden Wunsch der Dido, mit deren Aufforderung Vergils erstes Buch endet: »›Nun aber weiter, mein Gast‹, sagte sie, ›berichte uns ganz von Anfang die Listen der Danaer, den Untergang der Deinen und deine Irrfahrten; denn schon das siebte Jahr trägt dich allenthalben auf Irrwegen über Länder und Meere« (*Aeneis* 1,753–756).

Hier setzt das Gemälde *Aeneas berichtet Dido und ihrer Dienerin vom Untergang Trojas* des französischen Klassizisten Pierre Narcisse Guérin ein. Vieles von dem, was Aeneas bei Vergil beim Kampf um Troja schildert, beispielsweise über das Trojanische Pferd und den Tod des Laocoon, übergeht Ovid. Seine Verknappung der Geschichte von Aeneas und Dido könnte sich zeitgeschichtlich gegen Cleopatra richten. Als Caesar 31/30 gegen Ägypten bzw. gegen Cleopatra und ihren Geliebten Marc Anton zog, wurde dieser Krieg rückblickend im Sinne der augusteischen Sittenlehre auch als Kampf gegen afrikanische Zügellosigkeit propagiert. Darauf könnte die Bewahrung des Aeneas vor Didos Ansprüchen anspielen. Ovids Vorbehalte gegenüber Didos Landsmännin Cleopatra kommen deutlich im fünfzehnten Buch zum Ausdruck: »Und eines römischen Führers ägyptische Gattin wird stürzen, / Töricht der Ehe vertrauend: erfolglos die Drohung, es werde / Unsere Burg Capitolium ihrem Canopus sich beugen« (15,826–828), nämlich einem berüchtigten Vergnügungsort am Nil.

Die Künste einer schönen Zauberin

Als wir nahten und schon bei der Schwelle des Hauses verweilten, / Rannten unzählige Wölfe uns an und, vermengt mit den Wölfen, / Löwinnen, Bären und machten uns Angst; doch keines war wirklich / Furchtbar: keines der Tiere gedachte den Leib uns zu wunden. / Ja, sie wedelten gar mit den Schwänzen schmeichlerisch – freundlich, / Schmiegten sich an und begleiteten unsere Schritte, bis Mägde / Uns empfingen und dann durch eine mit Marmor bedeckte / Halle zur Herrin uns führten. Sie saß in schönem Gemache / Feierlich thronend, von strahlendem Kleid umflossen, darüber / War ein Mantel gebreitet, ein golddurchwirktes Gewebe. (14,254–263)

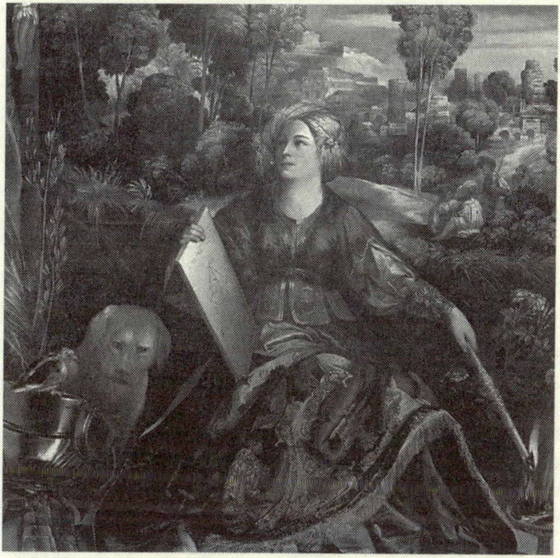

Dosso Dossi, *Circe*, um 1530; Öl auf Leinwand, Ausschnitt; Rom, Galleria Borghese.

Erneut gibt Ovid einem Erzähler das Wort. Hier ist es Macareus, ein Gefährte des Ulixes auf dessen Irrfahrten. Er beschwört nun Aeneas, vor Circe zu fliehen. Eine Quelle Ovids ist der 10. Gesang in Homers *Odyssee*.

Macareus gehörte einst zu jener Gruppe aus dem Gefolge des Ulixes, die Circe aufsuchte und nach einem freundlichen Empfang durch einen Trank aus Zauberkräutern in eine Schweineherde verwandelt wurde. Rettung brachte ein Gegengift, das Mercur dem zunächst unbeteiligten Ulixes gegeben hatte. Als Circe auch den inzwischen immun gewordenen Ulixes verwandeln wollte, zwang er sie, die Gefährten rückzuverwandeln – als Gegenleistung für die gemeinsamen Freuden im Ehebett.

Ein Jahr lang blieben die Griechen bei der Zauberin. Vieles hat Macareus erlebt und erfahren, beispielsweise die Geschichte der Metamorphose des Königs Picus in einen Specht, da Picus sich Circes Begehren widersetzt hatte.

Die Apotheose des Aeneas

»Würdig seid ihr«, so sagte der Vater, »der göttlichen Gabe, / Du, die bittet, und er, dem es gilt. Nimm, Kind, was du wünschest!« / Also der Vater. Es freut sich die Göttin und dankt ihm: die leichte / Luft durchfährt sie, gezogen vom Taubengespann, und gelangt so / An den laurentischen Strand, wo schilfüberwachsen ins nahe / Meer die Wellen des Flusses Numicius friedlich sich schlängeln. / Dieser erhält den Befehl, was dem Tod an Aeneas verfallen, / Abzuspülen und schweigenden Laufes ins Meer zu versenken. / Und es vollzieht der Hörnergeschmückte die Weisung der Venus: / Was an Aeneas sterblich gewesen, besprengt er mit seinen / Wassern und reinigt den Helden: es blieb ihm sein besseres Wesen. (14,594–604)

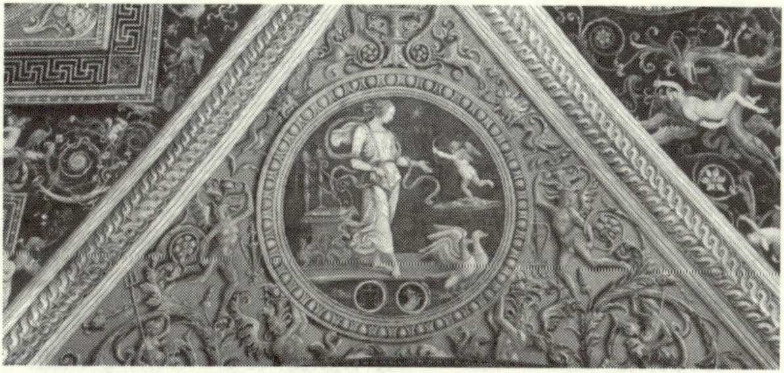

Pietro Perugino, *Venus mit ihrem Taubengespann*, 1496; Perugia, Collegio del Cambio.

Die Erzählung von der Vergöttlichung des Aeneas hat mit der Apotheose des Hercules im 9. Buch vor allem die Bewahrung des »besseren Teils seines Wesens« gemeinsam. Dies, die Unterscheidung zwischen Vergänglichem und Ewigem, entspricht der Häutung der Schlange, die »erstrahlt in den frischesten Schuppen« (14,267): Eine Voraussetzung dieser höchsten aller Metamorphosen ist eine vollständige Reinigung. Bei Hercules hat sie die Form der Selbstverbrennung, bei Aeneas dagegen die in den meisten Religionen ritualisierte Waschung in einem Wasserbehälter oder Gewässer wie dem Jordan, dem Ganges oder dem von Venus für die Waschung ihres Sohnes ausgewählten Fluss Numicius in Latium.

Ein Beispiel für Ovids durchaus familiengeschichtliche Sicht der Göttergeschichten ist das Gewicht, das die Bittstellerin Venus der Tatsache beimisst, dass Jupiter durch Aeneas Großvater wird. Venus beginnt: »Meinem Aeneas – er ist dein Enkel, ein Kind meines Blutes! – / Schenke doch göttliches Wesen« (14,588 f.).

Abgebildet ist Venus auf ihrem von zwei Liebesvögeln gezogenen Taubengespann. Begleitet wird die Liebesgöttin (und Parteigängerin der Trojaner) von Cupido mit seinen Attributen Pfeil und Bogen. Das Rundbild, ein Tondo, stammt von Raffaels Lehrer Perugino.

Ein ungleiches Paar

> Einmal erscheint er als Greisin: er trägt um die Schläfen ein Kopftuch, / Mit Stickereien verziert; er stützt auf den Stock sich; die Haare / Sind an den Schläfen ergraut. So betritt eine Frau die gepflegten / Gärten, bewundert das Obst. »Dir geht es vortrefflich«, so ruft sie, / Gibt der Gepriesenen einige Küsse – so hätte in Wahrheit / Nie eine Alte geküsst – und setzt sich gekrümmt auf die Erde, / Schaut zu den Ästen empor, die vom herbstlichen Segen sich biegen. (14,654–660)

Zu den Erzählungen der *Metamorphosen*, die sich nicht unmittelbar von der Überlieferung herleiten, gehört die Liebesgeschichte der Pomona und des Vertumnus. Zwar sind die römische Göttin der Baumfrüchte und der römische Fruchtbarkeitsgott keine Erfindungen Ovids, doch hat er sie erstmals in einer gemeinsamen Handlung verbunden. Ovid greift dabei auf das Motiv der Metamorphose von Gottheiten zum Zweck der arglistigen Täuschung zurück: Um Callisto zu verführen, nimmt Jupiter im 2. Buch die Gestalt der Diana an, und als angebliche Greisinnen sorgen Juno im 3. Buch und Minerva im 6. Buch für die Vernichtung ihrer Gegnerinnen Semele und Arachne. Und wie Jupiter, so fällt auch Vertumnus durch seinen leidenschaftlichen Kuss aus seiner Frauenrolle einer Greisin, die lediglich mit der erhobenen Linken die Baumfrüchte der reizenden Gärtnerin preist.

Wie Ovid, so widmet sich auch Paulus Janszoon Moreelse in seinem Genrebild dem Topos des ungleichen Paares, das im

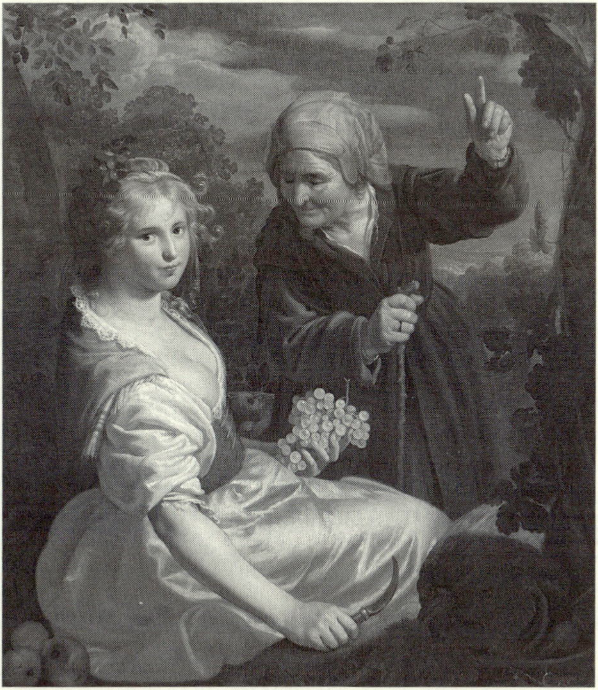

Paulus Janszoon Moreelse, *Vertumnus und Pomona*, um 1625–30; Öl auf Leinwand, 130 × 114 cm; Rotterdam, Museum Boijmans Van Beuningen.

Barock Anstoß erregen konnte. Allerdings verbindet der Topos den lüsternen Alten mit der jungen Frau. Hier muss der Lüsterne als Frau auftreten, da Pomona allen Männern den eigenen Garten verwehrt hat.

Im Einklang mit seiner Erscheinung als Alte, die sie als Kupplerin auszuweisen scheint, unternimmt Vertumnus dank seiner temporären Metamorphose den selbstsüchtigen Versuch, Pomona zur Ehe zu bekehren. Er verwendet das Bild einer von Weinreben umwundenen Ulme und erläutert: »Stünde aber der Stamm als Hagestolz ohne die Rebe da, hätte er außer Laub nichts Erstrebenswertes zu bieten; auch diese Weinranke, die sich bräutlich an ihre Ulme schmiegt, läge am Boden, wäre sie nicht mit der Ulme verbunden. Du aber lässt dich nicht von dem Beispiel bewegen, das dir dieser Baum gibt, fliehst vor dem gemeinsamen Lager und denkst nicht daran, dich einem Mann zu verbinden. O wolltest du doch!« (14,663–669)

Fünfzehntes Buch

Neuer König der Römer wird der Sabiner Numa. Er besitzt einen umfassenden Geist und forscht nach dem Wesen der Dinge. Vor Antritt der Regierung verlässt er seine Heimatstadt Cures und wandert nach Unteritalien zur griechischen Kolonie Croton, über deren mit Hercules verbundene Gründung ihm ein mit der Vorzeit vertrauter Einheimischer berichtet.

In Croton lernt Numa die Lehren des aus Samos stammenden Philosophen Pythagoras kennen. Dieser beginnt eine als Predigt anmutende Rede mit der Erinnerung an das Goldene Zeitalter, in dem sich die Menschen mit den Gaben der Natur ernährten (S. 269). Doch es folgte der Frevel des Fleischverzehrs, verbunden mit der Opferung von Tieren. Zu den Gründen des von Pythagoras vertretenen Vegetarismus gehört die Lehre von der fortwährenden Wanderung des Geistes von Tieren in Menschen und wieder in Tiere. Damit ist die Lehre der Seelenwanderung verbunden.

Beispiele für den ständigen Gestaltwandel bieten die Tierwelt, der Wechsel der vier Jahreszeiten, die Lebensstufen, die Veränderungen in der Beschaffenheit der Erde und die Vergänglichkeit von Macht am Beispiel von Mykene, Troja, Sparta und Athen. Jetzt besagen Orakel, dass Rom das Haupt der Erde sein wird.

Als Schüler des Pythagoras errichtet Numa eine Friedensherrschaft (S. 279). Seinen Tod betrauern die Latiner, und Numas Witwe wird von dem in einen Gott verwandelten Hippolytus getröstet. Dieser Sohn des Theseus und einer Amazone gelangt von Athen nach Italien wie der Heilgott Aesculap von Epidaurus auf der Peloponnes nach Rom (S. 283).

Mit der Vergöttlichung Caesars als Komet nähert sich Ovid der eigenen Zeitgeschichte. Die Zeit der Bürgerkriege vergegenwärtigen durch Venus visionäre apokalyptische Bilder und

Zeichen wie klirrende Waffen zwischen schwarzen Wolken und drohend schmetternde Trompeten, die am Himmel erklangen und das Unheil ankündigten. Doch die Schrecken des Krieges sind überwunden. Caesar schuf als Feldherr und auf dem Forum ein Friedenswerk. Seine bedeutendste Tat ist aber die Adoption des Octavianus, den die Himmlischen zum Lenker der Welt erhoben haben. Dies erfüllte die Hoffnungen der Venus, die sich um das nach ihrem Enkel Iulus (= Ascanius, Sohn des Aeneas) benannte Geschlecht Sorgen gemacht hat. Sie musste mit ansehen, wie Troja zerstört und ihr Sohn Aeneas in Irrfahrten übers Meer gejagt wurde. Zuletzt war sie Zeugin der Ermordung Caesars. Doch Jupiter tröstet seine Tochter damit, dass im Archiv der Weltgeschichte die glückliche Wendung im Schicksal ihres Geschlechts verzeichnet ist. Zwar wissen die Götter, dass sie in das Schicksal nicht eingreifen können, doch die Besorgnis der Venus rührt sie, und Jupiter spendet ihr Trost (S. 284). Er macht sie mit der Zukunft auf der Erde vertraut. Zwar konnten die Götter Caesars Ermordung nicht abwenden, doch sein Adoptivsohn, auf dessen Seite die Götter stehen werden, rächt den Mord, auch Pompeius wird untergehen, und die ägyptische Königin wird vergeblich auf ihre Herrschaft in Rom hoffen. Die weiteren Weissagungen des Jupiter (*post festum*) über Augustus betreffen seine Weltherrschaft und seine Fähigkeit, durch sein eigenes Beispiel den Sitten eine Richtschnur zu geben (S. 288).

Im Nachwort postuliert Ovid die Unsterblichkeit seiner Dichtung über die Beständigkeit der Veränderungen in Natur und Geschichte: »Und jetzt hab ich vollendet ein Werk, das nicht Jupiters Zornwut, / Feuer und Schwert, die zehrende Zeit nicht zu tilgen vermögen. / Mag er erscheinen, der Tag, wann er will, der nur meines Leibes / Herr ist, die Frist meines schwankenden Lebens zu enden: unsterblich / Schwingt der edlere Teil meines Wesens sich über die hohen / Sterne empor, und unzerstörbar dauert mein Name; / Und wo die Römer bezwungene Länder beherrschen, die Völker / Werden mich lesen: ich bleibe, wenn irgend die Ahnung der Sänger / Wahrheit besitzt, im Ruhm für ewige Zeiten lebendig« (15,871–879).

Vegetarismus

> Reichtum spendet die Erde verschwenderisch, friedsame Nahrung, / Und sie gewährt euch Gerichte, die frei sind von Mord und vom Blute. / Tiere, die stillen den Hunger mit Fleisch, und dennoch nicht alle: / Leben doch Pferde von Gras, auch Herden von Schafen und Rindern. / Aber die Bestien von wildem und nicht zu bezähmendem Wesen, / So wie armenische Tiger und wild aufbrausende Löwen, / Wölfe und Bären, genießen mit Lust so blutige Speise. / Oh! Welch schrecklicher Frevel! Man schlingt ins Gekröse, / Stopft in den gierigen Leib eines andern Leib, sich zu mästen, / Lebt, ein Atmend-Beseelter, vom Tod eines andern Beseelten! / Wirklich, während die Erde, die beste der Mütter, so große / Schätze gebiert, hast du nur Freude, mit grimmigem Zahne / Düstere Wunden zu kauen, cyclopischen Brauch zu erneuern? (15,81–93)

Das letzte Buch der *Metamorphosen* enthält in der Hälfte der 880 Verszeilen die Predigt eines gelehrten Samiers alias Pythagoras (um 570–480). Er war aus Samos geflohen, »weil ihm die Tyrannis verhasst war«, und lebte nun in der griechischen Kolonie Croton in Süditalien. Er erzählt seinen Schülern vom Ursprung des Weltalls, von den »Prinzipien der Dinge«, vom Wesen der Natur, wie Blitz und Donner entstehen und (so überlegt Pythagoras im Sinne des naturkundlich versierten Agnostikers Ovid), wie die Winde die Wolken »spalten« und was die Erde erschüttert. Ovid leitet zur wörtlichen Rede des Pythagoras über, indem er diesen als den Ersten einführt, der den Verzehr von Fleisch abgelehnt hat. Pythagoras erinnert an

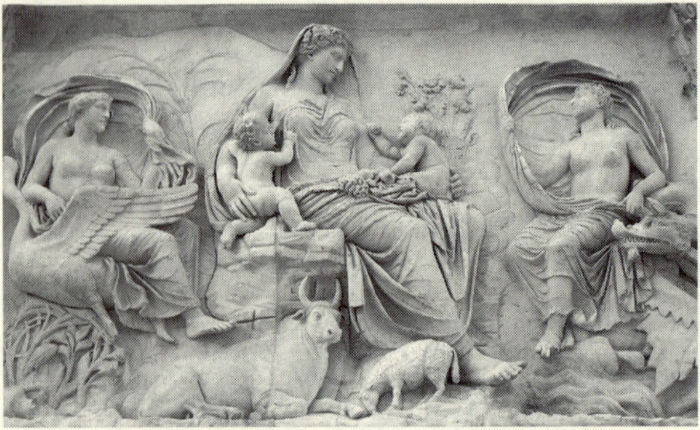

Tellus – eine Allegorie der Mutter Erde, um 10 v. Chr.; Carrara-Marmor; Relief an der *Ara Pacis Augustae*; Rom, Museo dell'Ara Pacis.

das »alte Geschlecht der Zeit, die wir ›goldene‹ nennen« (15,96) und in der die Erde jegliche Gabe gewährte und die Menschen »zufrieden mit zwanglos gewachsenen Speisen« (1,103) lebten. Dies sind Gaben der Mutter Erde, die ein Relief der Erdgöttin Tellus am Friedensaltar (*ara Pacis*) des Augustus zeigt, also auf einem Monument aus der Zeit des Ovid.

Der entscheidende Grund des Vegetarismus ist aber ein grundlegendes Phänomen der allüberall wirksamen Metamorphosen als Seelenwanderung, vage vergleichbar dem Gesetz der Erhaltung der Energie:

> Alles verwandelt sich, nichts geht unter: es wandert der Lebens- / Hauch von dort hierher, von hier dorthin, und er drängt sich / Ein in beliebige Körper; er fährt aus Tieren in Menschen- / Leiber und unsere Seele in Tiere, doch niemals vergeht sie! / Gleich wie geschmeidiges Wachs zu neuen

Figuren geprägt wird, / So sich wandelt, und niemals bewahrt es die nämlichen Formen, / Aber es ändert im Wesen sich nicht, so ist auch nach meiner / Lehre die Seele dieselbe, nur wechselt sie stets die Gestalten. (15,165–172)

Jahreszeiten des Lebens

> Ferner betrachte das Jahr, das in vier Perioden sich gliedert, / Welche sich folgen und widerspiegeln die Stufen des Lebens. / Denn es ist zart und milchig, dem Kinde vergleichbar, im jungen / Lenz: da schwellen die schimmernden, schwankenden Gräser – die Kernkraft / Darf noch mangeln –: doch freut sich des Anblicks der hoffende Landmann. / Nun steht alles in Blüte; es spielt und leuchtet in Blumen- / Farben das üppige Feld; doch es fehlt noch die Stärke den Blättern. / Rüstig geworden, gleitet das Jahr aus dem Lenz in den Sommer, / Jetzt ein kräftiger Jungmann: es gibt ja kein stärkeres Alter, / Keines, das heftiger glühte, das reichlicher Früchte erzeugte. / Herbst folgt nach, der reife, der milde: die Gluten der Jugend / Sind verglommen; er steht zwischen Jüngling und Greis in der Mitte, / Wohltemperiert, schon grau übersprenkelt das Haar an den Schläfen. / Dann kommt zitternden Schrittes der Greis, der schaurige Winter, / Sei es der Haare beraubt, oder weiß, wenn ihm welche geblieben. (15,199–213)

Das anschaulichste, allen Menschen am eigenen Körper wahrnehmbare Beispiel der Metamorphose als körperlicher und seelischer Gestaltwandel sind die Lebensalter. Pythagoras vergleicht sie bei Ovid mit dem im Silbernen Zeitalter von Jupiter eingerichteten Zyklus der vier Jahreszeiten als alljährliche Quartale.

Die Sage der Sphinx von Theben enthält statt des viergliedrigen einen dreigliedrigen Zyklus der Lebensmetamorphosen: Der Mensch beginnt als Vierbeiner, wird als Erwachsener zum

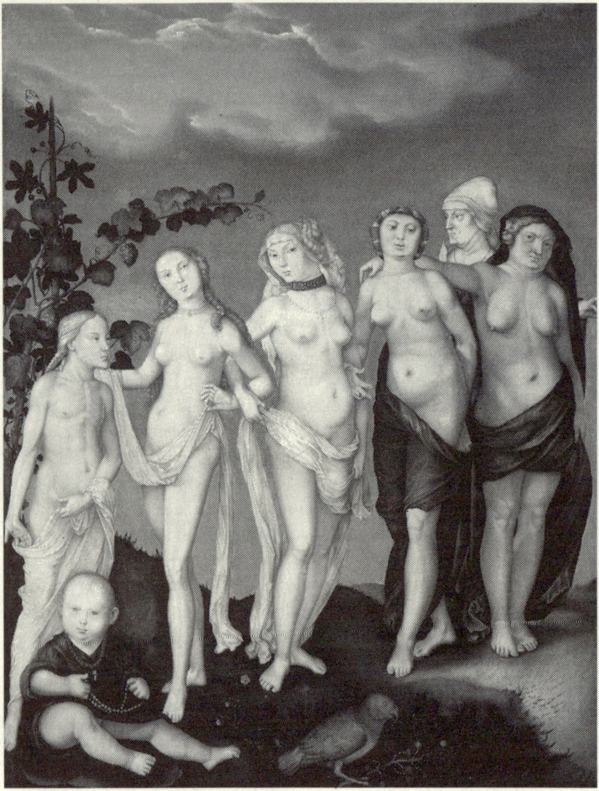

Hans Baldung, gen. Grien, *Die sieben Lebensalter des Weibes*, 1544; Öl auf Holz, 97 × 73 cm; Leipzig, Museum der bildenden Künste.

Zweibeiner und endet als Dreibeiner am Krückstock. Wer dieses Rätsel, vier – zwei – drei, des auf Thebens Stadtmauer lauernden Ungeheuers nicht lösen konnte, wurde gefressen. Erst Ödipus löste das Rätsel, worauf sich die Sphinx zu Tode stürzte.

Im Mittelalter bürgerte sich bei der Anzahl der körperlichen Metamorphosen die an den damals bekannten Planeten orientierte Sieben ein. Dies gilt selbst noch für das Gemälde von Hans Baldung.

Metamorphosen in der Tierwelt

> Raupen, die draußen im Freien gar häufig die Blätter mit grauen / Fäden umspinnen, verwandeln – den Bauern vertraute Erscheinung! – / Ihre Gestalt: sie werden zu Faltern, den Tierchen der Gräber. / Samen gibt es im Schlamm, die grüne Frösche erzeugen, / Erst noch verstümmelt, der Füße beraubt; dann erhalten sie Beine, / Tauglich zum Schwimmen und so, dass die hinteren Schenkel die vordern / Weit überragen: so sind sie auch zum Springen verwendbar. / Noch ist, was eben die Bärin geworfen, kein Tierlein: es ist nur / Fleisch und kaum lebendig; die Mutter beleckt es: die Glieder / Werden herausmodelliert; sie formt nach dem eigenen Bilde. / Siehst du es nicht, wie die Larven der honigerzeugenden Bienen, / Welche der Waben sechseckige Kammern umschließen, als bloße / Rümpfe entstehen und spät erst Füße und Flügel bekommen? (15,372–384)

Seit der Antike ist der Schmetterling (griech. *psyche*) ein Symbol der Seele, die sich im Traum (Schmetterlingsflügel am Kopf des Hypnos) und schließlich im Tod vom Körper trennt. Als Symbol des vollständigen Gestaltwandels durch den Tod, der die Seele aus dem Körper befreit, ist der Schmetterling, insbesondere der aus dem Dunklen zum Licht strebende Nachtfalter, ein »Tierchen der Gräber« (15,374). Dass diese Symbolik in

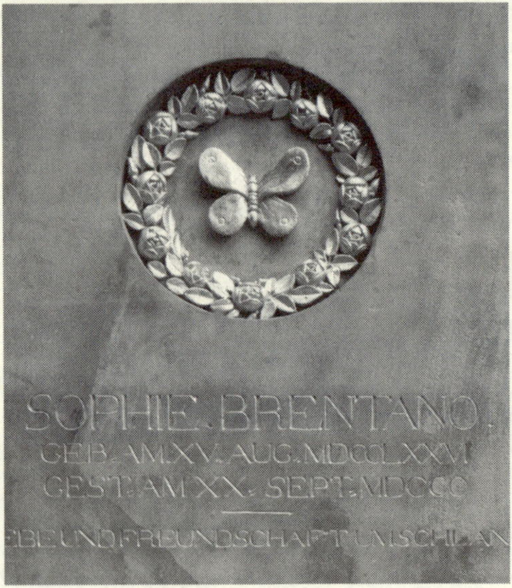

Grabstein mit Schmetterling als Symbol der Seele, 1800; Park des Anwesens von Christoph Martin Wieland, Oßmannstedt bei Weimar.

Verbindung mit der christlichen Metamorphose der Auferstehung bis in die Neuzeit beim Grabschmuck verwendet wurde, zeigt der Grabstein für Sophie Brentano aus dem Jahr 1800.

Ein weiterer Höhepunkt in den vielfältigen zoologischen Beobachtungen und Überlieferungen ist der Zusammenhang zwischen dem Körperbau und den Bewegungen der Frösche, deren Verhaltensweisen im 6. Buch beschrieben werden.

Neben der Vielfalt der Metamorphosen lenkt die Betrachtung der Tierwelt die Aufmerksamkeit aber auch auf Gemeinsamkeiten aller Lebewesen: Der Lebenshauch wandert von dort hierher, und er fährt aus Tieren in Menschenleiber und unsere Seele in Tiere. Diese ständige Seelenwanderung ist bei Ovid die entscheidende Begründung für den Vegetarismus:

> Nie überwinde daher die Begierde des Bauches der Liebe / Pflichten – ich künd es als Seher –: nie sollt ihr die Seelen Verwandter / Ruchlos mordend entleiben! Nie nähre sich Blut von dem Blute! (15,173–175)

Metamorphosen im Pflanzenreich

> Indien schenkte, besiegt, den Luchs dem traubenbekränzten / Bacchus; was immer der Blase des Tieres entströmt, so erzählt man, / Wandelt sich um in Stein: es erstarrt, wenn die Luft es berührt hat. / So steht's mit der Koralle: sobald sie ins Freie gelangt ist, / Wird sie verhärtet; sie lebte als weiches Gewächs in den Wassern. (15,413–417)

Dem Beispiel der Verwandlung der als Pflanzen geltenden Korallen in Minerale geht die Versteinerung organischer Flüssigkeit voraus, beispielsweise des Urins beim gewissermaßen inkontinenten Luchs, den Bacchus in Indien erhalten hat: vom *umorlyncum* spricht später Plinius d. Ä. in seiner *Naturalis historia* 8,137.

Bereits im 4. Buch der *Metamorphosen* ordnet Ovid die Korallen in einen mythologischen Zusammenhang ein: Nach der Befreiung der Andromeda bettet Perseus das Haupt der Medusa, das er stets mit sich führt, auf Wasserpflanzen, die er am Strand ausgebreitet hat. Durch die Berührung der Medusa verhärten sich die Stängel und Blätter der Wasserpflanzen. Die Meeresnymphen erproben die seltsame Verwandlung an weiteren Zweigen und freuen sich darüber, dass ihnen dasselbe

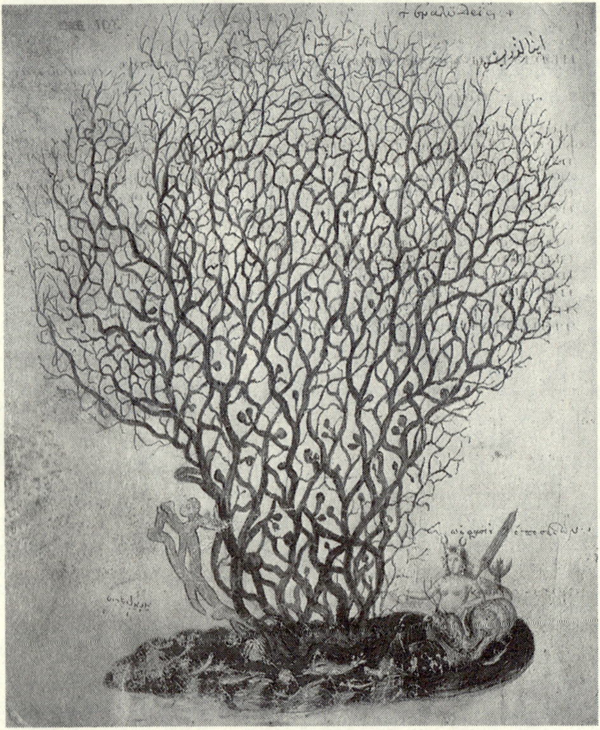

Koralle, nach 512; Miniatur in einer Handschrift von *De materia medica* des Dioskurides; Feder und Tempera auf Pergament, Blattformat 36,5 × 30 cm; Wien, Österreichische Nationalbibliothek, Cod. med. gr. 1, fol. 391 verso.

gelingt. Ovid merkt an, dass Korallen auch heute noch dieselbe Eigenschaft haben, bei der Berührung mit Luft zu erstarren: was im Wasser eine Pflanze war, versteinert über der Wasseroberfläche.

Die Miniatur in einer Handschrift aus dem frühen Mittelalter des von Dioskurides im 1. Jh. n. Chr. verfassten Pflanzenbuchs mit dem Titel *Vom Gegenstand der Medizin* zeigt das feingliedrige Geäst einer versteinerten Koralle aus dem Meer. Diese Herkunft symbolisiert das Figürchen einer Meeresnymphe.

Metamorphosen der Macht

> Heute ersteht die dardanische Stadt, so lautet die Kunde, / Rom; apenninenentströmt ist der Thybris, an dem es erbaut ist. / Riesig die Last des Geschicks, unter dem es die Größe sich gründet: / Darum wird es sich wachsend verwandeln und einstens die Herrin / Sein der unendlichen Erde: so melden die Seher, erzählt man, / Und die schicksalsverkündenden Sprüche. Ich weiß es noch selber, / Wie einst Helenus, Priamus' Sohn, zu Aeneas gesprochen, / Als der weinte – denn Troja sank –, an der Rettung verzweifelnd: / »Sohn der Göttin! Du kennst ja die Ahnungen meines Gemütes: / Nicht geht Troja völlig zugrunde, denn du wirst gerettet. / Flammen und Schwerter, sie werden dir weichen! Du wanderst und nimmst dir / Pergamum mit, das gerettete, bis in der Ferne ein Land du / Findest, das Troja und dich noch freundlicher liebt als das alte.« (15,431–440)

Den letzten Teil der Lehren des Pythagoras gestaltet Ovid als Blick des fiktiven Sehers in die Zukunft, in der die nach Dardanus, dem aus Italien stammenden Begründer der trojanischen Königsherrschaft, als »dardanisch« bezeichnete Stadt Rom zur Weltherrschaft gelangen wird: »Ich weiß es noch selber, / Wie einst Helenus, Priamus' Sohn, zu Aeneas gesprochen, / Als der

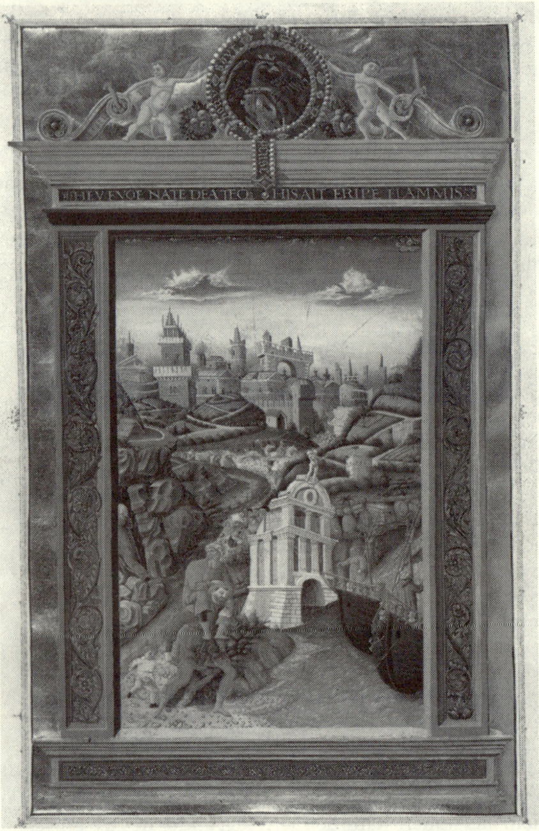

Guglielmo Giraldi, *Das brennende Troja*, Miniatur einer Ausgabe der Werke Virgils, Florenz, 15. Jh.; Rom, Biblioteca Apostolica Vaticana, Urb. lat. 350, fol. 45 v.

weinte – denn Troja sank –, an der Rettung verzweifelnd: / ›Sohn der Göttin! Du kennst ja die Ahnungen meines Gemütes: / Nicht geht Troja völlig zugrunde, denn du wirst gerettet. / Flammen und Schwerter, sie werden dir weichen! Du wanderst und nimmst dir / Pergamum mit, das gerettete, bis in der Ferne ein Land du / Findest, das Troja und dich noch freundlicher liebt als das alte« (15,436–443).

Die Abbildung fingiert den Blick durch ein Fenster auf das brennende Troja. Links unten flieht der gerettete Aeneas, Sohn der Venus, mit dem greisen Vater Anchises auf den Schultern und dem Sohn Ascanius alias Iulus an der Hand.

Roms König Numa

> Als er den Geist sich gebildet an solchen und ähnlichen Reden, / Wanderte Numa zurück, so erzählt man; er wurde berufen / Und empfing die Zügel, das Volk der Latiner zu lenken. / Von den Camenen geleitet, beglückter Gemahl einer Nymphe, / Lehrt' er die Opfergebräuche und führte das Volk, das an wilde / Kriege gewöhnte, hinüber zu friedlicher Lebensgestaltung. (15,479–484)

Das 14. Buch endet mit dem Tod des Romulus, des Gründers und ersten Königs von Rom, gezeugt vom Kriegsgott Mars. Daran schließt das 15. Buch mit der Frage an: »[...] wer solche gewaltigen Lasten / Trage, wer einem so mächtigen König zu folgen vermöge. / Fama, die Botin der Wahrheit, bestimmt für den Thron den berühmten // Numa. Dem ist es durchaus nicht genug, des sabinischen Volkes / Bräuche und Riten zu kennen; sein Geist ist zu höherem Denken / Fähig und willig: er forscht nach der tiefsten Bedeutung der Dinge. / Und so verlässt er im Drang des Wissens die Heimat und Cures, / Reist in die Ferne zur Stadt, die nach Hercules' Gastfreund benannt ist« (15,1–8).

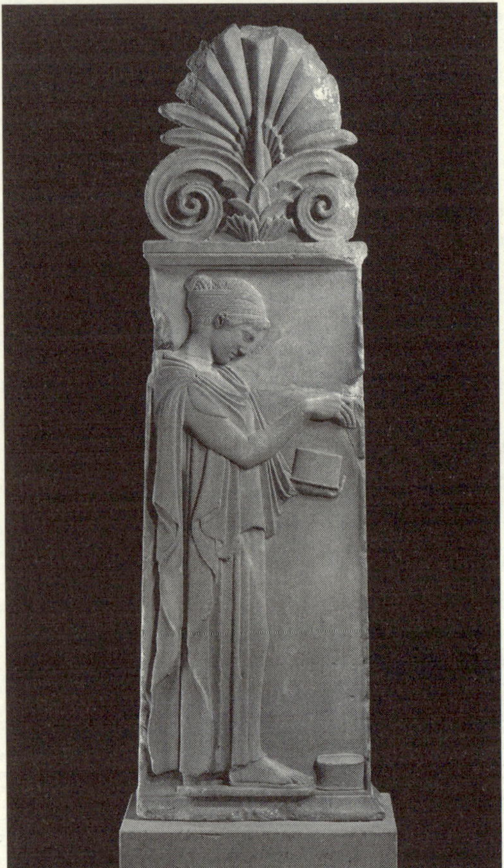

Stele Giustiniani (Detail), um 460 v. Chr.; Berlin, Pergamonmuseum.

Der aus Cures, der Residenz der Sabiner in Italien, stammende Numa wird in der griechischen Kolonie Croton ein Schüler des aus Samos geflüchteten Pythagoras. Zu seinen Lehren gehört der Vegetarismus. Damit enden bei Ovid auch die Lehren des Pythagoras, und der Blick richtet sich mit dem einleitenden Zitat (15,479–484) wieder auf die Genealogie des römischen Königtums. Zu den Leistungen des von den Camenen (Musen) geleiteten, mit einer Nymphe als Gemahlin verbundenen Numa gehört laut Ovid, die Latiner die unblutigen Opfergebräuche zu lehren. Diesen Aspekt betont die Abbildung einer griechischen Opferszene.

Ovids mythologische Sicht auf den Beginn der römischen Königsherrschaft kann ein Abschnitt aus dem Geschichtswerk *Ab urbe condita* von Ovids Zeitgenossen Titus Livius (59 v. Chr. – um 17 n. Chr.) bestätigen:

»Man sieht es dem Altertum gerne nach, dass es die Anfänge der Städte durch Vermischung von Menschlichem und Göttlichem erhabener macht. Und wenn es einem Volk gestattet wäre, seine Urgeschichte ins Heilige zu erheben und seine Begründer als Götter hinzustellen, so besitzt das römische Volk einen solchen Kriegsruhm, dass – wenn es als seinen und des Stadtgründers Vater eben den Mars nennt – die Völker der Erde dies mit ebenso viel Gleichmut hinnehmen, wie sie seine Herrschaft ertragen« (*Ab urbe condita* Praef. 7). Doch auch Ovids Numa führt das Volk, das an wilde Kriege gewöhnt war, hinüber zur friedlichen Lebensgestaltung – wie schließlich der Friedenskaiser und Weltbeherrscher Augustus.

Metamorphose des Aesculap

> Friedlichen Herzens lässt er die folgenden Worte vernehmen: / »Banne die Furcht: ich komme! Ich ändere diese Erscheinung. / Schau die Schlange, die hier den Stab umwindet! Betrachte / Ihre Gestaltung genau, damit du sie wiedererkennest! / Also verwandle ich mich, doch erscheine ich größer: so stattlich, / Wie es sich ziemt für himmlische Leiber, sich umzugestalten.« / Alsbald entschwand mit der Stimme der Gott, mit dem Gott und der Stimme / Schwand auch der Schlaf, es folgte das freundliche Licht dem Erwachen. (15,657–664)

Seiner Entfaltung der vielfältigen Formen des mittelbaren und direkten Gestaltwandels in Geschichte, Natur und aller Lebewesen, die Ovid als Lehren des Sehers Pythagoras übermittelt, folgt die Erzählung von der Übersiedlung des göttlichen Heilsträgers Aesculap, eines Sohns von Apollo und Coronis (2. Buch), von seinem Tempel in Epidaurus auf der Peloponnes nach Rom. Dabei spannt Ovid einen Bogen von einer im Jahr 293 in Rom und dem Umland wütenden Seuche zur eigenen Gegenwart, denn als Aesculap auf jener Insel eintrifft, ist Rom bereits das augusteische Haupt der Welt.

In Delphi, wo sie ein Orakel erwarteten, das ihnen den Sieg über die Seuche verheißen würde, wurden die Römer nach Epidaurus verwiesen. Sie vertrauen schließlich auf Apollos Sohn, der seine eingangs zitierte Bereitschaft zur Hilfe in einer Traumerscheinung offenbart.

Ein zentrales Thema der Aesculap-Erzählung ist die Epiphanie des Gottes in seinem Tempel als Schlange. Sie richtet sich steil auf, und alle Anwesenden huldigen der zischenden und züngelnden Gottheit, die über die Treppe des Tempels hinabgleitet und sich im Hafen auf dem Schiff der Römer zur Ruhe legt. Als sich das Schiff in Bewegung setzt, richtet sich der Gott hoch auf, stützt sich auf das geschwungene Heck und erblickt

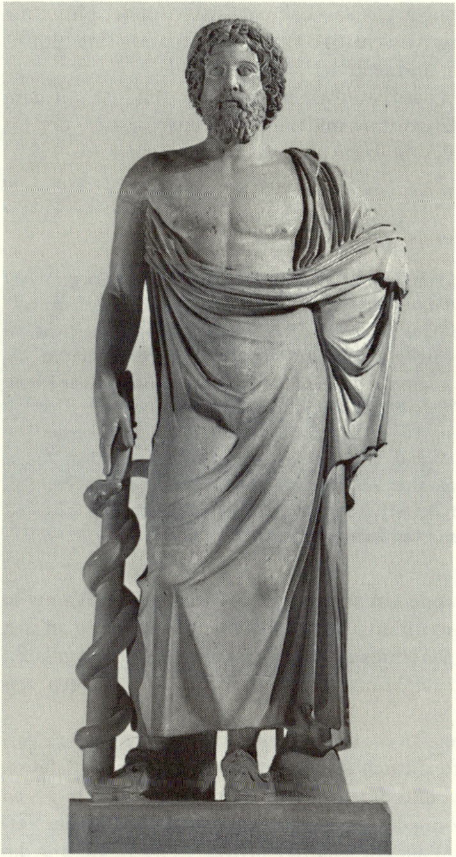

Aesculap, römische Kopie einer griechischen Statue der Zeit um 370 v. Chr.; Marmor, Höhe 196 cm; Florenz, Uffizien.

die Vielzahl heiliger Orte an Italiens Küste. An der Mündung des Tiber nimmt die Schlange aus Apollos Stamm ihre himmlische Gestalt an und setzt der Trauer ein Ende.

Das in Florenz aufbewahrte antike Götterbild ist mit dem von einer Schlange umwundenen Stab ausgestattet, der bis heute als Aesculap-Stab die Heilkunst symbolisiert.

Klagen der Venus

> Werde denn stets ich allein geplagt von begründeten Sorgen? / Jetzt verletzt mich der Speer des Tydiden von Calydon, alsdann / Stürzen die Mauern von Troja mir ein, denn ich kann sie nicht schützen. / Ferner seh ich den Sohn, wie es lang und weit ihn umherjagt, / Seh auf dem Meer ihn treiben, die Stätten der Toten besuchen, / Seh ihn mit Turnus im Krieg oder eher, sofern ich die Wahrheit / Sage, mit Juno! Doch ach! Was gedenk ich der früheren Drangsal / Meines Geschlechts? Vor der heutigen Angst verblassen die alten / Schmerzen: man schleift gegen mich, ihr seht es, zum Frevel die Schwerter! / Haltet sie fern – ich flehe euch an! – und verhindert die Untat! (15,768–777)

Die bevorstehende Untat, um deren Verhinderung Venus in der Götterversammlung fleht, ist Caesars Ermordung an den Iden des März des Jahres 44. Der Schauplatz ist die *Curia Pompei* auf dem Marsfeld in Rom, in der sich die Senatoren versammelten.

Zu den Sorgen, an die sich Venus erinnert, gehören ihre Verletzung vor Troja durch den Speer des Tydiden von Calydon alias Diomedes und der Krieg ihres Sohnes in Latium gegen Turnus, den König der Rutuler. Mit diesem Krieg und der Verwundung des Aeneas beschäftigt sich Vergil im 12. Gesang der *Aeneis*.

Diesen Gesang verbindet eine illuminierte Handschrift der

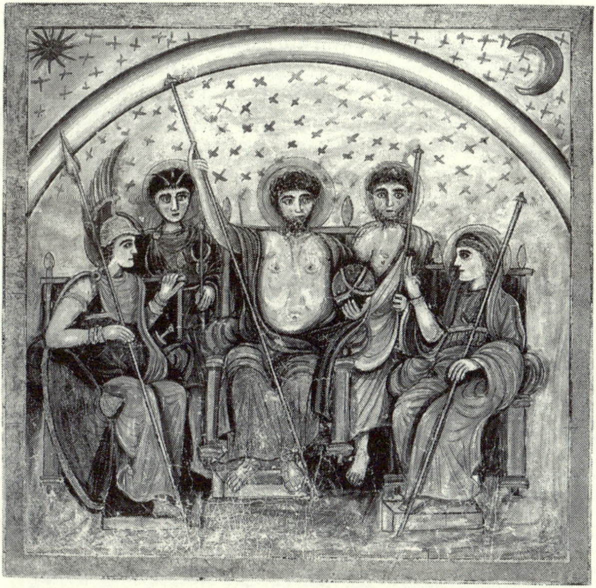

Götterversammlung, 5. Jh. n. Chr.; Miniatur im *Vergilius Romanus*, Tempera auf Pergament; Rom, Biblioteca Apostolica Vaticana, Vat. gr. 1867, fol. 34 v.

Aeneis mit der in den *Metamorphosen* wiedergegebenen Darstellung der Götterversammlung: Jupiter, Juno und Mercur sitzen in der Mitte, links die gerüstete Minerva und rechts Venus, die wie in Ovids *Metamorphosen* ihre Stimme erhebt. Beim Agnostiker Ovid gestehen die Götter ihre Unterwerfung unter das Schicksal (*fatum*) ein, doch Jupiter tröstet seine

Tochter mit Einträgen im Archiv der Weltgeschichte über die ruhmreiche Zukunft ihres Geschlechts.

Dieses Archiv wird von den drei Parzen verwaltet, die Venus Einblick gewähren. Doch Zeus warnt vor Hybris, nämlich dem Versuch, »das unüberwindliche Schicksal« zu meistern (15,807).

Der Herr der Erde

> Muss ich die Völker, die westlich und östlich am Ozean hausen, / Alle die Wilden dir nennen? Sein Eigentum wird, was die Erde / Trägt, die bewohnte; ihm wird auch das Meer als Sklave gehorchen. / Hat er die Erde befriedet, so kehrt er den Geist auf der Bürger / Recht und Ordnung: Gesetze erlässt der gerechteste Walter, / Lenkt nach eigenem Beispiel die Sitten und wird in der Sorge / Um die künftigen Zeiten, zum Heil der kommenden Enkel, / Dem von der frommen Gemahlin geborenen Sohne befehlen, / Seinen Namen zugleich und die Bürde der Herrschaft zu tragen. (15,829–837)

Gegen Ende des letzten Buches lässt Ovid erneut eine der handelnden Gestalten zu Wort kommen. Hier ist es Jupiter, der seine besorgte Tochter Venus mit den bereits vollbrachten und den bevorstehenden Taten ihres Nachkommen vertraut macht. Die Fiktion einer genealogischen Verbindung zwischen Venus und Augustus gehört zu den propagandistischen Signalen der Panzerstatue des wegweisenden Herrschers, an dessen rechtem Bein ein Delphin und ein Putto als Symbole der Venus angebracht sind. Die nach ihrem Fundort südlich von Rom als *Augustus von Prima Porta* benannte Statue ist wohl eine kurz nach dem Tod des Augustus (14 n. Chr.) entstandene Kopie eines Bildwerks der Zeit um 20–17 v. Chr. Der Schmuck des Brustpanzers bezieht sich auf ein historisches Ereignis: Im Jahr

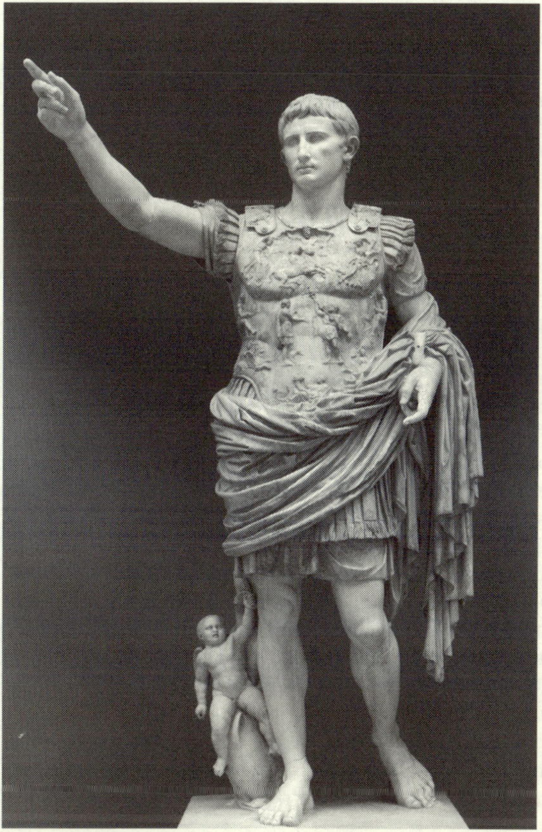

Panzerstatue des Augustus (Augustus von Prima Porta), kurz nach 14 n. Chr., Kopie einer Skulptur der Zeit um 20–17 v. Chr.; Marmor, Höhe 204 cm; Rom, Vatikanische Museen.

20 v. Chr. erreichte Augustus auf diplomatischem Weg von den Parthern die Rückgabe römischer Feldzeichen. Ihr Empfänger ist der Kriegsgott Mars. Dennoch verherrlicht die Szene die Fremdherrschaft des Augustus als Beherrscher der Erde, deren Personifikationen die Szene rahmen. Zuoberst spannt der Himmelsgott Caelius das Himmelstuch aus.

Aus der Rede Jupiters stammt das einleitende Zitat. Was den Nachfolger des Augustus als Herrscher betrifft, irrt Jupiter bei Ovid allerdings, denn der vom Kaiser im Jahr 4 n. Chr. adoptierte Tiberius, der 14–37 regierte, war ein Sohn der Kaiserin Livia aus erster Ehe: Gravierender ist Ovids Irrtum hinsichtlich der unmittelbaren Wirkung seiner nun vollendeten Dichtung, die »nicht Jupiters Zornwut, / Feuer und Schwert, die zehrende Zeit nicht zu tilgen vermögen« (15,871–872). Könnte Ovid geahnt haben, dass Augustus stellvertretend für Jupiter »Zornwut« empfinde, etwa über die in ein Herrscherlob verpackte Vorausschau auf den Tod: »Säumen möge der Tag, erst, wenn ich verblichen, erscheinen, / Da der erhabne Augustus die Erde verlässt, die er meistert, / Um in den Himmel zu gehn und Gebete von dort zu erhören!« (15,868–870) Unterlag auch die Weltherrschaft des Augustus dem ewigen Gesetz der Metamorphose und Vergänglichkeit von Macht, von der ein Abschnitt des letzten Buches anhand von historischen Beispielen handelt? Könnten hier Gründe bestehen für das Verbot der eben erst erschienenen *Metamorphosen* und für Ovids Verbannung ans Ende der Welt, wo die Wilden wohnen?

Die himmlische Unsterblichkeit, die er Augustus zubilligt, nimmt Ovid in den letzten Versen der *Metamorphosen* für sein Künstlertum in Anspruch:

> Mag er erscheinen, der Tag, wann er will, der nur meines Leibes / Herr ist, die Frist meines schwankenden Lebens zu enden: unsterblich / Schwingt der edlere Teil meines We-

sens sich über die hohen / Sterne empor, und unzerstörbar dauert mein Name; / Und wo die Römer bezwungene Länder beherrschen, die Völker / Werden mich lesen: ich bleibe, wenn irgend die Ahnung der Sänger / Wahrheit besitzt, im Ruhm für ewige Zeiten lebendig. (15,873–879)

Anhang

Abbildungsnachweis

akg-images: S. 35, 272, 274. – bpk / Antikensammlung, SMB / Johannes Laurentius: S. 102, 215. – bpk / Antikensammlung, SMB / Jürgen Liepe: S. 79, 280. – bpk / Antikensammlung, SMB: S.136. – bpk / Museumslandschaft Hessen Kassel: S. 116. – Imago / Leemage: S. 16. – © Salvador Dalí, Fundació Gala – Salvador Dalí / VG Bild-Kunst, Bonn 2016: S. 93. – © Succession Picasso / VG Bild-Kunst, Bonn 2016: S. 111. – © VG Bild-Kunst, Bonn 2016: S. 43, 192. – Wikimedia Commons: S. 19, 23, 42, 67, 81, 82, 87, 90, 106, 114, 122, 128, 132, 134, 141, 143, 145, 147, 149, 151, 153, 158, 171, 177, 179, 185, 187, 189, 198, 202, 208, 214, 217, 219, 221, 235, 239, 250, 253, 255, 259, 261, 263, 265, 270, 285, 287.

Der Verlag Philipp Reclam jun. dankt den Rechteinhabern für die Reproduktionsgenehmigung. Nicht nachgewiesene Abbildungen entstammen dem Archiv des Verlags und dem Archiv des Autors. In einigen Fällen konnten die Rechteinhaber nicht ermittelt werden. Hier ist der Verlag bereit, nach Anforderung rechtmäßige Ansprüche abzugelten.

Verwendete Literatur

Im Text werden die von Ovid verwendeten lateinischen Eigennamen benutzt, auch bei griechischer Kunst.

Bei Stellenangaben wird der Werktitel nur angeführt, wenn das Zitat nicht Ovids *Metamorphosen* entstammt.

Die in Prosa übersetzten Passagen aus Ovids *Metamorphosen* folgen der Ausgabe:

P. Ovidius Naso: Metamorphosen. Lat./Dt. Übers. und hrsg. von Michael von Albrecht. Mit 30 Radierungen von Pablo Picasso und einem kunsthistorischen Nachw. von Eckhard Leuschner. Stuttgart: Reclam, 2010.

Die in Versen übersetzten Passagen folgen der Ausgabe:

P. Ovidius Naso: Metamorphosen. Epos in 15 Büchern. Übers. und hrsg. von Hermann Breitenbach. Zürich: Artemis, 1958. (Bibliothek der Alten Welt – Römische Reihe. Kl. 8°. XXXV.) – Lizenzausg. mit einer Einl. von L. P. Wilkinson: Stuttgart: Reclam, 1986 [u. ö.] (Reclams Universal-Bibliothek. 356.) – Der Abdruck der Zitate erfolgt mit Genehmigung des Verlags Walter de Gruyter GmbH, Berlin.

Sofern nicht anders vermerkt, folgen die übrigen Zitate diesen Ausgaben:

Dante Alighieri: La Commedia / Die Göttliche Komödie. Ital./Dt. In Prosa übers. und komm. von Hartmut Köhler. I. Inferno/Hölle. Stuttgart: Reclam, 2010. – II. Purgatorio/Läuterungsberg. Ebd. 2011.

Goethe, Johann Wolfgang: Gedichte. Ausw. und Einl. Stefan Zweig. Durchges. Ausg. Stuttgart: Reclam, 1998 [u. ö.]. (Reclams Universal-Bibliothek. 6782.)

Homer: Ilias. Neue Übers., Nachw. und Register von Roland Hampe. Stuttgart 1979 [u. ö.]. (Reclams Universal-Bibliothek. 249.)
Titus Livius: Ab urbe condita. Liber I–V / Römische Geschichte. Buch 1–5. Lat./Dt. Aus dem Lat. übers. von Robert Feger, Ludwig Fladerer und Marion Giebel. Hrsg., komm. und mit einem Nachw. vers. von Marion Giebel. Stuttgart: Reclam, 2015. (Reclams Universal-Bibliothek. 18871.)
P. Ovidius Naso: Über die Liebe. Ars Amatoria / Liebeskunst. Lat./Dt. Übers. und hrsg. von Michael von Albrecht. Stuttgart: Reclam, 2015.
– Gedichte aus der Verbannung. Eine Auswahl aus Tristia und Epistulae ex Ponto. Lat./Dt. Übers. und hrsg. von Niklas Holzberg. Stuttgart: Reclam, 2013. (Reclams Universal-Bibliothek. 18976.)
Shakespeare, William: Venus and Adonis. Engl./Dt. Übers. von Ferdinand Freiligrath. Hrsg. von Christa Jansohn. Stuttgart: Reclam, 2003. (Reclams Universal-Bibliothek. 18255.)
Sophokles: Aias. Griech./Dt. Übers. und hrsg. von Rainer Rauthe. Neuausg. Stuttgart: Reclam, 2002. (Reclams Universal-Bibliothek. 677.)
P. Vergilius Maro: Aeneis. Lat./Dt. Übers. und hrsg. von Edith und Gerhard Binder. Stuttgart: Reclam, 2008.

Zum Autor

CHRISTOPH WETZEL (geb. 1944) studierte Kunst und Kunstgeschichte sowie Germanistik und Geschichte an den Kunstakademien Stuttgart, München und Wien und an den Universitäten München, Wien und Konstanz. Neben und nach seiner Arbeit als Kunsterzieher, Verlagslektor und Herausgeber (*Neue Belser Stilgeschichte*) ist er als Sachbuchautor tätig (Kunst, Literatur, Religion). Er veröffentlichte u. a. Monographien über van Gogh, Cézanne, Aktkunst, Prachthandschriften und das *Reclam Buch der Kunst*. Konzeption, Bebilderung und Coautorschaft übernahm er für *2000 Jahre Christentum* und das *Kulturtagebuch des 20. Jahrhunderts* sowie für die Reihe *Die großen Klassiker. Literatur der Welt in Bildern, Texten, Daten*. Sein Interesse gilt insbesondere den wechselseitigen Reflexionen zwischen bildender Kunst und Literatur im kulturellen Kontext. Zu den Ausgaben der Bibel, die Wetzel mit der Wiedergabe von Kunstwerken ausgestattet hat, gehören die *Stuttgarter Bibel der Buchmalerei* (1996), die *Bibel der Moderne* (1999) und die *Bibel des Vatikan* (2009). Seine Teilausgabe der *Legenda aurea* mit Kunst des Mittelalters erschien 2007. 2009 erschien bei Reclam *Die Bibel in der bildenden Kunst*, 2011 *Heiligenlegenden in der bildenden Kunst*. Mit *Ovids Metamorphosen und die bildende Kunst* endet die Trilogie über Mythen und Sagen sowie deren Echo in der bildenden Kunst.